赵天红◎著

开启幸福之门

——积极心理学的魅力

OPEN

THE

DOOR

TO

HAPPINESS

中国经济出版社
CHINA ECONOMIC PUBLISHING HOUSE
北 京

图书在版编目（CIP）数据

开启幸福之门：积极心理学的魅力/赵天红著.--
北京：中国经济出版社，2020.9
ISBN 978-7-5136-6308-3

Ⅰ.①开… Ⅱ.①赵… Ⅲ.①普通心理学 Ⅳ.
①B84

中国版本图书馆 CIP 数据核字（2020）第 170315 号

责任编辑　叶亲忠
责任印制　马小宾
封面设计　华子设计

出版发行　中国经济出版社
印 刷 者　北京富泰印刷有限责任公司
经 销 者　各地新华书店
开　　本　710mm×1000mm　1/16
印　　张　19.75
字　　数　330 千字
版　　次　2020 年 9 月第 1 版
印　　次　2020 年 9 月第 1 次
定　　价　68.00 元
广告经营许可证　京西工商广字第 8179 号

中国经济出版社　网址 www.economyph.com　社址 北京市东城区安定门外大街 58 号　邮编 100011
本版图书如存在印装质量问题，请与本社销售中心联系调换（联系电话：010-57512564）

前言

虽然幸福就存在于人们的日常生活中，但是普通人很少对其进行记录和研究。中央电视台曾经推出过《走基层·百姓心声》特别调查节目，当时央视记者不停地追问街头百姓：“你幸福吗?”尽管略显唐突，但这一追问却道出了人生的真谛，引发了广大群众、媒体和网友的热议，那就是“到底什么是幸福？如何让人们生活得更幸福?”与此同时，也传递着一个共识——“幸福”是如此的重要。

其实，国人对幸福的关注，并不是这次电视节目引起的。很久之前，我国古代思想家、教育家、儒家学派创始人孔子就曾经周游列国，传播他对追求幸福美好生活的理想。春秋中叶以前的《尚书·洪范》最早对“什么是幸福”做出了较系统的论述。西方人也在追求幸福：柏拉图为研究“美好生活”而建立学院，他杰出的学生亚里士多德为了推动生命繁荣而设立讲堂。由此可见，无论什么年代、什么地方，人类一直都在追求着幸福。

近年来，欧美等国家一些杰出的心理学家对幸福的研究开始引入科学的原则和方法，并逐渐于1998年创建了一门诠释幸福的新学科——积极心理学。在这些心理学家中，著名的代表人物就是美国宾夕法尼亚大学心理学教授马丁·赛利格曼（Martin E. P. Seligman）。他把人们日常司空见惯“幸福”一词，转变成一个更为科学的概念，使之结论更加可靠、论证更严谨。塞利格曼在担任美国心理学会主席后，更是全力推动积极心理学研究和发展。积极心理学的研究发现令我们茅塞顿开。原来物质上的改变仅仅是帮助人们增添幸福感的一个途径，或说是一种外力，而真正使人感到幸福的不是财富本身，而是乐观的情绪、良好的关系、人生的意义以及生活的成就，等等。当然，当经济收入水平向好，幸福感会有较大增强，但当人们基本需求得到满足后，幸福感与经济收入的关系就变得不大了。有分析表明，当人均国民收入超过 8000 美元时，经济收入与人们幸福感的相关性就不存在了。所以对于中国这样一个经济快速增长的国家，更应该让国民深刻地认识到幸福的价值，掌握幸福的方法，提升人们的幸福水平。

本书共分为三篇。第一篇是积极心理学，介绍了什么是积极心理学、积极心理学的主要观点以及学习积极心理学的原因和意义。第二篇是幸福学，讨论了关于对幸福的种种误解、到底什么是幸福以及幸福的体验。第三篇是追求幸福的方法，介绍了一些切实可行的激发幸福的有效方法。本书的每个章节后面都会提出一些相关问题的思考和练习，目的是引发大家的探讨和行动，将所学的内容应用于日常生活中，通过学习找出最适合你的方式来增强幸福感。

在这些方法中，有的方法帮助了我的家人，有的方法帮助了我身边的朋友，也就是说，这些方法的可靠性和实效性是已经被证实了的。因此，只要你马上行动，只要你愿意付出努力并坚持下去，你就会感受到积极心理学的力量在内心的成长。它会影响你、改变你，让你活得更快乐、更充实，让你拥有更多的幸福。

可以预见，积极心理学的未来在中国一定很美好。它能让我们发挥自身的优势和潜能，关注人生中美好的一面，增加幸福的感受，最重要的是让人能够学会追求幸福的方法。希望每个中国人都能做一个幸福的人，共同建设我们的家园，让中国社会更和谐、更繁荣，实现我们伟大民族复兴的中国梦，实现中国人的蓬勃发展之梦。积极心理学能让人成为更有责任感的公民，家庭幸福，人民幸福，国家幸福。一个更幸福的中国，也将是一个更有创造力的中国。我衷心希望读完这本书后，你能够得到更多属于自己的幸福。

本书在构思、写作过程中，借鉴了积极心理学研究进程中的许多成熟的理论和实践经验，并在参考文献中予以标注，在此一并表达敬意。因能力和水平有限，书中难免有不足之处，恳请大家批评指正！

作　者

2020 年 4 月 10 日

目录

第一篇
积极心理学

第二篇
幸福学

第三篇

追求幸福的方法

第一篇 积极心理学

在人的一生中最宝贵的财富就是生活经历。探究人类的起源、发展和归宿也是一个永恒的话题：我是谁？我从哪里来，又要到哪里去？人们一直在找寻着自己、完善自我，因此也产生了研究人的心理、情感的科学。20世纪，许多科学研究者（临床、咨询、教育等）思考的问题通常是："人类有什么缺失？"正是因为人类会犯各种各样的错误，所以这个问题引发了学术界对人类消极因素的深入探索。跨入21世纪，人们开始思考另一个问题："人类的优势是什么？"这个问题成为积极心理学兴盛发展的动力基础。积极心理学是探究人类优势和开发人类积极机能的应用科学。

尽管心理学的其他分支研究的范围相当广泛，然而20世纪的应用心理学和精神病学却专注于人类弱点的研究。例如，西格蒙德·弗洛伊德（Sigmund Freud）提出心理学的目标应该是"用日常的苦恼代替神经官能症的痛苦"。因此，过去应用心理学主要关注的是心理疾病（Mental illness）的产生、发展与治疗，致力于理解和帮助那些饱受心理煎熬的人们。与之相反，积极心理学是对过去人类弱点研究取向的平衡，它指出我们在探索人类弱点的同时还必须探索人类的优势。需要指出的是，在倡导关注人类优势的时候，绝不是说我们可以忽视人类苦难的重要性及其带来的痛苦。

积极心理学研究与实践更侧重于辨别和理解人类优势

和美德，促使人们生活得更快乐、更有意义。进入21世纪，我们要均衡地研究完整的人，既包括人的心理资产，也包括人的心理负债。马丁·塞利格曼教授关于构建人类优势的论述，让人们初步了解了如何构建年轻人的优势、韧性和健康。人类拥有的某些优势（勇气、乐观、人际技能、职业道德、希望、诚实和毅力等）最有可能抵抗心理疾病。当下的重要任务是创建一门探究人类优势的科学，目的在于培养年轻人发扬这些优势。因此，心理学的主要理论已经发生了根本性的变化，转为注重优势和韧性的新科学。积极心理学认为，任何个体（包括儿童）都被看作主动的决策者，拥有选择权利和偏好，在恶劣的环境下既可能变成富有优势和效能的人，也可能变成无助和无望的人。这样的研究和实践将有助于预防和治疗许多严重的情绪障碍，从而产生积极的作用。积极行为和心理健康对身体有重要的影响，会使人们变得更健康，也会改变心理学导向，转过来关注以往学者们忽略的研究使命，使人变得更强大和更富有创造力，发挥人类巨大潜能。现在来看一个从消极转向积极的例子。

假设你是一名报社记者，你的任务是描述一群人的思想和行为，他们在星期五的晚上因天气恶劣被困在一个大型机场里。这种情境的典型报道很可能非常消极，从非常不利的角度描述人们的行为。20世纪的许多心理学家对人类也持有同样的消极态度。但是，我们将会看到，并非所有人的故事都是负面的。以下是一篇积极的报道，该场景描述的是一个星期五晚上的费城国际机场，一些航班延误或被取消了。

……人们试图尽力应对困境。例如，当一名刚从伊拉克回来的年轻军人发觉弄丢了女朋友的戒指时，机场工作人员和在候机区的人立即开始帮他寻找。很快，戒指找到了，人群中爆发出欢呼声。

大约晚上7点40分，广播通知我们有几架航班还要继续延误很长时间。让我惊讶和高兴的是，我发现我的旅伴（和我）都在想办法应对面临的问题。一些人打开包里的食物，分给其他人。一些人开始聚在一起打牌，另一些人开始玩各种游戏。机场工作人员分发快餐，不时有笑声发出。

我们如同战场间隙在战壕里等待的士兵，远处有人开始吹口琴。小男孩们把这里当成棒球场，随着游戏的进行，似乎没有人在乎他们的本垒打何时出现。并非所有人都有座位，人们把行李当椅子和沙发坐。有些人把电脑拿出来，和周围的人一起玩游戏。甚至有一个人把他的电脑屏幕设成露天电影模式，让几个人一起看《黑客帝国》。我则用我的电脑写下了这篇专栏文章。

我曾经听说，当每个人都快发疯的时候，优雅之人只是在做平常之事。当有人抱怨和叫喊、愤怒和心烦，似乎很快就要“失控”时，能看到人们温暖和优雅的举止，这是很棒的感觉，就如冬日里的缕缕阳光。

这篇报道产生了积极向好的效果。在这篇报道登出之后，写报道的记者收到了大量由衷赞扬和感恩的文章。一些人说这篇文章让他们想起也曾经目睹过人们做出类似绝佳表现的时光。另一些人写道，这个故事让他们在当天甚至之后的几天都感觉很好。许多人希望报纸更多登载这类新闻故事。在记者收到的回应中，没有一个人对这个专栏做出负面反应。

为什么人们对星期五晚上费城机场的短篇报道做出如此一致的热烈反应？部分原因是人们可能想要看到或听到更多的好事。不管是这类新闻故事，还是我们在本书呈现的科学研究和应用，都表明人们存在着对积极美好事物的渴望。

第一章 积极心理学概述

教育的首要任务是教给年轻人从正确的事情中寻找乐趣。

——柏拉图

积极心理学是20世纪末兴起的心理学发展趋向。其最大特点在于强调心理学要恢复研究人类积极力量和品质。由于种种原因，过去心理学忽视了对人类积极力量的研究，形成了人们所说的病理性特征。

积极心理学正是为了扭转“病理性特征”这一取向，强调心理学应为普罗大众能够过上幸福生活而提供技术支持。更进一步，积极心理学是以科学方法研究人类的思想，感觉和行为的。

第一节　正确理解积极心理学

“积极”一词来自拉丁语positum，含有“实际的”“潜在的”的意思。在积极心理学视角内，积极指的是每个人所具有的实际的和潜在的能力。那么，什么是积极心理学呢？谢尔顿（Kennon M. Sheldon）和劳拉·金（Laura King）的定义点出了积极心理学的本质特征，即积极心理学是研究人的发展潜力和美德等积极品质的一门科学。心理学自1879年取得独立地位后就面临三项主要使命：治疗人的精神或心理疾病、帮助普通人生活得更幸福、发现并培养具有非凡才能的人。这三项使命在“二战”前均得到了心理学研究者的同等关注。但“二战”结束后，心理学的研究重心转向了人的心理问题上，如心理障碍、婚姻危机、毒品滥用和性犯罪等，心理学逐渐成了一门类似于病理学性质的学科（我们把它称为消极心理学）。其实这种转移背离了心理学存在的本意，因为它导致了“很多心理学家几乎不知道正常人怎么样在良好的条件下能获得自己应有的幸福”。积极心理学将研究重点重新放回人类自身积极因素方面，主张心理学要以人实际的、潜在的、具有建设性的力量、美德和友善为出发点，提倡用一种积极的心态来对人的许多心理现象（包括心理问题）做出新的解读，从而激发人类自身内在的积极力量和优秀品质，并利用这些力量和品质来帮助有问题的人、普通人或具有一定天赋的人最大限度地挖掘自己的潜力并获得美好的生活。因此，积极心理学是一门富有包容性的科学。从本质上讲，积极心理学可以使每个人过上更好的生活。

积极心理学研究的产生及发展与马丁·塞利格曼的大力倡导是分不开的，毫不夸张地说，如果没有马丁·塞利格曼，就没有积极心理学运动。特别是马丁·塞利格曼 1998 年担任美国心理学会（The American Psychological Association，APA）主席一职后，更是利用他的影响到处呼吁积极心理学运动，并把创建积极心理学当成其作为 APA 主席最重要的使命之一。在 1998 年美国心理学会的年度大会上，马丁·塞利格曼明确提出了 20 世纪心理学的发展存在着两个方面的不足，其中之一就是对强调和理解人的积极品质和积极力量上重视不够。因此，21 世纪要把积极心理学研究作为其工作重心之一。尽管这是心理学史上第一次在正式场合使用积极心理学一词，但当时塞利格曼在提到积极心理学这个名称时是加了引号的，因为就当时整个心理学界来说，也许大多数心理学家还并不十分清楚积极心理学的确切含义。

第二节 积极心理学的产生与发展

关于积极心理学的产生，我们不得不提到具有里程碑意义的一次小型会议——艾库玛尔（Akumal）会议。1998 年 1 月上旬，塞利格曼牵头邀请了心理学家米哈伊·希斯赞特米哈伊（Mihaly Csikszentmihalyi）、弗勒（R. Fowler）等世界心理学界的名流，到墨西哥尤卡坦半岛（Yucatan）的艾库玛尔共商积极心理学的有关内容、方法和基本结构等问题，这就是积极心理学上著名的艾库玛尔会议。经过一周的探讨，会议最终确定了积极心理学研究的三大支柱，即积极心理学三大主要内容，并指定三大支柱的相应负责人。第一大研究支柱是积极情感体验，负责人是狄纳（E. Diener）。这部分以主观幸福感为中心，着重研究人对应过去、现在和将来的积极情感体验的特征和产生机制。第二大研究支柱是积极人格，负责人是希斯赞特米哈伊。会议确定积极人格研究的关键是制定积极人格的分类系统，只有对积极人格进行正确的分类和定义，才有可能为测量、编制量表等提供根据。在这次会议上还提出了一个设想，即依照美国精神病防治学会（American Psychiatric Association）制定心理和精神疾病的诊断和测量手册，用心理疾病的分类方式来对人的积极品质或美德进行分类和界定。第三大研究支柱是积极的社会组织系统，负责人是贾米森（K. H. Jamieson）。这部分内容就是确定社会、家庭、学校、单位等如何做才有利于人形成积极的人格，并产生积极情感体验。这涉及国家的方针、政策和每个具体单位的规章制度等的制定，其内容明显地超出了心理学的研究范围，仅靠心理学本身已不能胜任，因此，会议建议这一课题研究要邀请社会学、人类学、政治学和经济学等领域的专家一起来进行。另外，这次会议还特别邀请心理学家诺扎克负责有关积极心理学的一些哲学问题的研究，对积极心理学所涉及的有关哲学问题予以厘清。在这次会议上，塞利格曼还决定建立相应的网站来宣传积极心理学的理论和思想。网站就设在塞利格曼所在的宾夕法尼亚大学校内，由塞利格曼本人直接领导，斯库尔曼等协助做一些具体的工作。

这次会议除了讨论有关积极心理学本身的理论问题之外，还研究提出了许多促进积极心理学发展的具体办法。如怎样引导年轻学者投入积极心理学研究中来、如何使积极心理学和人们日常生活更接近、如何在普通民众中提高积极心理学影响等等。为推动这些办法的实施，1998 年后，塞利格曼以自己的名望为积极心理学研究搞到很多的赞助，不少知名基金会都为塞利格曼的积极心理学研究提供大笔资金，并奖励那些为积极心理学研究作出较大贡献的年轻学者。1999 年 11 月 9 日至 12 日由美国盖洛普基金会赞助的第一次积极心理学高峰会议在内布拉斯加州的首府林肯市举行。塞利格曼、克里弗顿（Donald Clifton）、狄纳等参加了这次会议。这次会议主要讨论了积极心理学的几个重要问题和一些概念，如什么是人的积极力量？它是人的性格特点还是心理过程？同时会议还进一步明确了积极心理学将来应该“成为世界性的心理运动”这一发展方向。

积极心理学正式为世人所熟知的标志为 2000 年 1 月塞利格曼和希斯赞特米哈伊在世界著名的《美国心理学家》杂志（第 55 卷第 1 期）上共同发表的《积极心理学导论》一文。该文介绍了积极心理学兴起的原因、研究内容以及未来的发展方向等。同一期《美国心理学家》还刊载了一个积极心理学专辑，这一专辑共有15篇文章，大多数是当时一些非常著名的心理学家所撰写。这些文章从三个方面详细论述了积极心理学的研究成果，也就是艾库玛尔会议上确定的积极心理学的三大支柱：积极情感体验、积极人格和积极的社会组织系统，这三个方面自然也成为积极心理学的主要部分。2001年3月，《美国心理学家》又开设了一个积极心理学研究的专栏，进一步介绍了积极心理学的最新研究成果。2001年末，美国《人本主义心理学杂志》也登载了一个包含7篇文章的积极心理学专辑，对积极心理学与人本主义心理学之间的关系做了全方位的介绍和阐述。

上述三个专辑使积极心理学运动逐渐由美国走向了世界，特别是在心理学界有着举足轻重影响，世界知名学术刊物美国心理学会的会刊《美国心理学家》，它连续2年登载有关积极心理学研究的专辑，这充分说明当代心理学界对积极心理学运动十分肯定和认同。2002年《积极心理学手册》由牛津大学出版社正式出版，该手册对积极心理学在近几年取得的诸多研究成果做了系统总结，全书登载了55篇有影响的文章。内容包括：辨识积极力量、以情感体验为中心的研究取向、以认知为中心的研究取向、基于自我的研究取向、人际交往方面的研究取向、生物研究取向、特定应对方法的研究取向、特定人群和特定情景的研究、积极心理学的发展展望等。

《积极心理学手册》出版后，积极心理学研究更是呈现出一派繁荣的景象。一些有影响的研究成果相继推出：如塞利格曼的《真实的幸福》《人类积极力量的心理学》《欣欣向荣——积极心理学与生活美满》《积极心理学评估手册》《佛教和瑜伽中的积极心理学》《积极心理学——关于幸福和人类积极心理力量的科学》《性格类积极力量和美德：手册和分类》等。同时，积极心理学所设立的坦普尔顿奖竞争空前激烈，每年都吸引很多有才华的年轻学者来申报。

此外，积极心理学在一些社会事件中也开始表现出良好的作用，如美国“9·11”事件后的心理辅导。一些积极心理学家还和美国盖洛普基金会合作进行国家幸福指数的民意调查等。目前，积极心理学的影响已从美国扩展到世界各地，总体来说，积极心理学研究和发展已成为一种世界潮流，正受到越来越多的各地心理学家的关注。

目前，从积极心理学的发展状况上来看，积极心理学的第一阶段——通过发起一场运动而求得立足的阶段已经完成。如果说塞利格曼在1998年的

APA 大会上的发言吹响了积极心理学运动的号角，那么 2002 年辛德和洛佩兹主编的《积极心理学手册》的出版则宣告了积极心理学运动的正式独立。不过，对积极心理学的这种独立还存有争议，这种争议主要在于积极心理学是作为一种新的心理学学科而独立，还是作为一种新的心理学而独立？持前一种观点的人认为，积极心理学只是在原心理学基础上新开辟出来的一个分支，它的一些理论观点基本上是心理学各方面多年来发展的一种成果。而持后一种观点的人则认为，积极心理学的理论观点是在新的历史条件下出现的一种新现象，它的研究对象、哲学基础和研究目的等都和原有的心理学不同。因而，积极心理学的出现就如同人本主义心理学以及信息加工认知心理学的出现一样，是一种新的心理学学科。目前看来，虽然这两种观点好像都有一定道理，但也不全对。在当今社会人类的许多问题错综复杂、交织缠绕，很多问题已经具有多重属性，所谓“横看成岭侧成峰”，谁也无法从某一个侧面来穷其性质的全貌（关于积极心理学性质的问题，本书第二章有详细论述）。

不过，对积极心理学性质的争论，并没有影响到积极心理学的较快发展，反而积极心理学研究在其领域取得了令人瞩目的成就。目前，积极心理学成立了三个研究中心，分别是积极情绪研究中心、积极人格研究中心和积极社会制度研究中心。在积极情绪研究方面，把主观幸福感和积极心理学成功地结合在一起（主观幸福感这一名词现在几乎成了积极心理学的专有名词），并在全球 40 多个国家和地区开展了以大学生为对象的主观幸福感的同步调查。

过去十年，积极心理学取得了快速的发展。北美乃至全球的大学本科生中选修“积极心理学”课程的人数不断创历史新高，再加上大量媒体的关注，积极心理学已经成为一个较为时髦的名词。在哈佛大学《积极心理学》这门课现在是最受欢迎的选修课，超过《经济学导论》而独占鳌头。积极心理学领域依靠愈来愈多的研究数据、出版的杂志论文专辑、国际协会和会员资助的专门研究中心、大学开设的课程以及研究生项目，迅速在学术界赢得一席之地。《积极心理学》杂志于 2006 年创刊，主要用于发表积极心理学方面的研究成果。现在，很多积极心理学的国际性协会如雨后春笋般涌现，例如北美洲、欧洲和亚洲都成立了许多积极心理学研究和干预的中心。截至 2003 年，全球有 100 多个大学开设了积极心理学本科课程。截至 2005 年，全美重点大学中至少有 27 个积极心理学项目，至少有 4 个积极心理学研究生项目——英国东伦敦大学和塞利格曼所在的宾夕法尼亚大学提供了应用积极心理学硕士研究生项目、希斯赞特米哈伊所在的加州克莱蒙研究大学

（Claremont Graduate University）提供了积极发展心理学与积极组织心理学的博士研究生项目。

积极心理学的快速发展，离不开各方面的经济支持。截至2003年，非营利机构提供了逾3000万美元的资金支持积极心理学研究。塞利格曼也广结善缘，筹集了大量的研究资金，并获得了220万美元的拨款，这些都有助于他在宾夕法尼亚大学设立积极心理学研究中心。

目前，积极心理学正以一种蓬勃的态势影响着社会的众多领域，并在全社会掀起了一场积极的运动。积极心理学的一些观点已经融入社会学、教育学、经济学、管理学等各个领域，并对其中的许多理论产生了重大影响。在心理学领域，积极心理学在厘清自身的理论建构之后，成功地吸引了一大批心理学学者参与到研究中来，这之中有很多有名望的心理学专家，这些专家都从各自的成名理论出发，对积极心理学的定位和发展方向给予了充分的肯定。

第二章 积极心理学的主要观点

倘若我会去学习，那么我只会去寻求那些教我如何能够好好地死去和好好地活着的知识。

——迈克尔·蒙田

虽然积极心理学是世界快要进入21世纪时兴起的一场心理学运动，但它发展得很快，在短短的几年时间里，不经意间就已发展成为一场全球性的心理学运动。当然，这有多方面的原因，但有一个方面原因也许是最重要的，那就是积极心理学所倡导的独特的心理学观点。

第一节 实现平衡的心理学价值观

积极心理学是在反思之前集中于心理问题研究的消极心理学（Pathology Psychology）的基础上产生出来，它强调心理学应实现其本体价值回归的再次平衡。在此，积极心理学体现出了两个相互联系的特点：一是对“二战”结束后心理学性质和价值的反思；二是实现了心理学本体价值的再次回归。

一、积极心理学是对“二战”结束后消极心理学的反思

目前看来，积极心理学最令人关注的是它对过去心理学的概括，它一语中的地把“二战”结束后的心理学从性质和价值认定上概括为病理性心理学或消极心理学。消极心理学这一名词给人以强烈的视觉冲击，这一名词的出

现一方面引起了人们的好奇心，另一方面是促使人们去思索——什么是消极心理学？心理学又怎么演变成了消极心理学？这是更主要的。

1. 什么是消极心理学

“二战”结束以后，心理学的研究渐渐背离了我们前文所讲到的后两项任务，即关注正常人的幸福和天才的发展，而是将注意力集中到了第一项任务上，变成了集中研究如何纠正人类生命中存在问题的科学。在这种理念的指导下，心理学把研究方向完全放在了针对心理问题的评估和矫正之上，侧重研究一些外在的紧张性刺激对人的心理所带来的消极影响及其消解方法。与此同时，心理学家又把人的心理问题归入生理病理学的范围之中，以医生治疗患者身体疾病的方法来对待人的心理问题。积极心理学家们把这种以矫治社会或人所存在的问题为重心的心理学称之为“病理性”心理学或消极心理学。消极心理学隐藏着一个前提或假设，即心理学是“解决问题”的科学，而人的心理问题就和人的身体疾病一样，解决人的心理问题就和治疗人的身体疾病一样。因此，在消极心理学的价值观点影响下，这一时期的心理学的主要任务就是对问题的修复，修复人类的损坏的习惯、损坏的动机、损坏的童年，甚至损坏的思想，期望通过修复人类的损坏部分来达到心理健康。

心理学是一门研究人的科学，需要人的精神世界的参与，因而它非常注重社会事件的性质和色彩。一直以来，心理学研究把注意倾向都集中在对消极社会事件或社会事件消极方面的分析上，在一定程度上，心理学转变成以纠正社会现象的消极面或人类的心理消极面为主要研究内容的学说，因而心理学具有病理学的特性，成为一种“类医学”的学科。消极心理学最大的特质是，以发现社会或人类所存在的问题作为研究的着力点，并且以如何纠正这些问题作为最终归宿点。因此，消极心理学框架下的研究者总是把自己的全部注意力，或绝大部分注意力放在研究社会或人类所存在问题之上，并在病理学的范畴内，提出解决这些问题的建议、意见和措施，这就使个体的许多正常或积极的功能，受到了很大的限制，比如：个体的自我完善和自我激励等。大家都知道，人类生命的全部意义都是由社会赋予的，如果社会总是在查找每个人的问题或缺点，总是在限制人正常和积极功能的发挥，这对所有的社会成员来说，似乎不是一个好的事情。如果从本质上做一个了结，我们必会发现，消极心理学存在着以下几个方面的缺陷：

第一，消极心理学所侧重研究的不是人或人类社会，而是人或人类社会中所存在的问题。于是，在消极心理学框架下的研究人员眼里也就没有人，而只有人类身上所存在的各种各样的问题，这就使得消极心理学表现出典型的非人性化的特征，从而违背了社会必须以人为本的基本原则。消极心理学把人看作是一种被动的、只会对外界强化刺激能够做出反应的对象，即只有当你指出并纠正了一个人的缺点和问题，这个人才会做出相应的反应——改正并取得发展。因此，消极心理学在社会成员积极品质尚未萌发的时候，就在他的周围设置了阻拦——假定每个人都是有问题的。这种去人性化的心理学，已使人的主动性发展退化为被动的生物进化，人的发展又回复到受外界压力而不得不产生的一种消极适应行为。所以，消极心理学在其背后就存在着一个潜在的信号，即人不是一个自在的人——不是一个能自己决定自己、自己发展自己的人，而是一个很大程度上受控于客观的人。生物适应性是所有生物都有的，而进化后的人的发展则主要是建立在学习基础上的自我的主动发展，即通过学习人类已发明的物体、符号等来使人类自身已有的积极力量得到发展。人类生物因素的进化已为人类通过学习而获得主动发展做好了充分的准备，生命过程在今天已经变成了一个不间断地主动学习和主动发展的过程。

第二，一方面，消极心理学的理论导向会使人对这种总是偏向于问题一面的社会文化的不平衡所产生的危险渐渐变得无动于衷，人在这种社会文化的氛围下，会变得被动和因循守旧，从而逐渐失去了开拓和创新的精神。生活中我们都会有这样的体验，当我们把一只青蛙放进一盆很热的水中时，它会及其迅速地跳出来逃生，以此改变自己的生活环境；而当我们把一只青蛙放进一盆冷水里而逐渐加热时，青蛙就会由于适应的特性而对即将来的危险一无所知，一直到它快要被烫死时也不会跳出来。同样，这个道理也适用人类，当我们总是生活在一种倾向于问题的社会环境中时，我们就会习惯这种环境，从而忽视这种环境可能对我们造成的危害，就如同那只青蛙，直到死时也不知道要改变自己所生活的环境。另一方面，这种不平衡的社会文化氛围，也会使其成员产生受损害的感觉，因为人处于这种社会文化氛围当中总是被呈现问题，这无形之中增加了人自身的紧张感。由此可见，过分关注问题的消极心理学，反而导致了人自身的不安全感，并可能会使其社会成员产生诸多的反社会行为。如果我们再进一步地推演下去，就会发现，这种不平衡的社会文化氛围还破坏了人的生理组织与其个性、性格之间的平衡——没有哪一个人的生理组织或神经系统是为了有“问题”而进化成现在这个样子的。

第三，消极心理学过分地强调自身理论的矫治功能，习惯把工作的着力点放在问题之上。消极心理学的这一研究模式的传统，使许多心理学家致力于如何在困境中，帮助其社会成员得到改变并生活幸福，却不知道如何帮助在良好条件下生活的社会成员。有时心理学工作者的这种单一的矫治能力，反倒使问题本身变得更糟更坏，因为他会用“有色眼镜”去透视他碰到的每一个社会成员，最好的社会成员在他眼里也被看成问题多多的人，所谓的“有则改之、无则加勉”也就是在此，这就像一个能活百岁的健康老人，他任何时候到医院去，都会被医生“谆谆教诲”一番。因此，放大社会问题或放大人类自身所存在的问题，已经成为消极心理学研究的一大通病。生活是人生命的一切意义所在，尤其社会生活更是如此，是什么让我们值得过社会生活，就是为了要去纠正那些问题吗？人类社会以及大多数社会成员，真的有那么多或那么大的问题要去解决和矫治吗？也许这种“病理性”的心理学理论，才是导致社会或心理问题泛滥的根本原因。因为“病理性”的心理学，在寻找社会或社会成员问题的同时，已忘记了任何人都不会十分高兴地自己去医院。

第四，消极心理学倾向于单一的修补功能，其工作重心常常着眼少数有问题的社会成员身上，而把心理学能够使社会成员主动发展并生活幸福的功能丢在一边，就是忽略了心理学在培养全体社会成员的勇气、乐观、理想、人际和睦、信念、工作热情、诚实、坚定性和从容不迫等品质方面的作用。实际上，每一个社会成员都是一个独立的自我选择者和自我实现者，他们都有为自己的发展做出适当决定的愿望和能力。社会要改善和发展所有人，而不是只选择那些有问题的社会成员，大多数健康的社会成员也需要帮助，和所有人一样，他们也需要心理学的辅导，来使自己的生活变得更美好，而不是更普通、更低下。

也许我们可能常常听到这样的议论，消极心理学之所以能够得到发展并生存到现在，是因为它一定包含了某种重要的合理性、真理性。对于消极心理学的价值意义，我们可以利用卡尔·皮尔逊在1999年形象的比喻来加以说明：“爬山的盲人，也许对他经过地方陡峭程度的不同，具有比较准确的估计，他甚至可能确切地说出他当时正在站立之处的坡度情况，但是这个斜坡实际上直接通向的是险峻的悬崖，还是此山的峰顶呢，他对此可能一无所知。”这也就是说，消极心理学的某些说法可能是对的，甚至有些做法是十分的有价值，但在导向上却出了问题。正如曼弗雷德·弗兰克在2001年指出的那样：事物构成的要素通过它最后的行动，使事物的发展方向发生了偏离，却又和事物的发展方向所应当呈现的模样相符合。

2. 消极心理学产生的原因

“二战”结束后，心理学的发展为什么会产生如此的转变呢？这是一个较为复杂的问题，既有人自身的原因，也有社会的原因。

首先，从人类自身发展的角度来看，依据进化论的观点，在一定阶段对人类的发展，人类的某些消极特质具有促进进化的作用。人类的消极情感体验，具有一种自我保护的功能，它可以促使人类保持警惕，以抵御外界的危险，因为人类的消极情感体验常常和停止、逃跑、攻击等行为联结在一起，所以这种进化机制就会使人类在发展的过程中，不知不觉地滑向了消极的泥潭。

其次，心理学研究的这种转向有其特定的社会背景。一方面，“二战”极大地破坏了人类曾经拥有的幸福和安稳。战后人类面对的是一个千疮百孔的世界（包括物质世界和人类精神世界）。当人类面临战乱、食物短缺、社会动荡等状况时，各种问题的修复和解决，就自然而然地成了当时最紧迫的任务。另一方面，这种转向也存在着资金不足的因素。“二战”结束后，社会的各个方面发展疲弱、百废待兴，而战争又使社会经济遭到了严重的破坏，在这种情况下，有限的财力只能优先放在现实中最急迫问题的解决上。因此，在这个阶段，不仅仅是心理学，其他许多学科也都将研究重心集中于亟待解决的问题上，社会学、教育学甚至经济学等都是如此。

最后，受欧美工具主义思想的影响。工具主义观念最早是美国实用主义哲学家杜威提出来的。这种观念强调以追求现实目的和现实任务为宗旨，把一切思想、概念或理论等都视为人们为了实现预想的现实目的和现实任务的工具，把眼下即时的利益当作是生活的核心内容。杜威曾说：“如果观念、意义、概念、学说和体系，对于一定环境的主动改造，或对于某种特殊的困扰的排除确是一种工具般的东西，它们的作用和价值就全系于这个工作是否能够成功。如果它们成功了，它们就是可靠、健全、有效、好的、真的。如果它们没能成功，不能排除纷扰和谬误，而它们作用反倒是增加混乱、疑惑和祸患，那么它们便是虚妄。”西方工具主义思想遵循最小努力的原则，强调的是怎么方便怎么来，这样直接解决或应对问题的心理学自然而然就是最方便、最有效和最真的心理学了。

当时，心理学的这种转向首先发生在美国，因为美国那时已经成为世界心理学研究和发展中心，所以这种转向很快就传播到世界各地。如果就当时的美国心理学转向而分析其直接原因的话，那经济因素则是最重要的直接原因。“二战”结束以后，美国出现了两个对心理学有影响的重大事件。第一个事件是 1946 年美国老兵管理委员会（Veterans Administration）的成立。大家知道，“二战”让数亿以上的无辜普通人卷入了战争，不管是失败者还是战胜者，他们的身心都不同程度地受到了一定的伤害。而这种伤害对直接参加这场战争的军人来说更为严重，因此，有许多美国大兵在战后患上了“战争综合征”，于是美国政府拨出巨额资金决定成立“老兵管理委员会”，目的在于帮助那些患有“战争综合征”或心理疾病的退伍军人恢复常态。在这种情况下，许多心理学家意识到如果致力于研究心理问题或心理疾病，他们就能获得老兵管理委员会大量的金钱支持，因此很多心理学家蜂拥而至，开始成为临床心理治疗师。第二个事件是 1947 年美国国家心理健康委员会（National Institute of Mental Health）的成立。美国国家心理健康委员会是在美国精神病防治学会的基础上成立的，它是一个带有某些官方色彩的机构，具有一定的官方权威，同时又具有雄厚的经济基础。美国国家心理健康委员会继承了美国精神病防治学会的传统，因此，它完全把病理性作为自己的工作思维，自然它也是按病理性模式开展自己的研究工作，换言之，美国国家心理健康委员会其实就是“心理问题管理委员会”。美国国家心理健康委员会成立以后，一方面吸收了许多心理学家参加这个委员会，另一方面采用财力支持、嘉奖、协助出版著作等方式来鼓励大批心理学家开展心理病理学方面的研究。

二、积极心理学实现了心理学的价值平衡

尽管心理学的这种消极转向也取得了一些令人瞩目的成就，如美国精神病防治协会编著的《心理疾病的诊断和统计手册》，成为一个世界性的诊断标准。这一标准对 300 多种的心理疾病进行了分析归类，为世界各国治疗心理疾病提供了重要的参考依据。在对治疗疑难心理疾病方面，心理学家至少已经能对 14 种 50 年前心理学还无能为力的心理疾病，采取更有效的诊断和治疗措施。然而心理学所取得的这些成就，并不能遮掩心理学本体价值的失落，目的在于为全人类服务的心理学，已经逐渐沦为一种只为少数人服务的学科。要知道构成社会组织的基础都是普通人，他们既不是什么天才，也没有多大

的问题，只有使他们感到幸福，这个社会才算是一个幸福而人性的社会。而且就社会本身而言，即使我们把所有问题都解决了，社会也是处于一个“0”的状态，因为我们并没有累积起我们所仰慕的东西。

积极心理学既是对当代心理学研究价值的一种重新回归，也是对消极心理学的一种批判，更是在新的社会背景下对心理学的一种深刻理解。这是因为：

首先，从某种意义上说，积极心理学充分体现了以人为本的理念，提倡积极的人性论。它解决了消极心理学过于偏重问题的片面性，真正还原了心理学本来应有的功能和使命——让所有人的潜能得到充分的发挥并过上幸福的生活，这充分体现了社会意义上的博爱和人性。如果心理学能够集中精力，利用人的积极性来使人更像人，而人又能在个人和集体的解放中释放出充分的积极，那么心理学在使社会更具有人性方面就能做出巨大的贡献。人类现在的生存的环境世界，已大大不同于人类祖先，人类的追求的目标也由生存变成了享受。当今世界已经形成一个共识，也就是：使一切生命过得更积极、更人性，即全社会都要以人的美好生活作为奋斗的目标，让所有人都过上美好的生活。就我国目前的实际情况来说，随着全面建成小康社会的逐步实现，我们的社会已经能够为每一个人提供良好的生活条件。那么，如何在良好的条件下，使普通人生活得更幸福、更美好，自然而然就成了当代心理学最紧迫的任务。

其次，积极心理学不仅仅把人的优点当作其克服缺点的工具，更是把培育社会成员的积极品质作为社会科学研究的根本目标，这对人和社会的和谐发展都十分有利。消极心理学过分注重于克服缺点，用一种“快餐式”的方式来面对和解决问题，这种没有经过心灵反思的、即时的工作方式很难适应当今社会的发展需求。尽管克服缺点本身并没有错，但心理学把自身的工作重心完全放在克服缺点上，这不仅有失公允，而且还显得太急功近利，更不用说克服缺点也存在一个适当性的问题。并且事物总是具有一定的两面性的，并不是所有的缺点都能够被克服，可能有些缺点被克服了，而与其相关的优点也就没了。与此同时，消极心理学的这种过分注重于克服缺点的特质，也容易导致人与其所在的社会出现对立。有人甚至认为“经常被冠以消极的思想、态度、行为、感情或疾病，实际上起到了保护你的正向作用，防止你的情感和社会生活受到威胁。与其设法立即丢掉所谓的消极行为，还不如先鼓励自己抓住它们，利用他们”。其实，人类一些消极品质总会有其特定的积极的功能，比如忌妒可以削弱个体自身的快乐度，并导致一些其他不良品质的产生，但它却是人类向前发展的原动力之一。有时也可以下一个这样的结论：有时候社会在保持其成员的某些缺点方面的重要性，要远远大于克服这些缺点。

由于积极心理学的工作目标与人性目标高度一致，所以，它能使人与社会和谐相处。不仅如此，积极心理学还能够帮助社会成员培养积极的归属感：使其感到他属于一个国家或一个社会，从而使每个人都能很好地同化于其所处的环境和社会。对社会而言，其发展主要是靠这个社会所拥有的积极的累加，而不是靠对消极问题的纠正。因此，当代心理学应主动引导人们去积极向上，去累积人们的优秀。让所有人生活幸福是当下社会的主旋律，积极心理学正是为达到这一目标应运而生。

心理学的一个非常重要的作用是预防社会问题的产生，但消极心理学的预防观，总是侧重人的不良外部环境影响（父母离异、大众传媒的不良导向、交友不慎等）而采取措施，并从外部制定了许多清规戒律，期望通过这种“外科手术式”的手法来预防社会问题的产生。积极心理学提倡一种新的预防观，即让社会成员自我预防。什么样的人才会自我预防呢？在同样不良的环境下，为什么有些人能保持自己，而有些人却成了问题人？到底是什么原因有些人总能有尊严地活着？积极心理学家通过观察和研究发现，只有人自身的积极品质和积极力量（如爱心、胜任、诚实、乐观、勇气、慷慨、工作热情、充满希望等）才是预防社会问题产生的最佳工具。

可能有人认为“积极心理学”概念的提出，是不是意味着此前的心理学都具有一定的消极性，其实这种理解是不对的，而且这也不是积极心理学的本意。积极心理学想告诉世界的是，心理学在长期的发展过程中出现了一种失衡，“临床心理学关注人的心理疾病；社会心理学关注社会的偏见、种族主义和侵犯行为等；认知心理学关注驱使人做出正确结论的偏见和误差……积极心理学是现实主义的，它从不认定人类的本性都是美好而光明磊落的，它只提出了一种更平衡的观念。这个世界的绝大多数人都过着理性的生活，而且能够使自己活得更美好、更幸福，尤其当他们面对各种挑战、挫折和困境的时候”。

心理学的终极使命是使一切生命过得更有意义，虽然消极心理学在纠正和解决问题上取得了举世瞩目的成就，但这并不能抵消心理学在使命上的缺失。社会是现实的，也是历史的。心理学必须直面“应该是”和“可以是”

的问题。“应该是”是心理学的本体价值。“可以是”是心理学的非本体价值，是在一定的时期内应对特定社会问题的“缓兵之策”，本质上是一种非理性行为，具有一种“快餐式”的特征。我们不应该把这种“可以是”理解为绝对的规律和绝对的价值，而只应该把它理解为一种迟早要达到“应该是”的变通手段，“应该是”最终必将消灭“可以是”。心理学研究一定要以“应该是”作为自己的核心价值观，积极心理学是当今时代发展“应该是”的必然结果，它代表了未来心理学研究和发展的方向。至少对一个民主的和公平的社会来讲，积极心理学的观点应该是很受欢迎的，因为它与社会的本质和人性的本质有着太多的同一性。

第二节　强调研究每个人的积极力量

积极心理学提倡的是用一种开放和欣赏的眼光看待每一个人，强调心理学要倾力研究好一个普通人所具有的积极力量。

一、什么是积极力量

积极力量，从字面上理解是指正向的、具有建设性的力量和潜力。不过这种从功能上的解释，似乎还有一个问题，那就是定义中的“正向的、具有建设性的”究竟是对谁而言，是对个体自己而言还是对他人而言。因此，积极力量存在一个主观标准和一个客观标准的问题，在大多数情况下，这两方面不是统一的。积极心理学认为，解释积极力量时，主观标准与客观标准都要考虑，从理论上讲，真正的积极力量应该是主观与客观标准之间的一个最佳平衡点。比如，智慧是人的一种积极力量，但如果单纯以主观标准来权衡的话，智慧和损人利己地搞阴谋诡计就没什么不同了；当然，如果反过来纯粹以客观标准来权衡，那智慧可能又和我们日常生活中所说的傻瓜、缺心眼接近了。人们本身对于主客标准平衡的追求，只有在充分的拥有以及自如地运用积极力量时，才可以充分利用自身的力量和潜力。

人们在分析积极力量的时候，更多的是在个体水平上把它当作是与良好结果相关联的人格品质，如乐观主义、自我效能（Self-efficacy）、自我弹压（Ego Resilience）等。其实人的积极力量不仅是一种静态的人格品质，它还是一种动态的心理过程，能对周边的环境做有效判断并给出恰当的选择。以乐观为例，乐观主义者并不是对所处环境的具体状况不管不顾而一味地盲目乐观，以致使自己处于危险境地，而是能谨慎地留心周遭环境中的危险信息，有选择地面对不同的、具体的问题，用一种合理的方式来表明或实施自己的行动。因此，人的积极力量不仅包括人格类的某些特质，还包括人能在正确的时间正确地运用各种资源的技能，来实现目标或解决所面临困难，简而言之，人的积极力量是一种为能得到良好的结果而灵活进行自我调节的能力。

积极心理学认为，并不是所有的积极力量都需要有意识来参与，人的某些积极力量，比如潜力，已经成为一种自动化的机制，这些积极力量和个体的成长发育一样，已经在人的进化过程中形成了一种“积极机制模式”（Strength Patterns）。进化心理学认为，人主要由两部分构成：生理机制和心理机制。达尔文已经考证，不但人的生理机制受进化规律制约的，人的心理机制也受进化规律的制约。例如，一些心理学的学者对各行业的成人进行了主观幸福感的测试，如果用10点量表来表示的话，一般来讲，大样本人群所测得的主观幸福感指数应该是个平均数，而实际上却发现不同群体的主观幸福感指数的平均数总是在0.6以上，这高于理论平均值0.5。狄纳等人认为这个结果的出现，是由于人类保持或恢复，诸如幸福等积极体验的能力已经表现出了生存性优势，它们已经开始有了类似人本能的特征。至于为什么会出现这一情况，主要是由于人类在漫长的发展过程中，随着有关积极方面的知识和技能的叠加，已经形成一种积极的心理机制，也就是说，人类在积极方面的知识越丰富、技能越高超，人类的积极特性就会越自动化、越本能化，这一过程实际上也是一个进化过程。那么，值得我们思考的是，我们如何能提高大样本人群的幸福感指数。即使理论上幸福感指数的平均数是0.5，通过学习积极力量，我们有没有可能有效地提高各个人群的幸福感指数。即使幸福感指数得分为0.9的人可能很难将幸福感指数得分提高到1，积极的心理学研究可能会使那些幸福感指数得分低于平均水平的人有所改善。这便是我们说的，积极心理学既可以使普通人达到伟大的水平，也可以帮助那些挣扎于心理泥潭中的人获得快乐。

二、为什么要提倡研究积极力量

“二战”结束后的心理学以纠正问题为研究中心，这在一定程度上背离了心理学研究的本意，因为心理学的根本目的，不仅在于除去人心理或行为上的问题，而是要促使人形成一种正向的心态或行为模式。没有问题的人并不意味着一定是个健康的人、生活幸福的人，同样，去掉心理或行为上的问题，也并不意味着人就能自然而然地形成良好的心态或行为模式。人的生命系统不是由问题组成的，而是一个既有潜在的自我内心矛盾，也有潜在的自我内在完善能力的系统，个体一般都能自我决定最终发展状态。因此，心理学应改变这种倾向问题的价值取向，应将注意力放在培养人固有的积极能力之上，通过培育或扩充人固有的积极力量和积极品质，使得人能真正成为一个健康并生活幸福的人。积极心理学正是以这种新的价值取向为重心，逐渐成长为一种新的心理研究范式。俄国作家托尔斯泰说得好："幸福的生活都是相似的，不幸的生活各有各的不幸。"我们与其努力地去探求不幸的各不相同，还不如先想想幸福的普遍相似性，这也许对我们更有启迪，同情、理解、宽容、利他、乐观、坚持等，这些都是幸福具备的普遍共性因素，同时也是每一个人都具备的积极力量和积极品质。我们为什么不把研究这些积极力量当作帮助人类获取幸福的有效途径呢？如果只是固守地研究生活中的各种不幸，那么，人类所面临的任务也许是应接不暇，即使人类灭亡的时候，也解决不完这些问题。而反过来我们更多地研究幸福，那人类面临的压力就会减轻许多许多。心理学在过去较多关注人和社会所存在的各种各样的问题，其给人们带来两个方面的弊端：

第一，它缩减了心理学的研究范围。心理学应当研究人类的一切心理现象，而不只是研究问题性心理现象，心理问题只是心理现象的一个部分而已，而且是很小的、没有代表性的一个特别方面。当心理学鼓励所有聪明的心理学研究人员，把自己的所有精力都放在研究一部分心理现象——心理疾病、问题和缺陷等方面时，这显然是不聪明的。即使以摆脱问题的来说，当我们只是研究问题本身时，很可能失去了一条摆脱问题的有效途径，因为有些问题也许只有通过研究人性或社会的积极方面才能得到更好的解决。

第二，它束缚了人类自身正常积极功能的发挥。人类既有可能产生问题，也有能力追求卓越，如果只掌握了人类产生问题的"病理性机理"，而对人类追求卓越的"积极机理"一无所知，那我们就把人类在进化过程中积淀下来的最有价值的东西抛到九霄云外了。实际上，心理学过去 50 多年的"病理性"研究实践已经清楚地表明，人类正常的积极心理功能，不可能通过纯粹的消极性体系而得到充分的发挥。

下面是一个真实的故事：

一个女人，她的儿子在三岁那年，被人贩子拐走了。她因为受不了这个打击而精神崩溃、神经错乱，开始变得半疯半傻的。她有时候很平静，有时候见人就打，见东西就摔，弄得家里不得安宁。家里人实在没有办法，将她送进了市郊的精神病医院。

这个女人入院的第三天，就从精神病医院跑了出来。离精神病医院不远的地方，有一家乡里开办的鞭炮厂。当时接近中午，大门口的保安恰好进屋去接一个电话，就在这一会儿的空当，这个女人跑进了厂里。她径直闯进了生产车间，顺手抓起一些东西就往地上摔，等车间里的几个工人和保安赶到制止她时，她正举起一个小铁箱要往地上摔。几个工人和保安看到这个场面顿时都害怕极了，一个个目瞪口呆，甚至忘记了往外逃跑。因为这个小铁箱里有用来做鞭炮的火药，这箱火药一旦落地，强烈的撞击很可能会引起火药的爆炸。而这箱火药一爆炸，一定会引起周围更多成品或半成品的鞭炮的爆炸，后果不堪设想！

这时，有人反应过来向她叫喊："放下它！放下它！"可是这个女人只是看了他一眼，反而把火药箱举得更高了。保安急得大叫："别动！那是火药，摔下来，你自己也会没命的！"但这个女人显然听不明白他们的话，看着他们又咯咯地笑起来。

情况万分危急！虽然保安和工人想拼命冲上去，夺下这个女人手中的火药箱，但他们又怕这样做反而刺激到这个女人迅速把火药箱扔下去！眼看着一场惨烈的灾难就要发生了，车间里的人们纷纷往工厂大门外跑。就在这时，一直在追寻疯女人的精神病医院的医生赶到了，医生看到这些工人一边跑一边大喊大叫："这个女人要摔炸药了……"从这个混乱的场面和人们惊慌失措的喊叫声中，医生猜测到这个女人可能在这个鞭炮厂里。医生立即冲进了厂里，并迅速跑进了车间，果然，医生看见几个工人远远地围着这个女人，而她的手中正举着一个小铁箱，医生顿时意识到那个小铁箱的危险性和重要性。说时迟那时快，医生灵机一动，立即冲她喊了一句："别摔坏了你的孩子！"医生刚说出这句话，那个女人顿时愣住了，她睁大一双无神的眼睛，直直地看着医生，那箱火药却仍被她举在头上，没有立即落下，医生又大声而和蔼地说了一句："你手上举的是你的孩子。"

听到这句话，这个女人的神情立即安定了许多，她将举在头顶的火药箱放了下来，紧紧地抱在怀里，低头打量着怀里的东西。就在这一瞬间，保安和工人冲了过去，夺下了那个火药箱。

所有在场的人都松了一口气，一场重大的血腥的灾难就这样避免了！人们把目光投向了那位医生，感激他，钦佩他。在他们看来，医生的“别摔坏了你的孩子”和“你手上举的是你的孩子”这两句意思一样的话有着无比神奇的力量。因为这个女人什么话也听不明白，也听不进去，却“听懂”了这两句话的“含义”。

医生一边告诉人们把这个女人送回精神病医院，一边对大家说：“我能说出这两句管用的话，是因为我知道她的病根，我能找到她心灵深处最牢固，也是最能唤起她的记忆的一丝东西——那就是……她对自己孩子的深厚的母爱……”

从这个故事可以清楚地看出，人不管是处于什么状态，只要他还是一个人，就必然存在着积极力量，只要想办法开启他的心扉，唤醒他积极的爱的力量和品质，就可以阻止他的“疯狂”和“错乱”，就可以让他学会“理智”和“善良”。一个精神病患者况且能这样，那正常的人自然会做得更好。事实上，即使一个人处于绝望、消沉等痛苦的边缘，他也不只是关心怎样来解除自己的这些痛苦，在他内心深处，他还是要关心自己的尊严、品德、生活目的和意义。

积极心理学在研究人类心理的积极力量方面，取得了世人瞩目的成就。如狄纳研究了人为什么以及在什么时候具有主观幸福感，并指出主观幸福感应成为人类社会发展的前进灯塔；马西米尼（Massimini F.）和凡弗（Fave A. D.）从生物进化和社会进化的角度，解释了人类的快乐体验这一积极品质，是影响人心理选择的一个重要原因，并且直接关系到人类的行为模式；彼德森（Peterson C.）研究了乐观主义的培养方式及其与现实及悲观主义的关系等，指出乐观主义这一积极品质是社会前进的一个重要动力；梅耶斯（Myers D. G）从人类是怎样获得幸福，以及谁是幸福者着手，用实证的方法证明了年龄、性别和收入等和幸福都没有绝对的关系，只有社会性支持、对未来充满希望、有明确的生活目标等集体层面和个体层面的积极品质才是幸福的真正源泉。梅耶斯的这一成果恰好和英国著名学者巴克莱在人生修养作品《花香满径》开篇所指出的幸福生活的三个因素（充满希望、有事做、能爱人）不谋而合；布思（Buss D. M.）则从进化论的角度对人类的幸福做了剖析，指出幸福既是人类追求的目标，也是人类在进化过程中形成的一种心理机制，只有对其充分重视，才能真正提高人类自身的生活质量；雷扬（Ryan R. M.）和戴茨（Deci E. L.）从人的本质出发，研究了自我选择这一积极品质，认为个体的自我选择对内部动机、社会发展和人生幸福具有重大的推动作用；泰勒（Taylor S. E.）等人用实证等方法研究了积极情感与身体健康的关系，最终得出结论：积极情感不仅能帮助人消减生活的压力，也能促进人的身体健康。

三、积极心理学研究积极力量的三个层面

积极心理学倡导心理学要研究人和人类社会的积极力量，具体地说，积极心理学主要从以下三个层面来研究积极力量：

首先，从主观层面上看，积极心理学主张心理学要研究个体对待过去、现在和将来的积极主观体验。在对待过去方面，主要研究了满足、满意、骄傲、安宁、成就感等积极体验；在对待现在方面，主要研究了高兴、幸福、心流（Flow）和身体愉悦等积极体验；在对待将来方面，则主要研究了乐观、充满信心和希望等积极体验。

其次，从个体层面上看，积极心理学寻求心理学要研究积极人格。人格研究是积极心理学一个非常重要的内容，积极心理学提出了一个比较独特的人格分类标准：乐观型解释风格人格和悲观型解释风格人格。积极心理学在人格研究中，特别强调心理学要着重研究人格中所蕴含的积极方面和积极特质，尤其是研究人格中关于积极力量和美德的人格特质。在这方面，积极心理学主要研究了包括智慧、友好、尊严和慈祥等在内的 24 种人格特质，并对它们的形成进程做了具体的实证研究。

最后，从集体层面上看，积极心理学倡导研究积极的组织系统。积极心理学重点研究了家庭、学校和社会等组织系统，提出这些组织系统的运行都要有利于培育和发展人的积极力量和积极品质，也就是说，这些组织系统的运行要以人的主观幸福感为出发点和归宿点。不过总体说来，与其他两个方面相比，积极心理学在这一方面的研究相对还是欠缺了许多。

第三节　提倡对问题做出积极的解释

积极心理学提倡对个体或社会所产生的问题要做出积极的解释，并使个体或社会能从中获得积极的意义。“积极心理学认为，心理问题本身虽然不能为人类增添力量和优秀品质，但问题的出现，也为人类提供了一个展现自己优秀品质和潜在能力的机会。”（任俊、叶浩生，2004）人类不是生活在一个

百分之百安全的世界里，因此，人们会避免不了地出现这样或那样的问题。但当问题出现以后，作为一个自在的人，每个人都可以自由地来选择自己的思想，也就是说，可以对问题做出各种自己的理解。比如，面对一件所谓办砸了的事件，人们既可以看到它坏的一面，也可以去看到它好的一面。因此，从某种意义上讲，积极与消极可以说是掌控在人们自己的手里，关键是看你到底去专注些什么。

例如，你是一名医生，在一星期中你总共做了 10 次手术，其中 9 次手术都非常成功，只有 1 次手术有点不那么完美，那么在接下来的几个星期，你会总是想到那非常成功的 9 次手术，还是不太完美的那 1 次手术呢？

如果你到著名景区去旅游，景区风景宜人，游玩过程中非常开心，而且吃的住的也都非常好，可你回家的时候，当你一下飞机却发现自己的行李不见了。第二天，你的朋友问你玩得怎么样时？你是向他们畅谈自己愉快的旅游经历呢？还是向他们诉说自己行李丢失的不幸遭遇呢？如果仔细想想生活中最近所发生的一些事，就能发现，你是在用一种积极的方式还是在用一种消极的方式来表达或解释自己。

19 世纪末，有一位名叫沃茨（G. F. Watts）的英国画家画了一幅画。这幅画以暗淡的蓝色和灰色为主色调，画面上是一位被蒙着双眼却低着头的少女，少女手里拿着一把希腊的七弦竖琴，而其中的一根琴弦却已经断了。少女隐约地、似乎是坐在一个球上，球的四周则布满了云雾。就是这样一幅展现绝望的画面，沃茨却把它命名为《希望》。沃茨认为绝望意味着放弃，而希望则意味着尽管遇到了极大的困难，但绝不放弃，就像画面中少女的琴，即使断了弦，也要努力演奏出音乐。这告诉人们，对每一个人来说，希望总是能激励人们，即使只剩下一点点资源，也要有前进的勇气。

因此，积极心理学主张，从两个方面去求得问题的积极意义：一是多方面找寻产生问题的根本原因；二是从问题本身去寻求积极的体验。

首先是多方面找寻产生问题的原因。一个问题之所以产生，肯定会有其的特定原因。其实，原因的本身并不是很重要，重要的是怎样去看待原因，也就是说，人们心理上的归因如何。归因是指个人根据已得到的各类信息，对自己或他人的行为之中所蕴含的因果关系做出合理解释和推论判断的过程。当人们把原因归为可控制的、暂时的时候，人们就会以一种积极的态度去应对问题，相反，则会产生消极态度。为达到积极的结果，积极心理学常常从另一个角度或用另一种文化，对问题做出新的解释和判断，见表 2-1。

表 2-1　消极的解释与积极的解释的比较

	消极的解释	积极的解释
性欲缺乏	无法达到性快感	能不以身委人
抑郁	被动的情绪低落	能对冲突做出深刻的情绪反应
懒惰	没志气、不勤奋、性格软弱	能避免争强好胜
怕独处	跟自己都处不来	说明要求与他人相处
神经性呕吐	食欲缺乏、青春期过分地追求苗条	能约束自己；能用饥饿摆脱女性角色；能分担世界饥荒

实际上，有时候正是因为文化差异，才使人们对一个现象或事件做出消极的解释。例如，在 20 世纪 70 年代以前，人们一直把同性恋看作是一种典型的精神失调，同性恋也成了一种精神病的代名词。可是随着社会文化的不断发展，人们逐渐感觉到，没有证据表明同性恋与精神失调有关，美国精神病防治学会也于 1973 年把同性恋从 DSM 目录中除名。今天，大多数人已把同性恋看作一件较为正常的事情，更有一些国家和地区，甚至用法律保护同性恋的合法性。一夜之间，同性恋者由“精神病”而成为健康人，为什么会出现这种现象呢？道理很简单，这是人们的一种文化解释和文化选择。

前面曾提到人所具有的“积极和消极是两个完全独立的、有各自定义的变量”的事实，但这并不表明积极和消极是毫无关系的。积极与消极的形成是相对独立的，积极并不会随着消极的去除而自然产生，积极本身有着自己形成的特定机制和特点，并不受消极机制所左右，也就是说，积极与消极之间存在着对立性。另外，积极和消极又是相辅相成的，它们之间离开了一方，另一方也就不存在了。积极和消极一起构成了矛盾的两个方面，也就是说，积极与消极之间存在着同一性。这正如人的生存一样，人总是在生与死、得与失、自主与依赖的矛盾中存在。从某种程度上讲，人如果没有失去，也就不会有发展。积极和消极既然是矛盾的两个方面，用哲学的观点来解释，它们在一定条件下就可能互相转化。因此，心理学要求研究积极的呼声，不应被误认为是不研究消极的呼声，也就是说，积极心理学并不倡导人类要故意避开或忽视自己的某些消极方面的研究，而是提倡人类要学会在消极与积极之间寻找关联和平衡点，从而创造一个一定条件下消极转向积极的效果。

在这里有一点我们一定要注意，所谓消极向积极转化，更多的是指人们要从消极（不幸或困境）中找到某些积极的意义。如当一个人进入中年以后，随着年龄的增加，其身体的活动能力开始逐步地下降（消极），但是，他的某些生活经验和技能却更加丰富了（积极），这就弥补了自己身体活动能力下降的不足。心理学家泰勒曾以一些患有致命性疾病的人为对象进行研究，在研究中，泰勒教给这些患者一些认知方面的策略，使他们能从自己疾病状况中寻找到某些积极的意义，从而增强他们的自信心和自尊心。许多患者反映，学习了泰勒的策略之后，他们明显感觉到自己的身体状况比以前好多了，也从所处的困境中看到了希望。

目前，新兴的神经学研究显示，人的积极特性和消极特性之间的关系较为复杂，远不是所谓的彼此相对或相反那么简单。以情绪体验为例，研究显示人的积极情绪和消极情绪是由不同的神经递质——多巴胺和不同的大脑部位控制的。但无论如何，提倡对问题做出积极的解释总是对的。

其实，信息的解读比信息本身更重要。长远而言，用积极的方式对人的心理障碍等问题做出解释是最恰当不过的。因为对出现的问题做出积极的解释，更有助于问题的解决，不懂或不善积极的人，就像是一部没有装上减震的汽车，经过任何即使是很小的沟坎它都会颠得很厉害，人在上面就会感觉很不舒服。而积极的人就像是部装了减震的汽车，即使经过很崎岖的山路，你除了感受到一种较为舒适的晃动外，你没有任何其他特别不适的感觉。正如马斯洛所言："心理学应成为一门具有更多积极和较少消极的科学，它应具有一个较高的主题，不要对人类所具有的种种崇高潜力有所顾虑。"积极心理学的最高宗旨是帮助人们生活得更加美好，而不是一种普普通通的存在，每个人活着的真正意义都在于生活幸福。

第三章 积极心理学的意义、发展趋势

梦想会成真。若非如此，我们也不会有梦想。

——约翰·厄普代克

从我国目前的现实来看，随着中国特色社会主义现代化建设的顺利推进，社会面貌已发生了翻天覆地的变化，我国已由一个贫穷、落后的社会逐渐进入了富裕的、和平的、文明的并且解决了很多遗留问题的小康社会。在这样的社会里，包括心理学在内的所有的科学研究，都应该顺应这个时代发展的必然要求——远离消极而走向积极。当下，我国的社会需求已开始由必需性需求向享受性需求转化，因此，与此相联系的所有科学研究也就应该适应这种社会发展趋向，用积极的思维来实现当代我国科学研究价值的真正回归——回归于社会、回归于人、回归于人心所向。

第一节 为什么要学习积极心理学

据调查，21 世纪世界上每年因为心理问题而自杀的有近 100 万人，远远超过任何战争、饥荒、瘟疫所造成的人员伤亡数量。抑郁症如今已成为全球第四大疾病，并且逐渐呈低龄化，患抑郁症人数最多的国家是中国。目前抑郁症在我国的发病率大约为 4%，而在一线、二线城市这一数字上升到了 10%~15%，自杀已经成为中国 15~34 岁青壮年人群死亡的首位因素，而在这些自杀的人群中，抑郁症患者占 60%~70%。就全世界来看，如今的抑郁症的患病率比 20 世纪 60 年代高 10 倍，而且，现在患抑郁症的人群平均年龄小于 15 岁。当然，部分原因是对抑郁症的认识程度提高了，对抑郁症的诊断更准确了，但这并不是全部的原因。还有一个客观事实，那就是抑郁症在客观上增加了——其中的一种迹象就是自杀，自杀人数在明显上升，不仅是在中国、美国、澳大利亚等国家，甚至全世界都存在这种现象。

这些数字都反映了一个事实，即抑郁症发病率逐年在升高，像这种情况世界上每个国家都存在，在压力越来越大的今天，抑郁症如同全球流行病一样在蔓延着。世界卫生组织曾经在日内瓦发布了一份关于抑郁症的最新全球统计报告。报告显示，2005—2015 年的十年间，全球受抑郁症影响的人数增加了 18%，导致的经济损失超过 1 万亿美元。

过去，当谈到抑郁症等主流心理疾病时，大部分心理学专家都将注意力集中在如何直接治疗它，而不是研究它的反面，如何在治疗的同时，去培养积极的心态。有统计数据表明，有关抑郁症的文献和有关积极心理学的文献之比将近 21∶1，这个数据表明研究积极心理学方面的成果很少。因此，当看到这个数字时，我们觉得应需要更多的人去研究积极心理学，用以帮助人们克服抑郁，克服焦虑。对此，人们应当有足够的重视，以改变这种 21∶1 的现状。

在人们物质生活水平不断提高的同时，抑郁症的蔓延也在加剧。虽然现代人比先辈富有得多，但现代人却并不比先辈开心，这也就是为什么积极心理学变得如此的重要，为什么在 21 世纪必须面对有关人类心理的问题。最近的大数据的心理学研究发现，这种滑坡其实与过去 200 年过分地强调功利主义、强调社会达尔文主义、强调丛林原则所带来的伤害密切相关。由此可见，过去 200 年人类的功利主义的上升，其实是与积极心理学的下降是密切相关的。

因此，联合国决定将每年的 3 月 20 日作为“国际幸福日”，用来号召全世界的人们，消除恐惧和物质匮乏，提倡积极、快乐、充实的社会生活，并与大自然和谐相处。

我们学习积极心理学，主要有以下三个方面的原因：

其一，“问题缔造现实”，即关注影响认知。我们关注什么样的问题，决定着我们创造什么样的现实。

每天问什么样的问题，决定了你每天大部分时间的关注点是什么。因为当我们提出一个问题的时候，所有的注意力都会集中在这个问题的解决和答案上，只要没有得到答案，这个问题就会一直在我们的脑海里，占据着所有的脑资源。所以你提出的问题就构成了你生活的现实。消极的问题缔造的就是消极的现实，积极的问题缔造的就是积极的现实。

什么是消极的问题？比如：

“我的人生为什么这么失败？”

“为什么根本没有人喜欢我、爱我？”

“为什么别人要这么对我？”

这样的问题缔造的现实就是——

“我的人生就是这么失败。”

“就是没人喜欢我、爱我。”

“别人就是要这么对待我。”

那什么是积极的问题呢？比如：

“这次的事情结果不太满意，那我可以从这件事情中吸取什么教训呢？下次我可能做些什么改变来让结果更好呢？”

“现在很孤单，我为什么这么害怕孤单呢？寻找一个人陪伴的意义是什么呢？”

“人际关系中最近冲突很多，是不是有什么我没有意识到的原因呢？我可以找谁来沟通讨论一下呢？”

这样的问题缔造的现实显然是不同的——

“这次没有做好，没关系，下次我还有机会做好。”

“孤单也并不能让我绝望，而是我开始思考现状的机会。”

“人际冲突是现实问题，但并不能定义我就是糟糕的人。”

对于夫妻之间也是一样的，蜜月期过后，夫妻间关注的最多的问题就是，彼此之间有什么问题？彼此该怎样去改善关系？这是一个非常重要的问题。但如果这只是夫妻间关心的唯一的问题，那彼此看到的也只有这件事就是，彼此的不足、缺点、需要去改善的事。那这对夫妻之间的感情就很难维系下去。

从上面不同提出问题的方式也可以看出，消极的现状是存在的，这是不可否认的事实，但是究竟你想往什么方向走，通过不同提问的聚焦方式，显然发展下去是不同的。消极的问题，只会让你越来越感到挫败，而积极的问题会给你带来启发和新的方法。大多数人都会这样问自己：“我的缺点是什么？我要怎样去改变?”却通常都忽视了自己的长处是什么、自己有什么优势等这样积极的问题。动机是好的，但问题是如何做才能变得更积极？如果一个人总是关注自己的短处，那么他就看不到和欣赏不到自己的长处，如热情、善良、美德、勤勉、慷慨等。这样的人怎么会有很强的自信心、自豪感和更多的快乐？如果我们不关注积极的问题，就不会采取积极的行动。

一般情况下，我们所关注的问题决定了我们所追求的方向、我们要选择的路、我们希望过的生活。在任何地方，都要懂得欣赏、懂得感激。只有当我们感激好的东西，好的东西才会增值，不应该把所有好的事情的发生都看作是理所当然的。对现状不满意也没关系，从提出一个积极的问题开始，问题导致改变，问题才是突破点。我们要提有益健康的问题，从专注缺点到专注优点，如在教育上，我们不但要了解一个学生的优点和长处，也要认清这个学生的优点和长处，之后我们要去欣赏他。当我们欣赏他的时候，他的优点以及他整个人都会增值。这就如同一粒种子，如果我们给它施肥、浇水，它就会长成参天大树；但还是这粒种子，如果我们什么都不去做、不理不睬，同时它也没有受到阳光照耀，那么它就会枯萎死去。人也是一样的，只有提出“积极的问题”才能创造出“积极的现实”。

其二，促进人类生存与发展的需要。积极心理学把促进人类发展作为自己研究的目标，认为心理学应该解释人是什么以及人应该成为什么？心理学不是静止的、封闭的研究体系，本质上它必须肩负起全人类快乐生存与平稳发展的重任。因此，从某种意义上讲，积极心理学已经打破了学科发展的范畴，而融入社会发展的洪流之中。当代“以人为本”的发展理念认为，以人为中心的多目标、多方面的发展理念，正在取代以物为中心的增长理念。发展就是一切人和人的一切的发展。人的发展是发展的根本动力和归宿，离开了人的发展，发展就无以为继，也无意义。实际上，尽管欧美等发达国家的生活水平已经很高，但生活品质并没有与之同步提高，人们的幸福感、满足感、创造力并没有同时提高到一个相应的水平。在发展的过程中，出现了全球性的精神危机、拜金主义、纵欲主义、极端个人主义、精神空虚、信仰危机等状况，因此，阿玛达尔·森指出，经济发展并没有自然而然给全体社会成员带来生活质量的改进，检验经济发展的最终标准，不是普通的物的丰富，而是人的发展程度。发展的状态不仅是表现在物质上，而且是表现在精神上，因此必须增强人的能力、选择与贡献。自觉剔除现代化进程中的负面影响，重建人类的新的人文精神，最终实现全人类的可持续发展，是时代对现代心理学提出的新课题。积极心理学重视人性中积极的因素，关注人的优点和价值，研究正常人的心理机能，将致使心理学对人性更科学的理解以及更有效的干预，从而引导个人、家庭与社会的良性发展。积极心理学的兴起，使得心理学家能够以更加开放的姿态，并将关注点转移到人的潜能、动机、能力、幸福、希望等积极品质上来。积极心理学的本质与目标就是寻求人类的人文关怀和终极关怀。也就是说，心理学不再是冷冰冰的技术手段代名词，而是一个富有情感同时又富有理性而严谨的新型学科，其所表达的是对人类命运的深切关注。我国著名心理学家张厚粲曾富有远见的指出："人文关怀是21世纪的主题，从某种程度上说，心理学的繁荣与发展是实现人文关怀的必由之路。"因此，正如Deci和Ryan所言，积极心理学的兴起，不仅是寻求与发展心理学的理论，而且是更加关注人类社会的健康发展，不仅是个人的幸福，而且是全人类的福祉，是更广意义上的社会发展研究的一部分。同样，Diener也满怀豪情地表示："人类社会必须像重视经济一样，重视人的主观幸福感并对幸福感进行跟踪、理解与研究，并担负起教育大众的责任，更合理地理解生活并努力创造更加美好的人类社会。"因此，积极心理学的理念和行动，必将会对现代心理学产生积极的影响，从而使现代心理学更加面向社会、面向未来、面向实践，并富有成效地开拓人类通向文明和幸福的阳光大道。

其三，城市化对于我们的影响。随着城市化的发展，越来越多的人类从农村迁移到城市，从而失去了传统的社会网络的保障，失去了传统道德约束的规范，自己内心的坚强就变得越来越重要。城市化的这种发展，既给我们带来了很多的福利和方便，也给我们带来了巨大的心理挑战，这种巨大的心理挑战使我们陷入一种现代化的心理陷阱，最主要的就是我们对道德的模糊，对自我意识的关注，对我们存在的意义的迷惘，同时对我们心理的压力的增加，这些都需要积极心理学的应对，需要积极心理学的帮助，这也是中国过去100多年社会发展的一个历史教训。

中国进入一个新的历史时代，未来的人才到底需要什么样的能力？心理学家彭凯平说，"21世纪的人才一个重要指标就是心理维度，积极的心态也是市场经济必不可少的要求。中国社会进入新时代，一定要培养人知心、用心、关心、正心的能力。永久的事业一定是诚意正心，积极健康的心理应当成为未来人才的核心要素"。

我们讲中国梦，我们讲文化强国，我们讲推进国家治理体系和治理能力现代化，我们讲建设美丽中国，其实理想、梦想、美丽、治理文化都是积极心理学关注、研究的问题。从某种意义上来讲，中国梦的实现更需要积极心理学的支持、指导和实践。

第二节　研究积极心理学的意义

一、积极心理学具有较强的实践意义

人到底为什么要活在这个世界上？这也可能是个哲学问题，有其广泛而深刻的哲学含义。但不管这种哲学含义多么深不可测，反映到现实生活中其实十分浅显——每个人活着都是为了追求幸福。积极心理学正是抓住了人类生活的这一主线，它把为人类得到幸福而提供实践性的技术支持作为研究的核心价值，强调把人的积极力量和美德作为抓手，并以此为人类寻找到一条非常积极的通向幸福的“康庄大道”。从本质上讲，人性的共同部分就是人性的积极部分，也就是说，不论哪个民族、哪个宗教信仰的人，他们都有自爱、满意、快乐等积极品质，并把这些当作自己追求的生活目标。因此，人类社会的各种实践就应该从人性的这一共同点出发，从而为全人类过上相同或类似的幸福生活提供积极的技术支持。

过去一个时期，心理学的确对人类和人类社会的发展做出了巨大的贡献，它在一定意义上已经融入当今社会的各个方面。但就在我们为心理学的伟大成就而欢呼雀跃的时候，人类社会也正面临着一个严重的困惑：随着人类社会生存条件的改善和心理学的发展，当今社会患心理疾病的人口数量却也在急剧地增长。以美国为例，21 世纪初患抑郁症的人口数量是 20 世纪 50 年代的 10 多倍，而且抑郁症患者的年龄也呈现出年轻化。50 年前患抑郁症的基本都是中年人，而现在却出现了许多十几岁的抑郁症患者，中国的情况也大致如此。这一现象似乎和心理学实践的初衷相抵触，因为今天的人类比过去拥有更充分的自由、更好的物质享受、更先进的技术、更多的教育和娱乐，等等，按理说人类应该比过去更幸福，可结果却是事与愿违，人类反而越来越感到不幸福。塞利格曼把这一现象称之为 20 世纪人类最大的困惑。这说明我们过去的心理学自身以及在调整社会生活方面存在一定的问题。从短短几年的实践来看，积极心理学也许正是解决这一困惑的有效途径。

二、积极心理学的理论意义

心理学是一门以全人类为关怀对象的学科，具体来说，它主要承担三项重要任务：治疗人的心理疾病；使普通人生活得更幸福和更充实；挖掘并培养天才之人。但自“二战”结束以后，由于一些主观和客观上的原因，心理学将研究重心偏向于落在了心理治疗上，从而使心理学成为单一地为一部分人服务的学科，心理学理论因此出现了价值的不平衡。积极心理学认为，心理学不仅要探究人和社会所存在的各种问题，同时还要探究人的积极力量和积极品质。心理学只有以积极待人、创造积极的精神、提供积极的机会、肯定积极的价值，才能使它的服务对象在感受积极的过程中，学会创造积极、付出积极，并最终获得一种实实在在的积极力量。从本意上讲，积极心理学的兴起并不是要把以问题为中心的病理心理学排斥出心理学的范畴，而是作为病理心理学一种不可或缺的补充，这种补充的最大意义在于使心理学的功能变得更完美，心理学本身也因此变得更加平衡。消极心理学是人类发展的一大法宝，它在过去对改善人类的生活、促进社会的进步发挥过较为重要的作用，不仅如此，消极心理学今后仍将继续在人类进步和社会发展中扮演重要角色。人类需要研究各种社会问题和各种心理问题，需要弄清楚这些问题产生的原因，需要掌握解决或摆脱这些问题的方法和手段。但生活不全是由苦难和创伤组成，心理学不能只是盯着人类的各种问题和不幸，解决问题和溶解不幸不能成为心理学的唯一任务。心理学还应该为人类的幸福和健康做出贡献，还应该为正常人过上有爱的积极生活提供技术支持。不管我们承认不承认，人类已经处在崇拜生命的幸福感受之中。正如美国哲学家蒂里希（Paul Tillich）所说：“若没有推动每一件存在着的事物趋向另一件存在着的事物的爱，存在就是不可能的，也是不现实的，在人对于爱的体验中，生命的本性才变得明显。”从这个意义上讲，积极心理学使心理学理论本身变得更平衡，也更完美。

三、积极心理学符合我国当前现代化建设的实际状况

人类社会的发展，主要是人类积极性的累加。你可以消灭一个王朝而结束一个时代，但你永远消灭不了这个时代所积累起来的积极性，即使是人类历史上的至暗时刻，也仍然保留下许多积极的东西令我们今天去膜拜。其实，正是人类在漫长的历史长河中保留下许多积极，我们这个世界才发展到今天

这个水平。比如，公元前5世纪的雅典、15世纪的佛罗伦萨、维多利亚时代的英格兰等等都是最好的范例。人类社会的发展证明了一个这样的规律：当一个社会处于安稳团结、繁荣、和平时代时，这个社会的文化就会特别注重人的创造性、道德品质以及高质量的生活水平等一些个人层面和集体层面的积极方面；反过来，社会注重积极品质又会进一步地极大促进社会本身的繁荣和发展，两者之间互为条件、互相转化。

目前，我国正处在社会经济稳定发展的良好局面之中，在这样一个新时代，我们本来就应当把精力放在对社会和人的积极方面的研究和促进上。实际上，人与人、人与万物是靠彼此的积极来组成我们这个社会的，人只有积极地对待他人、对待世界万物，社会才能和平相处而获得安宁，人类也才能获得长久的幸福。相反，如果人们消极地对待世界万物，社会就会被各种问题所把控，进而失去稳定存在的可能，人类也就会很快走到历史的尽头，更不用说获得什么幸福了。今天，我们生活的社会已迥异于先人的时代，人类的一切活动都不再仅仅是为了生存，而是为了生活得更加幸福，这是当今社会的最大最实际的需求。心理学是一门研究人的科学，它以人类的内心世界及其产物作为研究对象，同时，心理学的研究活动又是一种主观见之于客观的过程，“它并非某种心理规律或本质的认识，而是一种文化构建，反映了特定文化的价值观”。因此，从本质上说心理学是一种社会性的、历史性的存在，帮助人类获得本应得到的幸福是当代心理学最紧迫的任务，这也是当今社会最大的政治。由此可见，积极心理学的产生也正符合了这一社会发展趋势。

第三节 积极心理学未来的发展方向

当前，积极心理学研究的内容主要还是围绕着塞利格曼等1998年在“艾库玛尔会议”中所确定的三大支柱，即积极情感体验、积极人格和积极的社会组织系统。积极心理学的三大支柱之间是相辅相成的，积极人格的形成是建立在积极情感体验不断累加的基础之上的，又反过来增强了个体获得积极情感体验的可能性，而积极社会组织系统则为前两者的获得和形成提供了社会基础，因此，三者之间有实在而复杂的互动关系，缺一不可。

从对人类生活的作用来看，积极情感体验和积极人格方面的研究可以帮助人们活得更开心、更乐观、更满意，这两个领域的研究似乎可以为提高生活质量贡献更直接的方法，是积极心理学的核心组成部分。而积极的社会组织系统则是让人生活得更加美好，使人们更开心、更乐观、更满意的条件。但从目前来看，学者们把他们大部分的精力都集中在积极情感体验和积极人格的研究上了，而对积极的社会组织系统的研究还不是很多。因此，为了更有效地提高人类生活的质量、幸福指数，积极心理学今后的重大任务就是要提高人类生活幸福所涉社会和文化方面的条件。具体来说，以下四个方面可能是积极心理学未来发展的重要方向：

第一，积极的生理健康。所谓积极的生理健康，是指个人不再仅仅关注自己生理指标出现的问题（血压超过正常多少等），也要关注自己生理指标的良好方面（自己肌肉的弹性处于多么优良的状态）。不仅如此，积极的生理健康还要求个人在充分掌握自己生理优势的同时，还能充分利用这些优势来帮助自己获得更进一步的生理健康。这正如当一个人足球踢得好，而另一个人羽毛球打得好时，这两个人都可以利用各自的优势来进行身体锻炼，进而促使自己身体更加健康。

第二，积极的神经科学。经过各领域研究人员的努力，现在人们已经对许多疾病的神经机制有了清楚的了解，如心理学家早在 20 世纪 50 年代就已经清楚大脑中的杏仁核控制着人的恐惧情绪，与杏仁核相关的缺陷被称为心理盲（Psychic Blindness），之后的研究也证实了人的脑岛与厌恶情绪相关、眶额皮质则与人的愤怒相关等等，但同时研究者对人的积极神经机制基本上还是一无所知。因此，许多研究者都在呼吁，神经科学也应该致力于研究人的积极机制，要揭示那些快乐、健康、幸福的人的神经机制，这就是所谓的积极的神经科学。

第三，积极的社会科学。社会科学是一个社会各项事业发展的有机组成部分，它以各类社会现象为研究对象，其本质在于寻找使人类社会变得更加生机勃勃的客观规律，并帮助每个人在寻求解放和生活幸福的前提下成为一个具有自觉性和掌握自己命运的人。

积极的社会科学正是这样一种以人的身心幸福为价值核心的新视野，它使社会科学真正回归到了它应有的价值意义。积极的社会科学是指在研究社会现象时，应当以人固有的、实际的、潜在的具有建设性的正向、力量、美德为出发点，以引导全社会成员过上幸福生活为终极目标，这是对社会科学本质的正确理解。今天，社会科学所面临的一项最重要的任务就是要把全体人员动员起来，调动起人们的积极品质、智慧和创造性的力量，从而促进全社会日益完善，并以此来满足人类社会不断增长的物质和文化需求。

第四，积极教育。教育是对人的一种教化，它的主要功能是发展人的社会意义，就是使人通过教育活动而成为具有一定知识、能力和社会品德的人。作为社会的一个基本领域，教育与整个社会的各个领域相互关联，它保证了社会的平稳延续，是社会存在的必要条件之一。

教育的一个非常重要的功能就是预防被教育者各种问题的发生，因为不管是生理问题还是心理问题，多数情况下治疗只是缓解症状，并不能真正彻底消除问题症结，因此预防其实是一种最高级的解决问题的方法。也就是说，教育首先是要帮助被教育者成为一个心态健康、能正常生活在这个社会上的人，其次才是带领被教育者走向幸福或成功。

积极教育就是指教育要以被教育者外显和潜在的积极力量和品质等为出发点，以增强被教育者的积极体验，最终达成培养被教育者积极的人格，使被教育者成为一个幸福快乐的人。由此说来，积极教育不只是要纠正被教育者的错误和不足，更重要的是寻找并发展被教育者的各种积极品质，并在实践中实现这些积极品质与被教育者自身生活的良好结合。

总而言之，为了使积极心理学能在人类社会自我完善和发展中发挥其应有的作用，我们还有许多工作要做。在理论研究方面，还要不断充实积极心理学的概念，同时要与多样化的研究方法紧密结合，进而提高科研成果的学术水平，以便更好地为当下社会幸福做贡献。在实践应用方面，积极心理学作为一门科学，其来源于社会实践，又依赖于社会实践的推动，其生命力和价值就在于它能够解答现实中不断出现的问题。它在社会实践和学术殿堂的地位也有赖于它在多大程度上能够解答现实中的问题。

第二篇 幸福学

幸福之所以是积极心理学关注的课题，是因为它是人们共同关注的话题。《独立宣言》中宣称所有人都有权享受生活，享受自由，以及追求幸福。我们告诉我们的孩子、朋友和自己，人生最重要的莫过于对自己所做出的选择和所走过的路感到满意。幸福被哲学家们称为没有理由的理由，也是不需要理由的理由。

第四章 关于对幸福的误解

许多人钓了一辈子的鱼，却不知道他们钓鱼的目的并不是为了鱼。

——亨利·戴维·梭罗

第一节 幸福就是由金钱所决定的

有无数关于金钱和幸福的文献，有的在国家之间进行比较，有的深入研究一个国家，对穷人和富人进行比较。有两点已经得到大家的普遍认同，一是钱越多，生活的满意度就越高；二是钱越多，达到生活满意度递减的速度就越快。

关于“金钱与幸福的关系”这个问题，我采访了很多来自不同国家的和不同年龄段的人，他们有来自中国的、美国的、日本的、韩国的；有年轻的、有年长的。他们当中多数人认为幸福就是由金钱决定的，钱越多越幸福，钱与幸福成正比。那是不是这样呢？我认识这样一个人，他有自己的连锁公司，有私人飞机，但他患有抑郁症。可见并不是钱越多越幸福。

那么金钱与幸福到底是什么样的关系呢？钱到底重不重要呢？

金钱肯定能够造就人与人之间生活质量的差别，尤其是对于刚刚毕业的大学生来说，才开始步入社会，挣钱的数目也比较少的时候，他们并不需要多么舒适的生活，而是只需要一笔小钱，以便能够获得一定程度的经济上的自给自足而已。随着收入的增加，除了让自己在享受物质上的舒适之外，还可以解决很多问题，如清还贷款、购买舒适的大房子、随时支付家庭的各种花销、减少生活的压力、让孩子接受更好的教育、有能力为值得的事业捐助，等等，这些都可以提高一个人的幸福水平。谁不想挣更多的钱来满足自己的需求呢?

然而，你可能知道并在某种程度上也认同“金钱买不来幸福”这句话，虽然这句话在基本意思上是正确的，但研究显示，也许这样表述会更准确，“金钱是可以买来幸福，但只是在一定程度上”。如果你贫穷过，也富有过，那请你相信，富有会让你感觉更好。在大多数情况下，挣钱多的人一般都会比挣钱少的人更幸福。幸福的底线确实是应有一定数量的金钱或物资做保障的，我们不能低估金钱的价值，但也不能过高估计金钱的作用，这是同等重要的。钱，对于穷人来说很重要；对于中产阶层来说，用钱能买到的幸福逐渐在减少；对于富人来说，钱给你带来的是满足感，但并不是幸福感、快乐感。

盖洛普对美国人和他们基于各种因素（包括金钱）的生活满意度做了调研。那些收入很高的人——年薪 7.5 万美元或者更高——他们当中幸福快乐的人占比是最高的；而那些收入比较低的人——年薪低于 3 万美元——他们当中幸福快乐的人占比是最低的。因此，也许你可以从这个调查中得出这样的结论，那就是人们挣的钱越多，就越幸福快乐，所以，靠增加你的收入和净资产的方式，你就可以变得越来越幸福。那么，真实的情况是这样的吗?

绝大多数人的会认为高收入就会快乐，但事实上这个说法是个假命题。高收入的人对生活可能比较满意，但不会因此而比其他人更幸福，他们甚至更容易紧张和焦虑，也不太会打理和享受生活。收入对生活的影响是暂时的。在我们看来，之所以人们会过度地宣扬富有就是幸福的观念，就是因为他们用传统的思维考量自己以及他人的生活而已。

相反，令人吃惊的是，财富的增加，并不总是能使快乐增加。当达到一个节点后，金钱的作用就不那么明显了。经济学家和心理学家的研究表明，在过去的50年中，发达国家的财富有了很大的增加，但幸福指数却没有随着财富的增加而明显地增加。财富对于幸福指数肯定是有积极作用的，但并不像有些人认为的那样，幸福指数随着财富的增加而同等增加。

真实的情况是这样的，开始时，幸福会随着财富的增加而增加，但是过了一个特定的水平之后，无论你获得了多少财富，你的幸福快乐程度在很大可能上都是保持不变的。

因此，特别富有的人和一般人并没有太大的区别，暴富的人往往还不是特别幸福，因为财富来得太突然而没有心理准备，会造成自己的心理失衡。特别富裕国家人们的幸福指数也未必很高，比如美国、日本、韩国的人均国民收入都不低，但是它们患抑郁症人数的比例，比一些穷国反而更高一些。当人均国民收入达到3000~4000美元时，经济发展水平较好，幸福指数会增高很多，但是过了这个“幸福拐点”之后，幸福感就与经济发展水平关系不大了。当人均国民收入超过8000美元时，社会财富与国民幸福感的相关性就变成了“零”，而人权、自由、平等、公正等指标对幸福感的影响就开始明显增大。因此，幸福与金钱之间并没有完全的对等关系。近年来，中国经济飞速发展，人民生活富裕了，但幸福感并没有同倍增长。这也说明所有靠物质支撑的幸福都不能持久，都会随着物质的离去而离去，只有心灵的淡定宁静，继而产生的身心愉悦才是幸福的真正源泉。

普遍接受的观点是，一旦收入达到一定的水平（在美国，大约是年收入7万美元），金钱便买不到幸福了。然而，目前一些研究者发现，幸福与收入之间的相关性比我们过去认为的要大。尽管收入的绝对水平不是非常重要，但是声望以及其他人眼中流露出来的尊重的增加却很重要，因此成功也是重要的，无论它是否能带给你财富。最后，财富本身存在多种相互矛盾的效应：它有时会破坏人际关系，而通过辛勤劳动获得财富的人（相对于中彩票）会得到周围人的尊重。由此带来更大的幸福感。

反思：你曾经问过别人如何看待幸福吗？如果没有，我鼓励你去问，不管是你熟悉的还是不熟悉的，你会惊讶于答案的多样性，会促进你的思考。

一、积累财富的目的是更幸福

虽然金钱可以为我们提供基本的食物和居所，但这只是实现幸福这一目标的一种手段。有趣的是，我们经常混淆目标和手段的区别，很多人往往是以牺牲幸福这一目标来换取金钱（手段）的。积极心理学不强调手段，而强调目的。目的不是财富、征服，而是幸福。物质繁荣对于积极心理学来说很重要，却只能在一定程度上提升幸福感。

当现在社会上很多人认为人生所追求的目标就是财富积累的时候，人们就很容易犯这类错误。并不是说赚钱或存钱是错误的，财富上的积累确实可以帮助个人甚至社会得到更多的幸福。有了金钱上的保障，可以做我们喜欢的事情，从事自己喜欢的工作，不会委曲求全，也不会为每月的账单还款而烦恼。与此同时，赚钱的欲望也可以激发我们自身的潜能，积极面对生活的挑战。但是，金钱本身并没有价值，只是因为它可以带来一些快乐的体验，物质本身并不能给生命带来意义或是精神上的财富。

曾经极度匮乏的基本商品与服务，在21世纪的今天变得越来越容易获得。许多经济发达的国家（美国、日本和瑞典等）的商品与服务已经非常丰富，甚至都有剩余了。当简单的需求得到极大满足时，财富以外的其他元素，在衡量国家成功、国民幸福与否方面正发挥着越来越重要的作用。

那人们为什么还要积累财富呢？因为财富是幸福的一个基础。研究显示，财富和幸福之间的关系与人们通常的认识不同。在不同文化背景下所做的幸福指数调查中，心理学家戴维·迈尔斯（David Myers）发现，幸福与财富之间的关联性不是很高，唯一的例外是在一些极不发达地区，民众连最基本的生活条件都得不到保障。此外，一些经济学报告显示，有些国家在过去的50年里人均国民收入发展得非常快，尽管人均国民收入提高了3倍，但生活满意度却没有任何提升。虽然人们都越来越富有，但幸福指数却没有随着财富的增加而增加，相反有些还下降了，甚至比以前更糟。

诺贝尔经济学奖得主丹尼尔·卡尼曼（Daniel Kahneman）这几年也把精力转移到有关幸福的研究之上。在他的研究中，卡尼曼几乎没有找到幸福和财富之间的必然联系。他说："大多数人会认为财富等于幸福，但实际上这个说法是非常空幻的。富有的人对生活会比较满足，但不会因此而比其他人更幸福，他们甚至更容易紧张和焦虑，也不怎么会享受生活。财富对生活的影响是短暂的。人们之所以会过度地宣扬富有就是幸福的标准，是因为他们用世俗的观念衡量自己以及他人的生活而已。"

更让人难以相信的是，许多人在求富的过程中可能会有很多坎坷，但他们想等赚到钱就好了，就可以过他们想要的生活，就可以为将来带来好处，这样想也可以减少他们的负面情绪，但当他们富有之后，并没有给它们带来预想的快乐，反而有些时候比在努力求富的过程中还要沮丧。这时，他们就会灰心、悲观、消沉甚至绝望，因为没有目标，他们就失去了对幸福的指望。

很多成功的人都经历过精神委顿、意志消沉，他们甚至因此而酗酒或是吸毒。他们渴望成功，但当他们费劲全力所追求的目标实现后反而让他们更不开心，这使他们很是费解并感到很矛盾。在他们取得成功之前，或许也曾有过烦恼的日子，但他们一直坚信，只要到功成名就那一天就一定会幸福；可是当他们实现了这个目标时才发现，原来他们所期望的幸福根本就不存在。

此时，他们感到自己曾经的幻想（也是很多普通人的幻想）——有了物质和地位就可以带来永久的幸福破灭了，继而陷入“现在怎么办”的迷茫中。在发现所有的努力和成就并不能带来幸福后，一些人开始认为世上再没有什么东西可以给自己带来快乐，于是就去找寻另一些具有毁灭性的消除痛苦的方法。

反思：你赚钱的目的是什么？

二、将金钱作为目标

当人们思考自我目标的时候，很有可能，金钱就是其中的目标之一。根据萧伯纳的定义，为了这个目标而奋斗会带给人们幸福与喜悦。可是，为什么人们以物质为标准做决定时可以这么自然，而以内心的幸福为标准的时候却这么困难呢？值得思考的是，金钱真的是人们的“自我目标”吗？更有可能的是，金钱体现了一种潜移默化被我们内部化的社会标准。

金钱，或者财富，对人类的影响是可以用进化史的框架来解释的。首先，在繁衍后代的时候，资源是择偶所看重的一项标准。在人类远古的历史中，资源包含了强壮的身体以及象征健康的身体特质，如对称的脸部特征。在当下，更多的物质资源决定着人类的繁衍保障以及为后代所能提供的生存条件。从而，财富变成了一个体现能力以及保障的工具。重要的是，财富不仅仅代表一个人的追求，更代表的是一个社会对于能力的评判标准。虽然人们可以判断财富是社会标准，人们更容易去把这个社会标准错认为个人目标，主要的原因在于财富的可衡量性。当人们评估其他的内心目标如内心的宁静、带给他人快乐或者自我品位的提升时，这些目标的可衡量性是较低的。人们并不知道今天的自己与昨天的自己相比，在这些目标上取得了多少进步。如果不知道如何调节这种不确定性，我们体会到的幸福感的提升是较低的。相反，如果说服自己，金钱不仅是社会的标准，而是自身的追求的话，我们可以非常容易地用物质来衡量幸福的提升。作为依赖安全感的人类，拥有一种主观而且被他人接受的衡量标准是具有吸引力的。

就像劳伦斯·波特（Laurence G. Boldt）在《禅宗与生活的艺术》里说的：“社会教给我们的道理就是物质至上，只在乎那些可以‘用数字衡量’出来的东西。”然而，在追求幸福的时候，我们需要做的是区分社会教给我们的道理与我们内心遵从的价值观。比如说，房子的价值是可以用钱衡量的，可是我们对家庭的爱是无法用金钱来衡量的。一本你喜爱的书是有价格的，但是它给你所带来的影响、促进你的思考、帮助你形成正确的价值观却是无法用金钱来衡量的。财富和幸福之间究竟存在什么联系？其实我们真正需要思考的问题是，金钱究竟是自我的追求，还是社会的追求。如果金钱不是自我的追求的话，我们如何能更好地调节衡量自我目标（如宁静、品位）当中所存在的不确定性？

反思：你会不会因为过于注重财富或者名望，而影响自己的幸福呢？如果是，它是怎么影响的？

三、衡量幸福的标准

当思考幸福感提升的时候，我们强烈地希望、准确地想知道在某时刻，有没有比之前的自己离幸福更近一步。当定义幸福为自我目标而奋斗的感觉时，我们期待可以衡量在奋斗过程当中收获到的喜悦。但是，幸福是具有不确定性的。就像不能肯定做一件事情的最终结果，我们同时不能肯定每一种行为对于我们最终目标的贡献有多少。所以，追求幸福的时候，我们不需要，也不能过多地关注每一种行为所带来的幸福的提升或者减少。

虽然我们需要关注情绪波动以及内在的感受，但是我们不需要偏执于确切地衡量每一个情绪的转换或者波动。当面对衡量上的不确定性的时候，我们更需要做的是，坚信努力为自己的目标而奋斗的时候，我们离长久的幸福只会越来越近。我们需要提醒自己，不能用“贪心”来衡量自己在幸福感上的增长。即使我们的幸福可以衡量，但短期的幸福感并不代表长久的幸福，而我们需要做的是用一种平和的心态来面对在追求目标当中的不确定性。我们所需要回答的问题不是幸福提升了多少，而是即使在无法衡量幸福的情况下，我们是否还在为正面情绪的来源而努力。

其实在追求幸福的过程中，金钱是没有固定价值的。如果说没有固定价值，那为什么每一个人都去为了赚更多的钱而不择手段呢？那是因为，不管是个人还是国家都有一个最基本的假设，即增加财富就能增加幸福，可问题是增加财富是不是真的就能增加幸福呢？

幸福和人均国民收入之间的分歧是可以量化的。用今天的美元来计算美国的人均国民收入，在过去的 50 年中，美国的人均国民收入差不多增加了 3 倍。今天，美国人拥有了很多 20 世纪 50 年代不可思议的东西，现在每家都有 2~3 辆小汽车（看家庭成人数量而定），拥有冰箱、洗衣机等家用电器更不在话下，大多数家庭都有非常宽敞的房子。但对生活满意度、幸福感却一直没什么变化。更可怕的是，即使人均国民收入增加了，不幸也没有减少，甚至会变得更糟，与现在相比，美国过去 50 年的抑郁症发病率累计提高了 10 倍。为了让人们通过增加财富来增加幸福，美国在积累这些财富的时候，动用了很多资源，其中包括人力资源、自然资源，甚至还掠夺其他国家的资源。目的是什么呢？其中最重要的目的就是增加国民的幸福，而事实上，研究表明，在这 50 年中，美国人的幸福平均程度毫无增加。

因此，要把幸福作为终极财富和衡量标准。在商场上，用财产的现金价值来衡量公司；对个人来讲，幸福感应是衡量人生成就的唯一的标准，因为它是所有目标中的终极目标。

反思：在你看来，衡量幸福的标准是什么？

四、重新思考幸福

积极心理学让人们健康“蓬勃”发展，由此带来了一系列连锁反应，当个人蓬勃发展时，健康、生产力以及和平都会相伴而生，这就是积极心理学的长期使命。积极心理学的长期使命如得以实现，将会带来巨大的机遇，当然也面临巨大的挑战。心理学家的辅导或者治疗对人的蓬勃发展有所帮助，这是不可否认的，但其帮助效果甚微。积极的教育将对人的蓬勃发展有所帮助，老师在教学的过程中把幸福的理论嵌入教学内容中，教导学生快乐生活、积极向上，这样学生的抑郁和焦虑会降低，幸福感会上升。心理健康的青年将会成为更好的公民。积极的商业也会对人类的蓬勃发展有所帮助，贸易的目标不仅仅是利润，还有更好的人际关系和意义。评价一个国家的经济状况或政府是否有所作为，不仅要看它的人均国民收入增加多少，还要看人们的幸福程度能增加多少，人们是否积极向上。同样，积极的信息技术也会对人类的蓬勃发展有所帮助，甚至会产生关键性的作用。

因此，对于中国这样一个经济快速增长的国家，现在正在积极追求人均国民收入的提升，但更重要的是应该在越来越富裕的同时，让国民深刻地认识到幸福的价值所在，并在全社会进行推广。不仅要实现经济繁荣，更要幸福地蓬勃发展。更好地应用日益增多的财富投资于提升幸福感的方面，而不是仅仅关注人均国民收入的增长。其实，幸福比单方面追求经济更有感染力，这样循环上升的积极目标终会实现。

为什么中国的经济增速在全球名列前茅，甚至在可预见的10年内极有可能超越美国成为世界最大的经济体，但国民的幸福度认知却不容乐观？为什么经济的发展与生活水平的增长并不能带来幸福体验的提升？这里面存在什么误解或偏差吗？

幸福科学的研究发现，原来财富只是帮助人们增加幸福感的一种工具，真正带来幸福的不是财富，而是积极情绪、投入感、目标与意义等。当然，在非常贫穷的国家和地区，财富的增加会自然地带来幸福感；可是在基本需求被满足之后，财富增长对幸福感所带来的效应，就大大地打折扣了。在某些情况下，财富的增加反而会导致积极程度、成就感等下降，换言之，会降低幸福感。

幸福是受多种因素影响的。从经济学的角度讲，在收入水平较低的时候，财富与幸福之间的关联度很高；但当财富积累到一定程度后，它对幸福的影响就越来越小了，而决定幸福的其他因素相对而言就变得越来越重要起来。我国学者奚恺元认为，美国就是太注重人与人之间的物质比较，他引用了经济学家雷亚德的一个关于盲目发展经济而缺乏对幸福关注的比喻：球场上，一开始大家都坐着看球，但有一个人为了看得更清楚，就站了起来。当只有他一人站着，其他人都坐着的时候，他确实比其他人看得更加清楚，但是，因为他站着，挡住了其他人的视线，其他人也不得不站起来看。最后全体观众都站起来了，从看清楚的角度讲，全站着与全坐着没什么区别，但是大家都辛苦地站着，要比安逸地坐着难受得多。

正如我们所见，财富对生活满意度贡献巨大，但对幸福或者心情好坏影响不大。与此同时，人均国民收入和幸福之间存在着巨大的差异。

当国家处在贫穷和战争中时，人们饱受饥荒、瘟疫及内乱的折磨，首要关心的就是减少破坏及建立防御。这种危难困苦贯穿了人类历史中的大部分国家。在这些情况下，人均国民收入对于发展有着很大的影响。当国家变得富饶、和平、丰衣足食、健康、文明时，情况就会发生改变，人们会追寻更高的目标。

15世纪的佛罗伦萨就像一盏指路明灯。由于梅第奇（Medici）是银行业方面的天才，佛罗伦萨在1450年变得非常富有。与过去以及欧洲其他地方比起来，当时的佛罗伦萨和平、富饶、健康、和谐。佛罗伦萨开始考虑并讨论如何运用财富。将军们提议攻城略地，而最后科西莫一世（Cosimo the Elder）的意见赢得了大家的赞同，佛罗伦萨把盈余投资在对美追求上。它带来的是

200 年后被人们称绝的文艺复兴。

人们将如何投资他们的财富？人们的复兴将是什么？

如何精确测量幸福的各项元素？财富和幸福的关系是什么？衡量幸福的主观标准和幸福标准是什么？在这些问题上，将来希望看到激烈的辩论和极大的改进。以下是会产生真正影响的棘手问题：如何衡量国家内的收入差异、如何衡量心流和欢乐在积极情绪中的分量、如何衡量成功教养孩子、如何衡量志愿者工作，以及如何衡量绿地。在关于如何衡量幸福指数的政治和实际争论中，最重要的是，记住幸福不是人类唯一要珍惜的事物。笔者绝不是在鼓吹幸福应该是对公共政策唯有影响的东西。人们珍视正义、民主、和平、宽容以及其他诉求，这些诉求与幸福可能有关，也可能无关。

衡量一项政策能带来多少幸福，不仅要看到客观层面，还要更加注意到人们的主观感觉。未来在召唤我们，希望我们在研究和制定政策时更看重幸福而不是金钱。这种研判方法将造福我们的子孙万代。

反思：在我们的生活中，你是如何思考“幸福真的是靠钱搭建起来的吗？”

第二节　荣誉、成功一定会带来幸福

生命进程中，是什么让人们拥有健康和幸福？如果你现在着手规划未来的美好人生，你会把时间和精力放在哪里？答案会有很多种，人们已经被数不胜数的有关生活中最重要的图景包围了。

媒体上登载着那些富有、高声望、造就自己事业帝国的成功人士的事例，并且人们对这些故事深信不疑。罗伯特·瓦尔丁格教授说：“在他们研究的开始，不管是贫是富，年轻人都会坚信，名望、财富和成就是他们赢得幸福的保证。而当他们回顾过去的一生，发现并非如此。”有个最新的调查，当问询1980—2000 年出生的年轻人有关他们最重要的人生目标有哪些时，超过 80%的人说，他们主要的生活目标就是要变得富有。这群年轻人中，还有 50%的人说他们另一个主要生活目标是成名。

人们总是被教导：要投入工作，勤奋努力，完成更多。似乎觉得要想生活得更幸福，这些就必须是人们要追求的。可事实真的是这样吗？这些真的是在生命进程中使得人们保持幸福感的东西吗？

回想一下，当你在学生时代，你是怎么认为幸福和荣誉之间的关系呢？那时的你可能会想："通过自己的努力获得很多的荣誉，考上了理想的大学，然后找到了心仪的工作，工作后又升职加薪……如果最后都得到了我所追求的荣誉，那我一定就会永久的幸福。"但事实真的如此吗？

当最初的愿望真正实现时，你可能会发现"幸福感的提升"并没有持续那么长时间，或者至少，没有你想象得那么强烈，于是你陷入了恐慌之中。大多数人或许都有类似的经历。

我身边有这样一个真实的事例：

小月（化名）目前是一名大学生。她小时候快快乐乐、无忧无虑地成长，没有烦恼。可是，从她上学开始，她的生活就发生了变化。

中国的家长、老师一直把学习看成是学生的重中之重。学习好、成绩好、比赛取得名次等就会有奖励，通常用荣誉和成绩来评价学生，而且一直对上学的孩子灌输——只有好好学习，才能考上重点高中，进入名牌大学，找个高收入的工作……并告诉求学中的孩子，最大的责任就是取得好成绩，只有这样，才能有个美好的未来。然而，没有人告诉他们，学习也是一件快乐的事情。还有古人也说："学海无涯苦作舟。"上学的时候老师、家长也这样告诉学生——学习就是一个艰苦的过程，所以在孩子的头脑中首先植入的就是"苦"，自然也就体会不到学习的乐趣。

这样，小月在上学的过程中就背负着重大的压力，每次就是盼望着假期，只有在假期的时候，不需要为成绩而烦恼。小月在这样的环境影响下，慢慢地就开始接受了父母或老师的价值观——那就是成绩是衡量学生的唯一标准。特别是上了高中之后，这种压力更大，很怕哪次考试考不好而影响她的成绩，成绩的好坏是决定她能否上一个好大学的重要因素之一。高中三年她努力地为自己打造了一份漂亮的简历：她是两个社团的主席，做志愿者，参加各种活动。在高中的时候她经常参加比赛，基本上是凡参赛必拿奖，获得的荣誉最高的奖项是"英特尔国际科学与工程大奖赛"（Intel ISEF）化学组的三等奖，Intel ISEF 素有全球青少年科学竞赛的"世界杯"之美誉，是全球最大规模、最高等级，也是唯一面向 9～12 年级（即初三至高三）中学生的科学竞赛。她做这些并不完全是出于兴趣，但她还是努力学习。因为当她取得荣誉、获得好成绩时，就会得到老师、父母的夸奖，得到同学羡慕的目光。她认为要想让自己幸福快乐，就要牺牲现在的快乐，没有痛苦，就没有收获。虽然她做这些并不是心甘情愿的，但她还是努力奋斗，因为她需要有一个漂亮的成绩单。

当然，小月也有开心的时候，特别是取得了令人羡慕的荣誉之后。但这些快乐并不持久，焦虑很快又会如影随形般降临。而且，长期的不快乐和紧张焦虑，也会让一时的成功失去前进发展的空间。她曾经追求的荣誉并没有给她带来持久的幸福，那是由于她没有去享受她正在做的事情，而且还坚守着错误的观念："获得荣誉就一定会快乐、幸福。"

这就是曾经绝大多数人认为的一条看似行得通的幸福之路——必须通过身体或心理的艰难与忍耐去赢得荣誉，通过赢得荣誉获得成就感，而成就感一定能让人最终获得幸福。大多数人的幸福逻辑就是获奖后与家人一起庆祝，同时对自己的艰辛深信不疑，认为胜利、荣誉可以带来无限快乐，为此生理和心理上的种种付出都是值得的——这是如此的公平。可就在几天后尝试着回味那无限快乐时，出人意料的那些认为会带来很久的成就感、来之不易的喜悦却消失得无影无踪。相反，感觉到的却是失落和空虚，进而感到迷茫和无助。即使赢得世界大奖也不能带来持久幸福，这种逻辑彻底被打破。

笔者想问大家一个问题，那就是成功与幸福之间到底是怎样的一个关系呢？以前人们通常认为，只要取得了成功就一定会得到幸福。比如考上好的大学、找到心仪的工作、有一个很高的收入，等等，人们一直是在这种人生理念下被教育长大的。人们往往认为，只要能够取得成功就一定会感到幸福。其实，这些外在的东西只能使自己得到短暂的愉悦或轻松，人生状态并没有太大改变，自己也并没有因此得到更持久、更深刻的快乐。其实，不少名利双收的人士，活得并不开心，甚至还很痛苦，很多人们眼里的"精英"也饱受着心理问题的折磨。太多成功的人都经历过萎靡不振，他们有的因此而吸毒、酗酒。相反的是他们企盼的成功在实现后，反而使他们不快乐。在成功之前他们也许也有不快乐的日子，但他们一直相信，只要取得成功就会找到幸福；但当他们达到目标后才发现，原来所希望的幸福根本就不存在。在发现所有的努力和牺牲并不能带来幸福后，他们一个个都陷入"现在怎么办"的迷茫中，甚至一些人认为世上再没有什么东西可以给自己带来快乐了，于是就去寻找另外一些具有毁灭性的解除痛苦的方法。这不禁让人们想问："得到了这么多别人所无法得到的，为什么还不幸福？"那是因为人们认为从外界获取更多，就会让自己更幸福的观念是一种误导。人们经常会这样想——“等我拿到荣誉、等我取得成功、等我……我就能幸福”，科学研究表明，这样的关系实际上根本就不存在，是本末倒置了。

有这样一项研究：

美国加州大学 RIVERSIDE 分校的 Sonja Lyubomirsky 博士在一期美国《心理学公报》（Psychological Bulletin）杂志总结了 225 项研究。分析结果发现，幸福、快乐的人在人生很多领域里都比不快乐的人更成功；是积极快乐的情绪给人生带来这些成功，而不是反过来的过程。

根据 Lyubomirsky 博士的解释，幸福的人更容易给自己创造更好的生活环境，这可能是因为幸福的人经常有正面的情绪体验，推动他们更愿意积极地追求新目标、拓宽新资源。我们都有直观的体验，当一个人高兴、有幸福感时，他的精神更饱满，也更有活力。这种良好的精神状态能带来良好的身体状态，健康的身心、丰富的创造力、对待失败的态度更积极、看上去更年轻等。这些“好状态”能帮助人有效发挥自身潜能，也会更加自信、乐观、精力充沛，别人也会更喜欢和你打交道。从而更有可能创造出更好的物质条件和人际关系，实现生命的繁荣。因此，在很多情况下，幸福都会带来人生的成功，这些成功会让人继续快乐，形成良性循环。

曾经人们认为成功是因，幸福是果，成功一定能带来幸福这种观点是错误的。经过科学研究和现实社会状况表明，幸福是因，成功是果，幸福可以带来成功，但成功不一定能带来幸福。

鉴于物质对幸福有如此大的影响，你可能会好奇自己的物质主义程度如何？笔者在本章最后附上了一张物质主义量表，你可以用它来测试。

反思：回想一下，你是否在某段时期，也认为获得荣誉就会成功？现在又是怎么想的呢？

第三节　幸福是一个虚幻的概念

每当谈到“你幸福不幸福?”“怎样获得幸福?”这样的问题时，有人就会觉得很可笑。他们认为“幸福”这两个字很虚幻，一点都不实际。

有这样一个例子，当笔者研究幸福心理学时，进行了很多的实地调研，想看看人们对这一问题的真实想法。笔者采访了一个看起来像是外来的打工者。笔者面带微笑、非常友好地问他："你是如何理解幸福的?"他带着不屑一顾的眼神，非常轻蔑地说："别给我扯用不着的，什么幸福不幸福的，对我来说没用，我只知道，如果今天我不工作，就没有饭吃。"听到他这样的回答，你就知道他无视幸福，也轻视幸福，在他眼里幸福就是虚幻的，那这样的人自然也就感受不到幸福。

但笔者说幸福绝对不是虚幻的，幸福是有它的物质和生理基础的，起码有三个特别重要的生理指标和幸福密切相关。

第一，幸福的人一定不能有过度的负面情绪的活动。杏仁核，又称杏仁体，位于前额叶背内侧，附着在海马的末端，呈杏仁状，是边缘系统的一部分，是产生情绪、识别情绪和调节情绪，控制学习和记忆的脑部组织。而且研究发现，幼儿自闭症似乎也与扩大的杏仁核有关。杏仁核是人类负面信息加工的中心，人在不开心、焦虑或者恐惧时，杏仁核充血产生很多不愉快的情绪，所以人在感受到幸福时，绝对没有那种杏仁核过分的活动。

第二，一个特别重要的指标是，幸福一定要有一些神经物质的分泌，大脑有一个特别重要的神经加工中心叫 VTA（中脑腹侧被盖区），它分泌出来的神经化学激素类都是和我们幸福的体验密切相关的，是有科学定位的。

第三，除了这些情绪的指标之外，幸福还有一个特别重要的指标就是要有人性意义上的感悟。大脑前额叶是幸福体验特别重要的区域，当我们感到幸福时和感到愉快时是不一样的，幸福的感受一定包含智慧和人性，有一种对人生的深刻理解和满足感。这时的你一定觉得此时此刻的快乐状态是有价值的，是有意义的，是被社会所承认和接受的，也是你愿意去跟别人分享的，这个叫作意义感，这是有大脑前额叶参与的，所以幸福绝对不是虚幻的概念。

第四节 幸福就是自得其乐、独善其身

有的人就是喜欢独来独往，很少去关心他人、与他人交往，对待他人也比较漠视。他们习惯独来独往，感觉人际关系是一种负担，不太喜欢去付出，也无视他人的行为与付出，也就是说很少有朋友。还有的人希望通过出家逃离社会，不和社会发生任何的联系，没有真正的朋友、时刻沉浸在自己的世界中，自得其乐。这样的人能幸福吗?

有这样一项研究：

什么才是美好生活?

哈佛大学开展了一次成人发展研究项目，这可能是目前有关成年人生活研究中历时最长的。从1938年开始，至今75年，75年间他们追踪了724名男性，从少年到老年，年复一年地询问和记载他们的工作、家庭生活、健康状况，当然询问过程中并不知道他们的人生将会怎样。像这样的研究极为稀少，因为时间太长，所以有很多不确定因素。但正是几代研究者的坚持，才使得这项研究成活下来了。在最早的724名男性中，大约有60位还在世，并继续参与这项研究，他们绝大多数都已经超过90岁了。

从1938年起，研究者们追踪了2组男性：一组是在加入研究时还是哈佛大学大二的学生。他们属于Tom Brokaw所说的“最伟大的一代”。他们都在“二战”期间完成大学学业，之后绝大多数人为战争工作。另一组是波士顿最贫穷区域的男孩。他们多数人都住在出租屋里，许多甚至没有热的或冷的自来水。当他们入选研究之后，所有的青少年都接受面谈和医学检查。后来这群青少年长大成人，进入社会各行各业。有的成了工厂工人，有的成了律师、泥瓦匠、医生，还有一位成为美国总统，当然也有的成了酒精依赖者，一些人患上精神分裂症，还有的从社会底层一路爬升到上流社会，当然也有一些人却沿着相反的方向走过这段人生旅程。

这项研究的发起者无论如何也想不到，75年之后这项研究仍然在继续。那么，从这些人的生活中提取出来的长篇累牍的信息，究竟带给我们什么样的研究结果与启发？到底什么样的人生是我们想要的？如何才能健康幸福地生活？你可能首先想到的是钱、名望，或者成就感，其实并非如此。这项研究出来的结果就是一句话：良好的社会关系能让人们过得开心、幸福。

人类和其他动物的重要区别在于，人能够维持的社会关系能力是远远超过其他动物的。人类是社会的生物，是群居的，是需要互相帮助、互相取暖的。社会联结对人类真的有益，而孤独却有害的。事实证明，与家庭、朋友以及周围人群联系紧密的人更幸福。他们的体魄更健康，他们也比联系不紧密的人生命更长。而孤单的感觉是有害的，孤独的生活，只会让人越发失落、焦虑，缺少爱和安全感。他们人到中年，健康状况退化得很快，他们大脑功能衰退得更早，因而他们的生命更短。他们在人群中有可能感到孤独，在婚姻中也有可能感到孤独。

对于美好生活，起决定作用的不是你拥有朋友多少，不是你是否有一段稳定的亲密关系，而是你的这种关系的质量。事实证明，处于冲突之中的这种关系对人们的健康更有害。举个例子，充满冲突且没有感情的婚姻，对于人们的健康非常不利的，甚至可能比离婚更糟糕。而生活在良好、温暖的关系中对我们是有保护作用的。当跟踪研究的对象到他们 80 岁时，回顾他们的中年生活，来看看是否能在那个时候，预测到谁会享有安稳健康的晚年，而谁不会。把所有他们在 50 岁时的信息都整合在一起之后，发现能够预示他们晚年生活的不是他们中年的胆固醇水平，而是他们对所处亲密关系的满意程度。50 岁时对自己亲密关系最满意的人，80 岁时也最健康。而良好、亲密的关系最有可能缓冲衰老过程中遭遇的坎坷。生活最幸福的伴侣，不管男女，在他们 80 岁时都说，即使他们感到较多躯体疼痛，但他们的心情依然快乐。而那些处在不良关系中的人，当他们感觉到更多躯体疼痛时，这些疼痛被增加了的情感痛苦放大了。

因此，良好的关系不仅能保护我们的身体，也能守护我们的大脑。研究表明，在 80 岁以后仍然处在对另一人平稳依恋关系之中是有保护性的。在这种关系中真能感到在需要时可以依赖另一人的人群，他们维持清晰记忆力的时间更长。而感到在这种关系中无法依赖另一人的人群，他们将更早出现记忆力减退。而那些良好的关系，并不一定非得一直平安无事。一些八九十岁的老年夫妻，他们可能每天都在吵吵闹闹。但只要他们觉得在困难的时候依赖另一半时，他们就把那些争吵忘到九霄云外了。所以，稳定、亲密的关系有利于人们的健康和良好状态。

而这也是终生受用的。在这项历时 75 年的研究中，拥有最幸福退休后生活的人是那些积极寻找玩伴来代替工作伙伴的人。正如被调查中的年轻人一样，研究对象中有很多人还是青年的时候，真的笃信声望、财富以及事业有成是他们要想生活更好就必须追求的。研究表明，随着时间的流逝，在这 75 年间，发展最好的人就是那些把精力投入关系，特别是家人、朋友和周围人的人。当智力达到一定程度后，一个人财富上的成功主要取决于和他人关系的水平如何；一个拥有“温暖人际关系”（Warm Relationships）的人，在人生的收入顶峰（一般是 55~60 岁）比平均水平每年多赚 14 万美元。

那么你呢？假如你今年 28 岁，或者 45 岁，抑或 60 岁。投入关系对你来讲是什么样的？可能性或许是无限的。也许是简单到利用和屏幕打交道的时间去和人打交道，或者通过一起做点什么小事情，如散散步或者约个会，又或者联系哪一个多年不曾讲过话的人，来点亮一段死气沉沉的人际关系。因为对一个总把小别扭放在心上的人，这些看上去很一般的家庭对立事件是会造成不好的后果的。

笔者想用马克·吐温的另一段名言来结尾。一百多年前，当他回顾自己的一生时，他写下了这样的一段话："生命如此短暂，我们没有时间争吵、道歉、伤心。我们只有时间去爱"。所以说好的生活是建立在好的社会关系上的，这种理念非常值得去宣传。

第五节　幸福就是攀比出来的

在一次同学聚会上，和一个同学聊天，就聊到了这个话题。她说："就如何看待什么是幸福这个问题，在我看来，'只要我过得比你好'就是幸福。"这就是她的理解。也就是说，在生活中，她一直在和别人攀比，她总会比别人过得好吗？在这种攀比的过程中，她能找到她的幸福吗？

下面请看这样一个故事：

南美洲原始森林里有一种鸟全身翠绿，并带有一圈圈灰色纹理，就像一圈圈波浪，因此得名翠波鸟。

这种鸟虽然美丽，但它每天忙忙碌碌都在筑巢，鸟巢唯一的特点是巨大，一个个架在树上，场面甚为壮观。但这些巨大的巢穴也不禁让人疑惑，翠波鸟是一种小鸟，体长不过五六厘米，可它们建造的巢穴为什么比自己身体大几倍，甚至是十几倍呢？

为了解开这个谜题，动物学家莱奥托制作了一个巨大的笼子，并捉来一只翠波鸟观察它筑巢的过程。可令他没想到的是，这只翠波鸟建了一个能容下自己身体大小的巢后就停工了。这引起了莱奥托极大的兴趣，他又捉来一只翠波鸟放在这个笼子里，想看看它的建房情况。可这一次情况却发生了突变，这只鸟被放进笼子里后，没过多久便开始大力建巢，而原本停止建造的那只也开始疯狂地扩建鸟巢，两个鸟巢越建越大。几天过后，两只鸟明显疲惫不堪，建造速度也放慢了。又过了几天，原先送进来的那一只竟然死了，而且这只鸟死后，另一只立刻停止了筑巢。

接着，莱奥托又捉来一只翠波鸟放在笼子里，还如前面发生的情况一样，新进来的鸟开始大力建巢，原先的那只也重新开始疯狂地扩建巢穴，而且结果依旧，当其中一只疲惫不堪地死去，另一只停止建巢。单只鸟存在，只建一个很小的鸟巢，两只鸟存在，却无休止地扩建。莱奥托突然明白过来，原来令翠波鸟忙碌不停的原因是攀比。这种鸟攀比心理太强，容不得同类的鸟巢比自己的大，一旦发现别的鸟新建“房子”，它便忙碌不停地扩建鸟巢……实验中两只鸟其实都是累死的，翠波鸟因为攀比而害了自己。

这听起来着实不可思议，但仔细想想在现实生活中，人类又何尝不是呢？

卡耐基说：“生活中的许多烦恼都源于我们盲目和别人攀比，而忘了享受自己的生活。”在这个世界上，大多数人都喜欢与别人攀比，尤其中国人的一生似乎都是用来攀比的。比如，从吃穿用到日常消费、从财富积累到学历经历、从职级职位到收入待遇、从出生条件到父母子女，等等。适当的攀比心理是自我加压的动力，会促使人们进步和促进社会发展。如果一个人大事小事都喜欢与别人攀比，而且总是过度盲目地去攀比，则容易内心失衡、陷入迷茫，那样不但不会过得幸福，还会生活得很累，甚至人生观、价值观会出现错乱，让你走向一条不归之路。

在现实生活中，人们长期置于父母对自己的要求和比较之下，久而久之也就养成了攀比的习惯。攀比成习惯，自然也就不快乐。还有很多人喜欢走捷径的攀比，看别人发财了，于是就按照各种各样的传说去走捷径，结果不仅没有挣到钱，而且还陷入了无底的深渊，甚至走向了犯罪的道路。这种攀比毁灭了人性，毁灭了太多人的美好生活，这些透支、走捷径的攀比，泯灭了人性与正道，也就毁掉了未来的幸福。

人与人的攀比会影响幸福感。心理学家飞利浦·布里克曼曾经做过一个有关幸福感的测试，他以彩票中奖者和车祸伤残者为研究对象，请他们预测将来的幸福程度。前者认为会终身幸福，后者认为会终身不幸。其实，绝大多数人往往也会认为彩票中奖者会一生幸福，伤残者会一生痛苦。事实上，6个月以后进行回访发现，前者的幸福程度已经下降到和一般人基本一致了，幸福感指数回归到中奖之前；而后者的幸福程度虽然还是略低于一般人，但是差距非常小，甚至大大小于本人的预测，如果经过的时间再长一点，一年、两年以后，他的幸福感就会回到发生车祸以前的状态。为什么会这样呢？心理学家发现对于任何痛苦、伤害等状况，人类在几个月之后都能适应，这叫心理适应。

按照这个逻辑，幸福在一定意义上是比较出来的。另外，人类比较时还有比较的误区，往往是受到一些特别鲜明的、容易想得到、容易记住的事情的误导。比如，一说到马云，首先很多人想到的就是他有钱，但是拿你现在的生命和马云交换你愿意吗？很多人会选择愿意，因为他很有钱。前几年，马云在美国的一所知名度比较高的大学做演讲，听演讲的都是大学生，到了互动环节，下面的同学递上一张纸条问："如果现在我和你交换，你愿意换吗？"这个问题的出发点就是马云很富有，可能很多人会说愿意，但是，你吃了大亏了，因为你没有想到马云已经50多岁了，他的年龄比你大那么多，和那么大年龄的人交换生命有意义、有价值吗？还有就是简单的、直觉的认识，往往让人们做出错误的判断。大家想一想，中国出车祸的人多还是跳楼自杀的人多？大家第一印象会认为出车祸死的人多，但根据香港大学叶兆辉教授的统计调查，2018年中国车祸造成的死亡人数是6万多人，但中国自杀的人数是这个数字的3倍以上。

李开复说："不要盲从信条，不要盲目攀比，你就会是最幸福的。"生活中，每个人有每个人的生活轨道，每个人有每个人的生活方式。不要和任何人去比，不能总是拿别人的优势来对比自己的缺陷，其实生活在这个社会上，每一个人都很不容易，人生真正的快乐与幸福并不是外在的东西可以决定的，每天西装革履、满身名牌开着宝马奔驰的人就一定幸福吗？其实未必，真正的幸福并不是拥有的多，而是苛求的少。当人们追求的不是幸福，而是比别人更幸福时，快乐就远离人们了。

第六节　美丽的容颜会更幸福

有些人在想，既然很多人拥有了巨额财富却依然感受不到真正的幸福，那如果年轻貌美呢？这些人会认为，漂亮的外表会让人们获得更多的幸福。那么，美貌真的可以让人们更幸福吗？

美国整形外科学会（ASAPS）报告显示，在美国每年进行整容手术的人越来越多。与2003年相比，2004年进行整容手术的人数增长了44%，其中肉毒毒素注射手术高达280万例，果酸换肤手术也有10万例。

国际美容整形外科学会（ISAPS）关于2016年最新数据的报告显示，全球共执行了2360万次面部或身体整形，比2015年增加了9%。其中，1040万人经历了手术类医疗美容，其余则是注射或非侵入性治疗。人们对美容手术的需求比以前更强烈。最流行的非手术医疗美容仍然是注射类，排在第一位的肉毒杆菌毒素共完成4627752次注射。2017年，中国医美总量超过1000万例，复合增速达到了40%以上，一举超过巴西，成为仅次于美国的全球医疗美容第二大国家。数以万计的人接受了隆胸手术、眼睑手术、吸脂手术等。报告显示，绝大多数人在术后短时期内都对自己整容后的外表非常满意，感觉很幸福，因为必须承认，像减少皱纹等整容术的确是一件好事，但给人们带来的时效非常短。由此可见，通过整容获得的幸福感并不会持久。

为什么美容无法带来持久的幸福呢？为什么美貌不会对幸福产生重大影响呢？这是因为当人们思考自己有多么幸福时，并不只是考虑漂亮的外表。一项非常有趣的研究证实了这一点，该研究调查了美国中西部和加利福尼亚州两地的天气对当地人幸福感的影响。研究人员想知道，住在温暖的加利福尼亚州的人是否大都比生活在寒冷中西部的人更幸福。因此，他们分别对加利福尼亚两所大学和中西部两所大学的学生进行了调查，评估他们的整体生活满意度以及他们对当地天气的满意度。测试结果显示，就生活的整体满意度而言，两个地方的学生在生活满意度上没有任何不同。

但是，在天气满意度的评估中，两组结果存在着巨大差异。与加利福尼亚州的学生相比，中西部的学生不喜欢当地的夏天，对当地的冬天就更加不喜欢了。实际上，中西部的居民在生活中的很多方面都觉得不如加利福尼亚州的居民，如人身安全、户外活动以及生活的自然环境。但是，为什么他们的整体幸福感并不低呢？研究人员解释说，当人们认真评定自己的整体幸福感时，他们并不会单纯地依靠诸如天气、社会安全性或者其他单一的因素来评判。虽然天气寒冷潮湿让人不悦，但人们不会因此就觉得自己不幸福。美貌也是如此。如果问问长相出众的人，他们是否会因为自己的出众外表而感到幸福，他们一定会回答“是的”。但是，当问起他们的整体幸福感时，外表就不会有什么影响了，即便有，也非常小。

美貌和幸福之间没有必然的联系，这也就表明外貌出众的人并不比相貌普通的人幸福。事实的确如此，埃德·迪耶内和他的同事做了一系列非常出色的实验，证实了这种说法。在实验室中，他们为一些感到幸福和不幸福的大学生志愿者拍照、录像，然后把照片和录像给一组评委看，请他们根据这些志愿者的外表来评判他们幸福与否。迪耶内对一些志愿者没有特殊要求，却让另一些志愿者“不做任何修饰”，不能化妆、不能佩戴任何珠宝首饰，必须戴一顶白色的浴帽盖住头发，还要穿一件实验室里的白大褂盖住自己的衣服，或者把自己藏在一块大纸板后面，只将头部从椭圆形的窟窿里露出来。

也许在你看来，这样的实验方法有点儿奇怪，但这有助于迪耶内研究幸福和外貌之间的关联。从客观角度来看，幸福的人真的更具吸引力吗（就像那些看见照片和录像的评委所评价的那样）？还是他们自认为帅气或者漂亮？

结果显而易见，虽然最幸福的人往往认为自己很有吸引力，但客观判断的结果显示，幸福的人并不比其他人更漂亮。有趣的是当参与者“不加修饰”时，这个结果更加明显。这表明幸福的人可能更擅长发挥自己与生俱来的魅力。

因此，长得漂亮并不意味着必定拥有更多的幸福，幸福的人也并不一定就比其他人漂亮。这就让人们想起了这样一个问题：究竟是先有鸡，还是先有蛋？有证据显示，从某种程度上来讲，幸福的人更注重自己的生活细节，更加积极乐观。

所以，美貌并不等于幸福。客观地讲，变得更加漂亮并不会让你拥有更多的幸福。不过，自认为长得漂亮又是另一回事。研究表明，虽然美貌和幸福之间不存在必然联系，但认为自己很漂亮的心态却可以成为获得更多幸福的一个动力因素。

反思：你可以追问自己，你曾经追求的豪宅、名车、升职或其他目标的实现，让你更加幸福了吗？为什么？

以上这些都是关于幸福的误解，甚至很多误解都是人们坚信不疑的。在家庭或者学校里，大家都会听到这样的教诲：只要你好好学习或者努力工作……你的生活就会更加幸福。这样在对幸福的追求过程中滑向了对金钱、荣誉、美貌……的追求，但是，追求到了这些东西的人却并不幸福，在对幸福追求的过程中迷失了方向。因此，先排除了“幸福不是什么”，所以在下一章就去探索幸福是什么？

小测试

物质主义量表

这张物质主义量表由18个条目组成，是由里奇斯和道森于1992年制作出来的。该量表还有3个分量表，分别用于衡量“成功”“财富”和“幸福”。

针对每一个条目，从7个数字（1~7）中选一个数字来表示自己的赞同程度，其中，1代表“强烈反对”，7代表“强烈同意”。

1. 我羡慕那些有豪宅、豪车和名贵衣服的人。
2. 人生中最重要的成就应该包括获取物质财富。

3. 人们总是把拥有物质的多少当作成功与否的标志，但我并不这么认为。*

4. 在很大程度上，我所拥有的东西说明我生活得有多好。

5. 我喜欢拥有许多东西，这让别人对我印象深刻。

6. 我对其他人拥有的东西并不是很关注。*

7. 我一般只买自己需要的东西。*

8. 在个人物品方面，我觉得尽量简单些好。*

9. 我所拥有的东西对我来说并不重要。*

10. 我喜欢花钱买些不太实用的东西。

11. 买东西会让我感到快乐。

12. 我觉得生活越奢侈越好。

13. 据我所知，我并不像大多数人一样看重物质。*

14. 我已经拥有享受生活所需要的一切了。*

15. 如果我能有某些东西的话，我的生活会更加美好。

16. 即使我有了更好的东西，我也不会比现在更幸福。*

17. 如果我能买得起更多东西，我就会更加幸福。

18. 并不是所有我喜欢的东西我都买得起，这让我有点儿苦恼。

评分方案

先将以下条目的得分相加：1、2、4、5、10、11、12、15、17、18。然后反向评分其余带“*”的条目（一个最简单的计算方法就是用 8 减去每个条目的得分，例如，如果你第 3 条的得分是 5 分，那你的实际得分是 8-5=3），将同组的得分相加就得到了最终的得分。

如果你的得分超过 72 分，那你真的是个很崇尚物质主义的人了；如果你的得分大于等于 99 分，则说明你对物质主义的崇拜已经到了无以复加的程度。

第 1~6 条主要涉及物质主义的“成功”层面，即传统意义的物质上的成功（财富、权力等）对你的重要程度。如果第 1~6 条的得分大于等于 24 分，就说明在这一层面上，你是十分物质主义的；如果得分大于等于 33 分，则表示在这个层面上，你对物质主义的崇拜已经到了无以复加的程度。

第 7~13 条主要涉及物质主义的“财富”层面，主要是指物质主义者对获取更多物品的看重程度，如果看重程度高，物质获取就可能会成为他们终生奋斗的目标。如果第 7~13 条的得分大于等于 28 分，就说明你在“财富”这个层面上物质主义倾向严重。如果得分大于等于 38 分，则说明你在“财富”这个层面上的物质主义已经到了无以复加的程度。

第 14~18 条主要涉及物质主义的“幸福”层面，即你在多大程度上相信只有拥有所需的物品才能获得幸福。如果第 14~18 条的得分大于等于 20 分，就说明你在“幸福”层面上的物质主义倾向十分严重；如果得分大于等于 27 分，则说明你在“幸福层面”上的物质主义已经到了无以复加的程度。

第五章 什么是幸福

幸福是生命本身的意图和意义，是人类存在的目标和终点。

——亚里士多德

在你开始阅读本章之前，请快速地做一下“自我幸福感评估”，这个量表是福代斯（Michael W. Fordyce）发展出来的，目前已有几万人用过，你可以用以下的问卷做测验，或是上网填答（www. authentichappiness. org）。上网的好处是它可以追踪你快乐指数的变化，也可以提供与别人相比较时，你的快乐程度。这个比较是以年龄、性别、教育程度来分类的。当然，在做这种比较时，请一定要记住：幸福不是竞争，真实的幸福来自提升你的精神层次，而不是与别人相比。

有一个问题可能在你读这本书时一直出现——究竟什么是幸福？为什么要追求幸福？如何让自己生活得更幸福？本书会帮助你了解幸福的真相，引发你在更深层次上进行思考和行动，将所学的内容用于日常生活，通过自己的努力与行动，帮助你过上更开心、更充实的生活。

自我测试：福代斯幸福测试

你觉得有多幸福或有多不幸福？请选出下面最能描述你幸福程度的句子。

________（10 分）非常幸福（觉得狂喜）；

________（9 分）很幸福（觉得心旷神怡）；

________（8 分）幸福（情绪高昂、感觉良好）；

________（7 分）中度幸福（觉得还不错、愉悦）；

________（6 分）有一点儿幸福（比一般人幸福一点儿）；

________（5 分）持平（不特别幸福，也不特别不幸福）；

________（4 分）有一点儿不幸福（比持平低一点儿）；

________（3 分）中度不幸福（心情低落）；

________（2 分）不幸福（心情不好、提不起劲）；

________（1 分）很不幸福（抑郁、沉闷）；

________（0 分）非常不幸福（非常抑郁、心情跌入谷底）。

请进一步考虑你的情绪，一般来说，你觉得幸福的时间所占的百分比是多少？有百分之多少的时间你觉得不幸福？有百分之多少的时间你觉得处于持平的情绪？写下你最好的估计，在下面填上三个问题的百分比，请确定它们加起来等于100%。

一般来说：

我觉得幸福的时间占________%；

我觉得不幸福的时间占________%；

我既不幸福也不觉得不幸福的时间占________%。

根据对3050份美国成人的抽样统计，一般人幸福的指数是6.92（满分为10）；一般人觉得幸福的时间是54.13%，不幸福的时间是20.44%，持平的时间是25.43%。

牛津幸福感问卷（简易版）

下面是几个有关幸福的陈述。请在每个陈述后面的数字当中选一个圈上，表示你对这个陈述的同意或反对程度。这些陈述，有的使用正面措辞，有的使用负面措辞，你需要认真阅读。答案没有对错之分，不要在一个问题上花太长时间，你脑中出现的第一个答案也许就是合适的答案。如果你觉得有些问题难以回答，那么请给出在大部分时间内总体上符合你情况的答案。

1. 我不太满意我现在的样子。

（6 分） 强烈反对	（5 分） 中度反对	（4 分） 轻微反对	（3 分） 轻微同意	（2 分） 中度同意	（1 分） 非常同意

2. 我觉得生活很有收获。

（6 分） 强烈反对	（5 分） 中度反对	（4 分） 轻微反对	（3 分） 轻微同意	（2 分） 中度同意	（1 分） 非常同意

3. 我对生活的每一方面都很满意。

（6 分） 强烈反对	（5 分） 中度反对	（4 分） 轻微反对	（3 分） 轻微同意	（2 分） 中度同意	（1 分） 非常同意

续表

4. 我不认为我看起来有魅力。					
(6分) 强烈反对	(5分) 中度反对	(4分) 轻微反对	(3分) 轻微同意	(2分) 中度同意	(1分) 非常同意
5. 我觉得有些东西很美。					
(6分) 强烈反对	(5分) 中度反对	(4分) 轻微反对	(3分) 轻微同意	(2分) 中度同意	(1分) 非常同意
6. 我能做好我想做的任何事情。					
(6分) 强烈反对	(5分) 中度反对	(4分) 轻微反对	(3分) 轻微同意	(2分) 中度同意	(1分) 非常同意
7. 我觉得我的精神状态很好。					
(6分) 强烈反对	(5分) 中度反对	(4分) 轻微反对	(3分) 轻微同意	(2分) 中度同意	(1分) 非常同意
8. 我并没有什么特别幸福的记忆。					
(6分) 强烈反对	(5分) 中度反对	(4分) 轻微反对	(3分) 轻微同意	(2分) 中度同意	(1分) 非常同意

注：大多数人在这个问卷上的得分为29~39分。

我们可以通过福代斯幸福测试、牛津幸福感问卷（简易版）或其他类似的测试，知道自己有多幸福。最好每次完成问卷后，记录下你的幸福指数和日期。随着不断实践幸福行动，你需要定期完成这个调查表，这样便可以看到自己幸福指数的变化情况。随着幸福方法计划的实施，你的幸福感也会随之提升。

第一节　幸福的再定义

幸福是什么？回答这个问题是非常棘手的，笔者决定采用最老套的办法——查字典。英语中的幸福一般是Happiness，源于形容词Happy，它的意思是：①愉快、满意、满足；②快乐的；③幸运的；④恰如其分的、令人满意的。还有一个相近的词是“Joy”，意为快乐、愉快、喜悦或令人快乐的人或事，其英文解释：felling of great happiness；person or thing that make one feel very happy。

在中国的文化中，“幸”的基本意思涵盖以下几个方面：意外地得到成功或免去灾害；幸福；高兴；希望。“福”的意思包括：①幸福，与“祸”相反；②“福利”，幸福和利益。《现代汉语词典》中定义幸福为：①使人心情舒畅的境遇和生活；②（生活、境遇）称心如意。在1989年版的《辞海》

（缩印本）中，将“幸福”定义为“在为理想奋斗过程中以及实现了理想时感到满足的状况和体验”。

不同的学科对幸福的概念有不同的界定。在《中国大百科全书·哲学卷》中，定义幸福为“指人们在一定的社会生活实践中因目标和理想的实现或接近而感受到的一种内心满足”。在《哲学大词典》（金炳华等编）中幸福被定义为“人们在一定的社会物质生活和精神生活中，由于感受或意识到自己预定的目标或理想的实现或接近而引起的一种内心满足。”

这些定义听起来还是较为合理的，但是如果你邀请100个心理学家和社会学家，请他们给出幸福的定义，那么你就可能得到100个不同的答案。我们习惯于把事物都放入简洁的小盒子里，然而幸福的定义却不会考虑我们对这种简洁性的要求。尤其是最近十年，虽然一些心理学家在不断地进行钻研，取得了不少突破性的成果，但所有这一切，还是没能够给出大家一致认可或说正确的幸福的定义。

那么，到底什么能给你带来更多的幸福呢？以下是被采访的人给出的答案：

一、你期望能够带来幸福的事情

⊙有一位心意相通的婚姻伴侣。

⊙看起来更年轻漂亮。

⊙一座大房子。

⊙中彩票。

⊙有一个乖巧、聪明伶俐的孩子。

⊙拥有更多的金钱。

⊙工作上的成功。

⊙读一本好书。

⊙他人对你成功的认可。

⊙新买一台名车。

⊙经济上的安定。

⊙慢性疾病或者长期的身体不适得到治愈。

⊙工作时间的灵活自由。

以上这些都是笔者采访对象给出的答案，他们认为这些会使他们获得较多的幸福。你可能会吃惊地发现，你自己的回答也差不多有些类似。但遗憾的是，这些选择都不会大幅度提升你的幸福感。当然，这并不表明寻找持久的幸福是不现实的，是一种天真幼稚的行为——关键在于我们在寻求幸福与快乐时常常找错方向。科学研究显示，人们所坚信的对幸福生活有重大意义的事情，实际上作用甚微，而个人快乐与幸福的真正源泉人们往往却视而不见了。

几乎在每一个国家，不管是在美国、北欧，还是在日本、阿根廷，当人们被问到一生中最想得到的是什么时，答案无一例外，所有人的首选都是“幸福”。如此看来，幸福对于人们生存的意义非常重大。在本书中，笔者会告诉你，为什么对幸福的渴求不再是一个不切实际的幻想。

二、幸福的定义

尽管笔者也考虑过给幸福下个定义，但那很难用文字表述出来。笔者想到过生活中不同时期的幸福时刻，当试图理解自己幸福的来源时，首先想到的是那些简单的、非物质化的事件，它使笔者的生活变得有意义和充实：在“六一儿童节”戏剧表演中扮演一个老太太的角色，赢得了热烈掌声，轰动了学校；到敬老院去表演；在笔者家附近工地上的沙堆挖过坑，然后看着旁边的人不小心掉进去；给自己的孩子洗完澡后怀抱他的时候；等等——这些都是令人感到幸福的事情。当然，笔者一直想拥有一所精致的房子和一辆豪华轿车，以及能够购买昂贵的名牌服装，这些年来随着家庭经济状况的改善，也得以实现了其中的一些物质梦想。但是有一点却清楚得令人惊讶：从买了新车和名牌服装那里所得来的幸福无疑是爆炸性的，但是熄灭得也相对迅速。相对而言，那些非物质化的幸福之源戏剧演出、全家一起度假、沙堆挖坑——却一直跟随多年，直到今天，还能经常回想起那些时光，每当这时候，仍然会有一股暖流涌遍全身。

当笔者和家人挤在一个狭小的房子里生活时，物质享受并不丰富，却充满了爱和乐趣，但这些事带来的幸福冲击波，比家庭收入状况大为改观所获得的那辆漂亮的小轿车要持久得多，这到底是为什么呢？事实上，笔者太想要那辆车了，当爱车离开停车场的时候，只能感觉到踩板上那双脚的存在，新鲜的刺激之感涌满全身。笔者不仅喜欢汽车硬朗的外形，而且也渴望听到发动机的轰鸣，以及其他驾驶员和马路上的行人所投来的羡慕的目光。但是几个月之后事情就发生了奇怪的转变，笔者却再也不认为汽车在增加幸福感，就这样，这种强烈的喜好就以惊人的速度很快地冷却下来了。

笔者看到不断地有研究结果表明，这种建立在物质基础上的幸福感是短暂的，一点儿也不令人惊讶。有一项很有名的针对彩票中奖者的专门研究发现，在中奖者大发横财五年之后，他们的幸福水平几乎都回到中奖之前的状态了。我们可以用0~10的刻度来表示幸福的程度。该项研究显示，如果中奖前幸福水平是6，那么这个数字在接下来的几年中是会明显上升的，但是无论上升到多高，到了第五年，幸福水平又返回到6。英国诺丁汉大学心理学学院的理查德·滕尼博士（Dr Richard Tunney）对彩票中奖者进行了一项更有展现力的研究。彩票中奖者会被问到这样的问题：他们对生活各个方面有多大的满意度？他们款待自己的频率有多高，款待的具体方式是什么？最令人吃惊的结论之一是，漂亮的汽车和钻石珠宝并不是彩票中奖者幸福快乐上升的主要原因，而听听音乐、读读书，或打开一瓶葡萄酒，才真正是使他们感觉不同寻常的事情。中奖者喜欢比较简单的款待方式，如长时间泡澡、和好友去旅游、享受自己的嗜好、参加体育项目以获得乐趣，等等。

那么这又跟幸福快乐有什么关系呢？专家提示，幸福是否更为持久、有效，是由围绕着幸福这种体验的特性来决定的——意义、乐趣和充实。积极心理学之父马丁·塞利格曼就幸福的定义做了以下评说：

我相信幸福包含着三个不同的概念，其中每一个都是可以单独塑造和衡量的。第一是愉快的生活（积极情感尽可能多，消极情感尽可能少）；第二是充实的生活（完全专心致志于工作、爱情和玩耍等事物中所面临的挑战）；第三是有意义的生活（了解你最大的优势是什么，并依靠这些优势实现自我超越）。

塞利格曼的定义——从整体上讲或者至少从局部上讲——似乎是为这个领域中主要的研究者和思想家所广泛接受的。著名积极心理学家、哈佛前教授——塔尔·本·沙哈尔（Tal Ben-Shahar）对于这个人们苦苦寻求的定义，也有他的说法。

沙哈尔把幸福定义为“快乐与意义的结合”。

笔者个人理解为：“幸福就是有意义的快乐。”一个幸福快乐的人享受着积极的情感，同时把自己的生活看作是有目标的。这个定义不仅属于某一个单独的时段，还适合一个人全方位的总体经历：一个人可能时而忍受一些情感上的痛苦，但总体上说还是可以成为一个幸福快乐之人的。快乐代表现时的美好时光，属于当下的利益；意义则来自远景目标，一种未来的意义（如图5-1所示）。

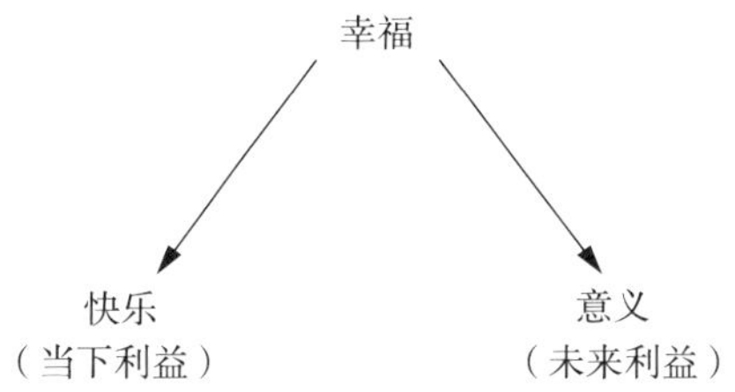

图 5-1　快乐、意义与幸福

三、快乐

几十年前，动物行为学家（研究自然环境中动物的生物学家）对许多种幼小哺乳动物的玩耍行为做了理论上的阐释，就已经揭示了积极情绪极有可能传递出安全的信息，并且为各种心理技能的构建和强化提供机会，而这些心理技能无疑会给以后的生活带来积极的影响。幼小的动物在它们纷乱的玩耍中所反复练习直至熟练的物种行为，正是它将来长大后用于捕食、逃跑以及确立统治地位的基础。尽管我们一直被教导说要客观地做研究，不要把人类的动机和情感强加到动物身上，但当我们观察到小猫、小狗在一起嬉戏玩耍时，很难下结论说它们在这个过程中没有享受到“快乐”，并且有充分的理由认定我们也从观察它们的玩耍中得到了快乐。

在过去的研究中，除了少数的心理学家忽视了对快乐的研究，其余大多数重视快乐的心理学家都认识到了快乐在物种生物演化过程中起到的重要作用。因此，如果积极心理学是研究什么使生活更值得继续下去的话，那么对快乐的研究就是使生活变得更有意义的重要支撑。想象一下人类的祖先面对的重要生存劳作：获取食物、交配、养育后代等。这些活动提供的快乐使祖先愿意在短时间内做这些事情，而这些活动从长远来看不仅对个人，而且对整个物种的生存与繁衍都有着重要意义，这绝不仅仅是巧合。

这并不是说快乐仅是生物学层面上的。人类的肉体在进化，而且人类应对未来的能力也在进化，这意味着人类以社会存在作为本质的同时，也参与构建一种共享的文化，这种文化通过社会化的进程逐代传递。在人类的文化中，不必惊讶于把快乐当作一种生物功能，它与生、死等其他生物功能是一样的。当然，这种说法在不同的文化群体中可能会有差异，因为对同一现象存在不同的文化解释是很必要的。一方面，古希腊的斯多噶派和禁欲主义学派对快乐就持有完全怀疑的态度，并且极力主张抛弃快乐；另一方面，也有古希腊的享乐主义学派和伊壁鸠鲁学派，还有20世纪60年代美国的嬉皮士及后代，以及罗宾·里奇在“名流和富人的生活方式”中宣扬超越巅峰的快乐寻觅者。

快乐是人类生命中如此美丽的一部分，但是有一小部分人，如快感缺乏症患者，就缺少体验快乐的能力，越来越多的学者也正在对这部分人进行研究。尽管到目前为止对这种病的机理还不甚了解，研究显示，快感缺乏症（Anhedonia）在家庭内部传递，有可能是受基因的影响，它的生理基础可能就在大脑左侧的前额叶附近，并涉及神经传递素多巴胺的不足。但有一点可以肯定，与其他正常人相比，不能体验快乐的人，由于无法获得回报而失去了参与许多活动的机会。

在语义上，快乐的反面是痛苦，但就心理意义而言，快乐的反面却包含了一系列丰富的情感，包括悲痛、焦躁、哀愁、惭愧和憎恨，甚至还包括快乐本身。尽管事实可能如此，但为了与积极心理学的基本假设相一致，快乐在这里不只是指它的反面的不存在。因此，当积极心理学家提到快乐的时候，他们指的是专用的术语，快乐本身。

快乐是多维的。尽管有人可以对快乐进行简要的概括，但是人们同时经受着积极和消极的感觉。又苦又甜就是用来形容这种既好又坏的感觉，也可以用来比拟人们许多的体验。实际上，正向体验和反向体验的相互作用有时会产生出一种高阶的体验，这种高阶体验可能非常正向，也可能非常反向。这就是为什么有时悲伤的歌听起来特别有吸引力，而甜蜜的声音却令人沮丧。

情感，不同于行为与动机，更难以观察与测试。人们可以观察行动而产生的后果，以及想象如果不采取行动而造成的不同结果，但观察一个人的情感波动却很难。情感、行为与动机都密切地关联在一起，那么，如果一个人丧失了情感的表达，人们就很难感受到其由情感而引发的行动，即使可以断定情感给了人们动机、导致人们的行动，准确地去定义情感对于人们行动的影响范围仍然是具有挑战性的。

即使这样，可以通过一个例子来想象一下我们所有的追求中扮演的关键角色。神经病学家安东尼奥·戴姆西奥提供了这样的一个医学案例。这个真实的案例围绕着名叫埃利奥特的患者展开。在一次切除脑瘤的手术中，这位患者的脑组织受到了损伤，导致了他情感思考能力的下降。手术后，埃利奥特的认知能力及语言能力与手术前并无两样，但他却丧失了对于人际关系的关心以及理解。最后，埃利奥特失去了他心爱的妻子以及他的工作。通过这个医学例子，可以看到情感对于人们行动以及动机的影响力。在这个例子当中，埃利奥特仅仅是影响情感的脑组织的一部分受损，然而，结果却是常人难以接受的。更重要的是，人们由此理解到了感性与理性在人生命中扮演的不同的角色。

甚至可以说埃利奥特是比常人聪明的，至少在手术前，埃利奥特是一名成功的律师。但是，即使是超出常人的智商以及逻辑也难以弥补情感上的缺失。当然，我们可以想象其他的例子。例如,阿尔法围棋（AlphaGo）是一款围棋人工智能机器人。甚至在 2017 年，阿尔法在击败了诸多人类职业围棋选手后，成为第一个战胜围棋世界冠军的机器人。很显然，阿尔法可以推演复杂的逻辑。甚至，阿尔法可以通过对手的动作来调整自己的战略。但是，即使人们赋予了这款人工智能一个人类的名字——阿尔法，人们会以一个人的标准来要求阿尔法吗？人们会期待它感受到胜利的喜悦，或者失败的沮丧吗？很显然，大多数人的答案是否定的。这是因为阿尔法并不具备人们所说的情感。我们甚至可以假设除了没有情感之外，阿尔法和人类一模一样，想法与行为与正常人亦无二致。但是恰恰是因为阿尔法无法感受人们对胜利或者对于幸福的追求，它是不会对成功或者失败产生情感波动的。即使阿尔法战胜了世界围棋冠军，它对于围棋的追求也只是产生于人工智能工程师的开发。它的行为以及动机源于其他人的行为以及动机，并非来源自我的情感追求。

以上的例子足以说明情感是动机的来源，它在人们追求幸福的过程中扮演了一个非常重要的角色。那么，更重要的问题是，在追求幸福的过程中，仅仅拥有体验情感的能力就足够了吗？答案是否定的。想要幸福，我们就必须体验积极的情绪或情感，因为快乐是幸福生活的先决条件。正如心理学家纳撒尼尔·布兰登所说，“快乐不是奢侈品，而是一种深层次的心理需要”。如果选择去感受负面的情感，人们的幸福感会因为愤怒或内疚这些负面的情绪而大打折扣。重要的是，人们需要了解情感的世界包含千千万万种不同的情绪。可以想象人们的情感世界沿着一条数字轴排列，负轴可能代表郁闷、伤心、失望，而正轴可能代表自信以及感恩。不同的情绪，在不同的程度，也会在数字轴上移动。轻微的郁闷可能在负轴的右侧，而极度的或者持续的郁闷会延到负轴的左侧。而如果最终的追求是幸福，人们需要体验积极的情绪或情感，人们需要更多体验正轴上面的情绪。在完全没有快乐且频繁感受痛苦的生活中，几乎没有幸福可言。

当然，作为拥有丰富情感世界的人，我们不会百分之百的时间都保持高涨的状态。时不时，会更深刻地体会到负轴上面的情绪。虽然生命中不可避免地会有悲伤的情绪，诸如失败或失去的时候，但我们依然可以活得幸福。实际上，情绪的起伏可以让人们更加珍惜正面的情绪，提高人们的快乐以及感恩。反而，期盼无时无刻的快乐只会带来失望和不满，并最终导致负面情绪的产生。重要的是，人们需要学会不被负面的情绪所操控。当面对负面的情绪时，我们更应该坚信的是，快乐才是人生的常态，而痛苦只会是情感体验的小插曲。如果要获得自身驱动的、长久的幸福感，人们必须明白无论遇到怎样的悲伤、考验或是波折，人们都应该为活着而感到由衷的快乐并感恩。

然而，即使人们可以长久地调节自己的情绪，让情感世界向正轴方向发展，我们就幸福了吗？回答这个问题，首先需要思考快乐的意义以及我们对快乐的追求。只有当感受到的积极情绪与我们的追求相互对应的时候，我们才会真正地感受到幸福。积极的情绪体验是幸福的必要条件，但并非充分条件。

思考：想象一下那些带给你快乐的事情，从小事情开始。

第二节　幸福的意义与追求

如果我现在问你，你可以选择从现在开始只感受到正面的情绪，而且从今往后体会不到嫉妒、失望、内疚类的负面情绪，你会同意吗？我相信，绝大多数人的答案是否定的。原因很简单，因为人们所关心的并不只是内在的感受。很少有人认为只有自己的感受才重要，除了想体验快乐外，人们还希望周围环境与自己的感受是一致的。而如果你的答案是肯定的，请仔细思考接下来对于幸福的意义的讨论。幸福绝不仅仅局限在愉悦的情绪体验中。

刚刚所思考的问题，哲学家罗伯特·诺齐克早在《无政府主义、国家与乌托邦》中便描述过。诺齐克提出，想象有这样一部机器，可以让人们产生“写作一首伟大的诗篇，实现世界和平或者爱人并被人爱”的感受。这部机器可以让人们感受到真实的爱，而且人们完全不会察觉到这是机器的作用。诺齐克提出，即使人们拥有这样的机器，绝大部分人也不会选择一生都是用这部机器。甚至，可以想象一种极端。比如，如果使用毒品来逃避负面的情绪，是可以获得快感的，但是，这种快感是虚假的，它的背后不具备任何可以支撑这种情绪的来源。

首要的问题是，如何找到这些所谓“支撑情绪的来源”，这是最值得我们思考的。当发现正面情绪是幸福的必要因素时，我们如何能找到充分的来源。首先，需要思考如何能从生活当中获得意义。在这里，有必要考虑时间与幸福的关系。当然，我们既享受这段时间的幸福，也同时期待长时间的快乐。那么，如果采取一个贪心算法，在对问题求解时，总是做出在当前看来是最好的选择，我们就会得到最好的结果了吗？虽然在许多算法优化的应用当中，贪心算法可能会导致最有效率的算法，对于幸福而言，局部化的优化是远远不够的。这是因为，作为人，我们有能力反思自己的感觉、想法以及行为，也明白局部的幸福优化，未必能给予我们长远的快乐以及追求快乐的能力。所以，在考虑幸福的来源时，我们所想到的并不是逃避痛苦，而是如何能最好地平衡短期的利益与长远的收益。

萧伯纳曾指出，为自我目标而奋斗的感觉才是生命的喜悦。当然，这句话不足以全面地回答我们所提出的问题。目标的定义是什么？如何能找到自我的目标？如果奋斗的过程是痛苦的，还能感受到喜悦吗？甚至，如果没有成功，那么就会痛苦吗？

首先，需要思考目标与幸福的关联。而“自我目标”这四个字正是萧伯纳定义的关键。目标是对于人生追求的一个反映。“自我”更是展示了目标的自发性。它是为了实现自我存在的意义，而不是为了满足社会标准，或是迎合他人的期望而设定的。从一个简单的例子来说，孩子的目标可能是当一名画家，但是父母给孩子制定的目标可能是让其成为一名科学家。那么，如果父母把自己的目标强加到孩子的身上，则孩子的目标就丧失了自我性。为父母的目标奋斗纵然会产生动力以及成功的喜悦，但是，那是远远赶不上为自我目标而奋斗所产生的幸福感的。人们需要的是让内心能够感到有意义的目标。反过来说，如果孩子内心的向往是达成父母的目标，那么，为父母的目标而奋斗依然可以成为幸福的来源。

其次，需要思考的是奋斗的过程及其结果。光有快乐，不足以达到幸福的境界，同样，光有目标也不够。其一，无论目标如何伟大，长期坚守同一件事都是非常困难的，如果在此过程中没有快乐，便更难以持久地坚持目标。对于美好未来的预见通常只能在短时间内成为人们行动的动力。其二，有些人也许可以忍受没有及时满足的痛苦，做什么事情都是为了将来，没有享受当下的乐趣，这样的人们一定是不幸福的。因为幸福不只是有意义，人们需要意义，也需要快乐；人们需要现在得益，也需要未来得益。

思考：你认为生活中哪些行为和活动是有意义的？

第三节　在生活中寻找幸福

如果把理论应用到生活当中，人们所需要做的不仅仅是理解情绪的重要性以及驱动性，更需要理解自身与情绪的互动。比如说，我是敏感的人吗？我通常会体验到更多负面的情绪还是正面的情绪？我对于情绪的感受强烈吗？回答了这些问题之后，人们需要继续审视对于自我的了解。我的价值观是什么？我自身的追求是什么？这些追求对我有多重要？

只有当人们可以正视自身的情绪波动以及自我的驱动性时，才可以做出创造幸福的改变。人们需要审视在每次感受到稳定的正面情绪时，是处于什么状态的，以及在做什么样的工作或者动作。打个比方，当我发现对自己微笑的时候，我感受到自信以及自律。当我关注到内在的正面感受时，便提醒自己去做更多类似的动作或者去参与更多能让自己微笑的活动。同时，需要审视每次当正面情绪滑向负面方向的时候，我们是处于什么环境下的。比如说，当领导表扬了别人，但却没有表扬我的时候，我感受到的情绪是自我质疑以及忌妒。就需要询问这件事情值不值得我们情绪的波动。当意识到我对于他人评论的依赖时，我会开始反思他人的评论与自身追求的关联。如果最重要的目标里不包含他人对我的评论，那么为这件事情而产生负面的情绪波动是没有意义的，它既没有让我在现在获益，也没有促使我在未来获益。

增强幸福感最好的方法就是尝试、吸取经验，同时关注内在的感受。如果想追求幸福，就必须要了解自我情绪的构造。这些是很难只通过阅读或者理论而做到的。人们可以做的是通过阅读以及例子来找到与自己相似的情景或者感受。如果只是不停地跑，而没有给自己留下思考的时间，也就没有给自己足够的精力去追求真正的幸福。但是，如果人们能做到对自己的内心以及自我驱动做出审视，便可以更好地控制自我的情绪塑造。因此，人们常常要花些时间来思考，当下所做的事情对自己是否有意义、是否能给自己带来快乐、是否需要探索新的方面、是否需要对目前的生活状况有所改变。当人们反复地思考自我的情绪以及动力时，便可以做到坚信快乐是人生的常态，而痛苦只会是情感体验的小插曲。人们必须留心去听，倾听内心和头脑中不同的声音，即情感和理智。

虽然人的内心和思想都是很难度量的，但我们还是可以对自己的幸福做出评判的，并且思考如何才能变得更加幸福。

在你的生活中做过的有意义并能带来快乐的事情是什么呢？有人说和家人在一起吃饭就是有意义的快乐。

反思：回想一下你曾经遇到的困难，你从中学到了什么？你在哪些方面得到了成长？

一、幸福的餐桌

与朋友及家人的交往是促进幸福快乐最有效的方式之一，而聚餐则是进行交往的最受欢迎的形式之一。亲朋好友在桌子周围围坐在一起分享见闻、欢乐、看法，甚至是争论，这是多么美好的时光！在笔者家里，无论大家有多忙，周日总会在一起共进晚餐，这不仅是为了一起享用美味，同样也是为了彼此相伴。笔者家的周末晚餐非常重要，所以每个人都会认认真真地安排自己的活动日程，以避免出现“撞车”。因为即便一屋子人，如果有一把空椅子都会非常扫兴。

从许多方面讲，放满食物的餐桌不仅是用美味犒劳大家，也是使大家成为一个强有力的互助小团队。常常有人某一周过得很不愉快，而帮助他渡过烦恼的，就是到了周末大家聚在一起，用爱来包围他、安慰他，而不仅仅是在那里高谈阔论。同样，令人高兴的是和那些了解我们，并以我们的成功为骄傲的人一起分享好事情——工作升迁、学业完成、怀上孩子，等等。而且热情友好的氛围和此起彼伏的欢声笑语会使人们忘记正在经历的烦恼或者下一周即将要面临的棘手工作。对幸福的各种研究普遍地显示，强有力的社会关系具有强大的能量，大家经常一起聚会是非常有意义的、充实的，对大家会有积极的作用。因此，在你的桌子上摆满美食，尽情地享受快乐的时光吧。

被誉为“玻璃大王”的福耀公司总裁曹德旺，是中国慈善榜上捐款最多的人之一。据说，世界上每四辆小汽车，就有三辆小汽车上的玻璃是他们厂生产的。

一次，德国一家著名汽车生产企业到福耀公司考察，考察结束后，德国老板要宴请曹德旺的大力支持和帮助。曹德旺摆摆手说道：“不用麻烦了，我还要回去陪儿子一起吃饭呢！”德国老板听了，感到很吃惊，他说道：“你儿子都30多岁了，早从美国留学回国，并在公司里担任重要职位，怎么还需要您这个父亲陪他吃饭呢?”曹德旺听了，一脸认真地说道：“陪儿子在一块儿吃饭，互相沟通、交流下，既可以融洽、增进父子之间的感情，又可以了解很多信息，对自己也是一个不断提高的过程。和儿子在一块儿吃饭，对于我来说，真的是人生中最幸福的事。”

曹德旺的一番话，让德国老板感动不已。回国后，他在德国《法兰克福汇报》撰文中，深情地写道：“在与中国福耀公司总裁曹德旺的合作中，我深深地被曹德旺一颗拳拳父爱之心所感动。对于这位身价几百亿的中国大富豪来说，人生中最大的幸福，是陪儿子在一起吃饭。他使我们感到格外亲切、平和、温暖。和这样的大富豪在一起合作，真的是人生中最幸福的事。”

我重新思考了自己生活的每个阶段，其中痛苦忧伤是少有的，而幸福快乐和强烈的积极态度决定了我的人生。无论从小我的生活条件怎么样，我的幸福快乐都和其他富有家庭孩子是一样的。虽然他家的房子比我家的大，玩具比我的多。当我年长一些之后，遇到了一些童年时曾经挣扎在相类似的逆境中的人，但是逆境对他们的影响却各不相同。有些人很自卑，总是意志消沉，到处捣蛋闹事。为什么同出于类似的环境，有些人是幸福的，而另一些人却处在忧虑和颓废之中？直到我着手研究幸福快乐之源，我才找到了部分的答案。

二、真正使人幸福的事情

家庭、朋友和社会关系；
帮助他人；
享受自己拥有的而不是渴望自己没有的；
帮助他人在生活中寻求改变；
追求激情；
以自己的工作为自豪；
对得罪了你的人不计前嫌；
不要和左邻右舍攀比排场阔气……

第四节　影响幸福的因素

确认哪些因素对幸福有贡献不是一件容易的事情（Diener，2009，Eid &

Larsen，2008）。对快感的追求会带来幸福，但并非总会带来幸福。例如，人们吸烟、酗酒都可获得暂时的快感，可是长期下去会生病，进而带来不幸福。人类在漫长的进化中形成了一个特征：在一些情境下体验到幸福，在另一些情境下则体验到痛苦。

为什么有人身高只有 1.5 米，而有人却长到 1.8 米？为什么兄弟俩，一个是黄头发，而另一个却是黑头发？为什么有的孩子生来就有Ⅰ型（少年）糖尿病而其他人却没有？这是由基因决定的。每个人细胞里的 DNA 是独一无二的，使人们不同于其他人。在人的一生中，你会成为什么样的人，或者有什么样的能力技巧，很大程度上已经从父母那里承继下来的细微的基因里面刻写好了。这同专家在研究幸福之源时的发现十分类似的。人们有什么样的幸福快乐，或者将会有什么样的幸福快乐，很大程度上取决于人们出生时所携带的基因——对基因我们几乎是不能控制的，也说不清人们是从母亲还是父亲那里或者从双方那里把基因承继下来的。

有些人愿意把这个叫作“幸福的设定点”，意思就是，人们都有常规所属的幸福的基点。有一些诱导快乐的事情——买大房子、庆生、被夸奖漂亮——可以使你更加快乐，但是这种快乐的突发性所维持的时间通常是很短的。最终，你所感到的幸福的“高点”会渐渐散去，将回到你通常的幸福水平，也就是所谓的幸福的设定点。

研究者试图弄明白，人们在生活中所经历的幸福快乐，有多少是人们出生前就已经决定了的，又有多少是人们出生后实际可以自控的。这个领域著名的专家明尼苏达大学前教授大卫·莱肯（David Lykken）花了数年的时间，进行了他著名的针对 1500 对双胞胎的研究。他下结论说，人的幸福快乐，有 50%是由人的基因（设定点）决定的，而另外 50%则是由人们生活的环境决定的。这项研究表明，每个人出生时就有了一个特定的幸福定位点，这个定位点来自其生母或者生父的基因，也可能是源于父母两人共同的基因。不管人们经历怎样的失败与成功，最终都会返回到那个由遗传基因决定的幸福定位点上。这就意味着，不管怎么样（即使是同卵双胞胎），他们的幸福水平仍会存在差异，不过这种差异将减少 50%。还有其他一些著名的研究者，如索尼娅·卢波米亚斯基（Sonja Lyubomirsky）、肯农·M. 谢尔顿（Kennon M. Sheldon）和大卫·沙凯德（David Schkade），在莱肯工作的基础上继续研究，并且发现，归因于人们生活的那 50%还可以细分下去。生活环境（不受人们控制的那部分）仅占 10%，有目的的行为（人们可控制的那部分）是最大的部分，占 40%，这一观点最能给人以希望，因为它意味着人们有很大余地通过有目的地从事某个活动来增进幸福。

图 5-2 描绘了三组因素对幸福的相对贡献。

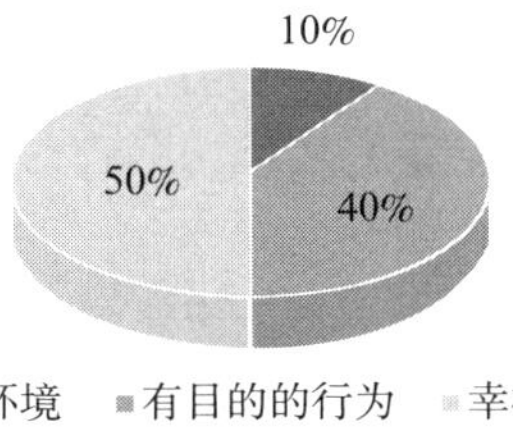

图 5-2 幸福的决定性因素

对于那些相信自己生来就不幸福的人来说，令人鼓舞的消息是，40%的幸福快乐是可以由自己的行为来控制的。甚至于会有更好的情况：如果你在生活中走运的话，你就会碰到好事情，而这些事情会给你提供更大的机会，以获得一定水平的持续的幸福快乐。心理学家马丁·塞利格曼把这个情形清晰地用公式表示如下：

$$H=S+C+V$$

持续的幸福快乐(H)= 幸福的设定点(S)+生活环境(C)+自我控制的因素(V)。

正是这样的一个定义给了人们希望，也就是说，无论人们的基因有多么的差，一定水平的幸福快乐是可以获得的。

因此，既然知道有机会获得一定程度的幸福快乐，那么就有一个较难回答的问题：人们需要做什么来保持持久的幸福快乐？我们将在之后的章节中讨论这些“技术”和“幸福的方法”的问题。但首先要了解的是，在幸福的平台上，你的基因扮演什么样的角色，这很重要。

幸福设定点的理论和专家研究的控制体重的情形是十分相似的。体重设定点的理论认为，人们都有一个预先确定的设定体重，这是由基因、新陈代谢以及有关因素决定的，是不可改变的。例如，有人天生就很苗条，他们不用努力，就轻而易举地保持好身材。相反，还有些人只有经过持续的努力才能把体重保持在一个理想的水平，稍有放松，体重立刻恢复原状。你可以减轻或增加体重，但是身体的自然法则是回到你体重的设定点。笔者一直相信，随着生活方式适当的改变，人们实际上是可以改变自身的体重设定点的。假定你是位身高 1.62 米的妇女，而你的体重设定点是 65 公斤。有人一直在辩解，认为通过合适的运动和饮食的改变，持续 12~24 个月，实际上是能够改变自己的那个体重设定点的。那么能有多大的变化呢？这是很难预测的。你能直线下降到 50 公斤吗？这是令人怀疑的。但你能下降到 60 公斤，这是绝对可能办到的。

人们的幸福设定点有着类似的特点。有些人生来就性情暴躁或有悲观倾向。他们基因中的某些东西会让他们更多地看到愁云，而别人却会更多地看到蓝天。然而利好的消息却是，这并不意味着他们被固定地限制在这样一种框架中。只是他们的基因里有使他们倾向于性情暴躁和悲观的特质，而并不是说他们生活的天气预报里永远都是暴风骤雨前的阴云。他们仍有看到较少阴云、看到较多蓝天的机会（有人的机会大些，有人的机会小些，然而人人都是有机会的）。即使不能像改变体重设定点那样去改变你的幸福设定点，但你对于自己幸福快乐的命运仍然有着巨大的影响力和控制力。当然，这也是有局限的，如果某人的遗传基因倾向于使他成为一个脾气暴躁的人，那么他是很难根本地改变他幸福的程度的，至少不可能变得像那些天生快乐的人那样唱唱跳跳，但是他们至少还是能找到一些较为快乐的时光，而不至于每天早晨醒来就感觉到生活“阴云密布”。

关于幸福的这一发现具有十分重要的意义，就像基因对智力和胆固醇的决定一样，人们与生俱来的幸福定位点（就是说，如果 7 分为最高分，你的幸福定位点也许高达 6 分或者低至 2 分，也许是中间值 4 分）在较大程度上决定着我们在人生旅程中的幸福程度。

也许和大家一直以来的直觉反应不同的是，由图 5-2 可以知道，人们的幸福差异竟然只有约 10%是由生活环境决定的，也就是说，不管人们是富还是穷、健康还是羸弱、漂亮还是丑陋、结婚还是离异等，这些因素对幸福产生的影响其实是很有限的。如果用一根神奇的魔棒让一些人都生活在同样的环境里（同样的房子、同样的配偶、同样的出生地、同样的外表、遭受同样的痛苦），那么这些人之间原本存在的幸福差异只能减少 10%。

这个结论得到了大量科学研究的印证。例如，一项著名的研究成果显示，在美国，那些年收入超过 1 千万美元的富豪，他们的幸福指数并没有比他手下的员工或者其他蓝领工人高出多少。另外，虽然总体来说已婚者比单身幸福，但是婚姻对于一个人幸福感的影响是非常小的。例如，一项在 16 个国家进行的研究显示，25%的已婚者和 21%的单身都认为自己“非常幸福”。由此可见，生活环境对人们的幸福水平影响不大，这个发现令很多人感到震动。很难让人信服，诸如财富、年轻貌美、身体健康对幸福感的影响是如此的短暂和有限，可事实却是如此。后面笔者会提供几个有趣的例子对此进行证明。但是，如果能够接受这个真相，即生存环境并不是我们得到幸福的关键，那么我们将会拥有更多的追求幸福的能力。

回过头来再看一下图 5-2：假设电影院中有 100 个人，这些人都是同卵多胞胎，都生活在一样的环境下，但他们的幸福水平仍会存在差异。这个结果表明，即便考虑到由基因确定的个体特征差异，以及复杂多变的后天生活环境，人们的幸福水平仍存在着不可解释的 40% 的差异。那么，这 40% 的差异是什么呢？除了人们的基因和面临的生存环境，还有一个至关重要的原因，那就是人们的行为。幸福的关键不是改变人们的基因构成（这也根本不可能），也不是改变人们的生存环境（如拥有更多的财富、富有更大的魅力、身边有优秀的同事等），幸福的关键是日常生活中那些具有主观能动性的活动。请记住这一点：根据图 5-2，40% 的幸福潜能在人们能力所及的范围内，并且是可控的。关于幸福，人们拥有 40% 的调控空间；通过在日常生活中的行为和思维，人们将拥有 40% 的机会提升自己的幸福水平。

这真是个好消息，它意味着只要细心观察那些幸福的人平时惯常做什么、想什么，并以他们为榜样，就有可能让自己变得更加幸福。在如何提高自身的幸福感上，仍有很大的空间没有被挖掘出来，这正是笔者研究的重点：系统地观察那些幸福和不幸福的人的行为和思维，进行比对和实验，开发出每个人的幸福潜能。通过笔者和其他学者对感到幸福的被观察者的行为和思维的观察，得出以下结论：

抽出更多时间和家人朋友在一起，加强与他们的交流和联系，享受相互的陪伴、享受应有的幸福。

对自己所拥有的一切怀有感恩之心。

在遇到困难时，同事和路人通常都是第一个伸出援手的人。

对未来充满信心，积极乐观。

懂得享受生活，活在当下。

每周甚至每天都进行身体锻炼。

为了终极目标和抱负付出不懈的努力。

……

幸福的人也会面对压力、危机，甚至遭遇悲剧。他们也会有苦恼，变得易怒。但是在面对挑战时，他们会充分表现出自己的坚毅，展示出内在的力量，这就是他们的秘密武器。

在本书的第三篇，笔者将详细介绍几种提升幸福的方法和行动，指明它们在日常生活中是如何发挥作用的，并辅以充足的科学证据。以上列举的幸福标准似乎难以达到，但你没必要想尽办法完成所有的事情——你只需选择一个（或者几个）适合你的方法和活动，然后采取行动就可以了。一旦找到了那个最适合你的行动方案，你就已经成功一半了。从现在开始，一切都掌控在你的手中。改变自己的生活，培养一种积极且有意义的生活方式。

如果要为自己的个性化幸福计划找到一套成功的实施方案，一个重要的前提就是要明智地做出选择。任何给生活带来改变的方案都因人而异，因为每个人的特征和生活方式不同，可能某些练习对你十分有效，而别人却觉得不过如此。记住，要想增加幸福，一切都在于你自己的兴趣、价值观，还有你的选择。

显然，在人生中要想完成具有重大意义的事情，如学习某项技术、从事某项运动、抚养子女等，都需要付出大量的艰辛与努力。当然，有时没有付出，“幸运女神”也会眷顾你。但是，就像被人们遗忘的新年愿望一样，因运气而获得的福分都是十分短暂的。

想想看，人们为了锻炼身体用了多少时间，出了多少汗水——不管是去健身房、长跑、登山，还是骑单车，没有一样是不需要付出辛苦的。笔者的研究显示，如果你想要得到更多的幸福，你同样可以采取相类似的做法。也就是说，要想获得持久的幸福，你就得做长久性的改变，这些改变需要你每天都要行动起来。是的，追求幸福需要付出不懈的努力，但是，这种付出将成为你人生中最有价值的东西。

第五节　为什么要幸福

人们为什么要为幸福而努力？如果有人对此心存疑问，那么有无数的科研成果为此提供令人信服的证明。笔者收集了大量心理学方面的文献（这些文献仍在不断增加）。这些文献表明，获得更多的幸福不仅让你感觉温馨，还会给你带来很多额外的好处。与缺少幸福感的人相比，幸福的人社交能力更强、精力更充沛、更乐于助人，他们更善于与他人合作，也更容易被他人所认同、所喜欢。因此，幸福感强的人更容易找到伙伴，更有能力保持婚姻的稳定；他们也会拥有更多朋友，更容易得到别人的支持和帮助。而且，幸福的人做事更加灵活、更有智慧，工作起来效率更高。他们能够成为更出色的领导和谈判专家，也能够获得更多的财富。在面对艰难时，他们坚韧不拔、毫不退缩。他们的免疫系统更强大、身体更健康，寿命也会更长。

也许有人会说："幸福有什么好处？它也无法带来金钱。"这是一种错误的观点。一项研究表明，刚迈进大学就感觉幸福的学生（不考虑家庭背景）16 年后（也就是在他们 35 岁左右的时候），他们获得的收入要高于其他学生。另一项对大学生的生活进行跟踪研究的结果发现，大学纪念册照片上那些脸上挂着平静与快乐的女孩子，更容易在 27 岁以前成婚，也更有可能在 52 岁时仍然拥有美满的婚姻。

实际上，幸福对国家来讲也是十分重要的。不丹是亚洲非常小的一个国家，它位于中国和印度之间，国土面积只和瑞士相当，人口只有 550 万，那里的气候环境并不是最好的，居民也不是很富裕，因为缺少正规的军队，也使它一直没有能力抵御侵略，但提升国民的幸福感却是不丹这个国家为之追求的目标。不丹政府坚信发展经济的最佳手段就是提高全民幸福感，即国家发展的重点是国民幸福总值，而不是国内生产总值。不丹政府强调的"国民幸福高于一切"的理念产生了深远的社会效益。虽然不丹的国民大多数都是维持温饱的农民，但是他们拥有日常所需的一切——自给自足，衣食无忧，全民享受医疗保险。他们拒绝赚大钱的商机，因为这会威胁他们秀美的自然环境，破坏他们现有平等安稳的生活状态。

总之，幸福的确可以带来无数好处，而人们却很少拿出时间去研究、了解这一切。在得到更多幸福的同时，人们不仅能得到快乐、更高的生活满意度、爱、自豪以及对生命的敬畏，还能够强健体魄、增强人体免疫系统功能、改善我们的人际关系，让身心都能得到健康的发展。此外，更多幸福也能强化人们的自信心，使每个人都相信自己是独特的、有价值的，都是应该受到他人的尊敬的。如果我们得到了更多的幸福，不仅我们自己受益，我们的伴侣、家人、生活的周围，乃至整个社会都会获得幸福的正能量。

练习

度过美好的一天

"度过美好的一天"是我们常常听到的一个聊天的话题，它的前提假设是我们真的是如此希望的。要度过美好的一天，我们应该做些什么呢？不同的人会有不同的答案，因此这项活动有两个步骤。首先，你需要确定什么能使你的一天成为美好的一天。在这里你需要细心地观察你自己的一天，都发生了哪些好的事情和不好的事情，来看看你是否能够定义这些事情的相关特征。其次，假设你可以定义它们，你要如何在未来的日子里最大化那些好的因素、最小化那些扰乱你的因素呢?

大家首先要想一想，什么能够让你的一天更美好。好的生活往往以心理状态、特征和习惯等形式来体现。达到好的生活还有其他途径，那就是我们每天的活动、我们的具体行为。不管所处的地位、所拥有的特质、习惯和外界的设施是怎样的，这些全都影响着我们做什么，也正是它们影响了我们的幸福和健康。但是在这个活动中，假设你们都做了具体的行动。如果你能够决定，例如，美好的一天是这样度过的：跟好朋友吃顿午餐（或者不这样做），或者去运动，或者写日记，或者参加读书会，之后你就要学着让以后的日子更多地像这一天一样。

我们也许根本不用停下来想，究竟是什么组成了美好的一天，这使得这项活动独特而不落俗套，从具体意义上讲，我们的答案或许并不正确。因此，整理出一个记事本或者一叠纸，或者创建一个工作表记录下你一天中所做的事情吧。一些人觉得每个小时都记录一下所做的事情很容易，另一些人则喜欢只记录一天中重要的事情。无论如何，在一天要结束的时候，写下对这一天的总的评价：

10=这是我生命中最好的一天；
9=这是十分突出的一天；
8=这是极好的一天；
7=这是很好的一天；
6=这是不错的一天；
5=这是普通的一天；
4=这是低于平均水平的一天；
3=这是不好的一天；
2=这是糟糕的一天；
1=这是我生命中最糟的一天。

这样做两周，能坚持一个月则更好。在你完成之前，不要回顾以前的记录，但是可以回头看看这些天和这些周的状态。比较在好日子里和坏日子里你都做了（或者没做）哪些事情。我女儿和她的表哥，还有他们的一些同学就经常做这项练习，做完后他们都报告说整体的形式很明显，甚至在有些案例中，他们都为此感到惊讶。我发现在我的例子当中，在好日子里，我搞定了那些一直困扰着我的事情，有工作中的（改变教学方法和形式），也有家庭里的（做美食、烘焙）。请注意，这些活动并没有让我开心不已，但是它们确实让这一天变得美好起来。相对而言，在坏日子里，我什么都没有完成，不管还有什么事情已经在进行中或者有多少有价值的工作已经开始着手去做。

于是我决定，每天都要完成一些事，这个策略对于那些只要经常去做就能完成的活动来说很奏效。就拿我写书来说吧，我不可能在一天内完成它，但几乎平均每天都在写，哪怕一天就写几百个字，这确实是我正在做的，这样我就可以拥有很多很多的好日子，也包括今天。

恐怕你们的好日子的模式会跟我的一样，是任务导向的，但是这些活动的关键是：找到你们自己的模式，并且在此基础上实施自己的策略。

祝大家都有美好的一天！

第六章 幸福的体验

幸福来自深切感受、简单享受、自由思考以及在生活中冒险和被别人需要等方面的能力。

——斯托姆·詹姆森

幸福是感受得到的，那么如何感受到幸福？心理学家米哈伊·希斯赞特米哈伊告诉我们，当你有“心流”状态时你就是幸福的，幸福就是不断增加的“心流”。

第一节　心流体验

一、什么是心流

你是否有过这样的经历，为了攻克难关忘记了时间，失去了时间的概念？你可曾全身心投入到一件事情当中而忽略了自我的存在？你是否设定目标、披荆斩棘，日夜兼程的奋斗，最终达到了理想的彼岸？假如你没有经历过上述情况，尽管你衣食无忧，体验着大千世界的繁华，但是你内心的世界仍旧感觉到很空虚，因为你没有经历过奋斗，没有那种苦尽甜来的感觉，就根本感受不到真正幸福的滋味。

这些经过努力而得到的沉浸式体验，就是“心流”。在过去的 30 年中，最引人入胜的心理学概念之一就包括“心流”。“心流”概念的提出者是美国心理学家米哈伊·希斯赞特米哈伊。他于19世纪60年代开始观察企业家、美术家、国际象棋高手、作曲家、运动员、攀岩者时，发现这些人在从事与自己工作相关的活动中时聚精会神，往往达到了忘我的地步，常常忘记了时间、忽略了周围的环境。你能体察到所有相关的信息，不管工作多复杂你都毫不费力，而且有强烈的愉悦感。这些人参与的活动完全是兴趣使然，这种兴趣不是来源于物质方面的回报，而是在参加活动过程中产生的一种心理愉悦。这种专注于某项活动、激发自己的潜力所产生的心理体验，被米哈伊·希斯赞特米哈伊称为心流。换句话说，当你全神贯注地做一件有目标、有挑战的事情时，而你的能力恰好与所挑战的事情相匹配时，你可能就会进入到这种状态。他曾经提出，人类如果能够找到有意义的快乐，生活质量就会提升，人生价值就会实现。米哈伊·希斯赞特米哈伊选用英文单词“Flow”来表达这种有流畅的、快乐的、有意义的经验和体会，他认为这种状态值得人们用一辈子去追求、去积累、去完成。心流就是个体全身心地投入到活动中，沉浸于这种先付出后得到的体验。而体验本身就是最好的奖赏和动机。在心流状态中，人们的感觉和体验合二为一，即“行为和觉察融为一体”。经常经历“心流”，就是优秀的人的一个共同特征。

有趣的是，米哈伊并不是第一个发现这种体验的人。纵观人类历史与人类文明的发展史，已经有许多的哲学家、教育家、历史学家都阐述过这种神奇的、极富幸福感觉的体验。这种状态中国人其实早就意识到了，在中国传统文化中，尤其是东方的传统文化，如儒家思想、道家思想乃至佛教，经常提及这种由心理活动所产生的奇妙的愉悦体验，禅宗也经常谈到这样一种聚精会神、时间飞逝、身心愉悦的生活和工作状态。

大家都比较熟悉的《庄子》一书中的一篇文章《逍遥游》，就阐释了一种潇洒、放松、从容、愉悦的体验，一种真正的不以外物的好坏或喜或悲、完全自我实现的淋漓畅快的感觉。庄子在《南华经》中特别描述了庖丁解牛的故事，讲述了一个普通的屠夫解牛之后畅快的心流体验——他就是宰牛的屠夫庖丁，在从事自己所熟悉和喜爱的工作时，就达到了一种物我两忘、身心酣畅的状态。原文是这样写的：

庖丁为文惠君解牛，手之所触，肩之所倚，足之所履，膝之所踦，砉然向然，奏刀騞然，莫不中音。合于《桑林》之舞，乃中《经首》之会。

文惠王被震撼到了，不禁脱口而问，你为何有娴熟的技巧、解牛技术如若行云流水、神乎其神？庖丁回答，以前解牛，我眼中看见的只是牛，熟悉了以后解牛，眼中无牛。因为此时此刻，他已经进入一种极致的体验状态，也就是人们所说的心流状态。卖油翁的故事，“此无他，唯手熟尔。”说的是同样的道理，经过熟练而掌握了某种技能，使用时得心应手，畅快淋漓。

米哈伊·希斯赞特米哈伊那时候的主要研究方法是问卷调查。那时，大多数心理学家研究普通人和心理上有点不正常的人，而希斯赞特米哈伊则喜欢研究那些优秀的人。他和研究团队走访了很多科学家、医生、艺术家、企业家、国际象棋高手、作曲家、运动员和普通人，了解这些人的心流体验。他们使用“心理体验抽样法”，通过每天随机选择 8 个时间点，用电子呼叫器指挥受试者填写问卷的方法，让受试者描述此刻正在做的事情及此刻的感觉怎么样，获得了超过 10 万份的日常体验问卷。他们最初是想知道“到底做什么事最幸福”，结果获得了“心流”这个洞见。

通过对调查问卷的分析，希斯赞特米哈伊得出了产生心流的条件并且总结了心流的特征。经过心理学家 30 多年的实验、论证，心流的概念和理论框架得以被认同并一直延续下来，而且越来越具有科学性、越来越热门。心流理论发展到现在，心理学家已经借助了脑科学的手段，用功能性核磁共振直接扫描大脑等，能更精确地研究心流。因此，借助高科技让人们对心流的了解的确知道的比希斯赞特米哈伊描述的多一些。

有的人沉浸在书法练习中而不可自拔，连吃饭、睡觉的时间都忘了；有的人专心地阅读，沉浸在故事的情境当中，或低头叹息、或暗自窃喜，达到了完全忘我的地步；有的人在健身房一待就是大半天，打球、跑步，时间不知不觉就过去了，完全没有时间的概念。这些忘我的投入就是心流的体验。

在心流状态中，个体达到了一种最高的境界、一种巅峰的状态，同时也呈现出了巅峰的行为表现：人们感受到了愉快，又展现出最好的状态。运动员把这种情形称为“在状态。”这种时候无论在心流的境界里我们做什么，读书也好，写作也好，背诵也好，复习也好，人们对于正在进行的事情采取的是一种全身心投入的态度，任何情况都不会干扰到我们，不会使我们放弃而停滞不前。在这种最佳状态的加持下，学习会更有效率、工作会更得心应手、身体会更加健壮。心流的结果使人充满激情与创造力。但值得注意的是，心流与感官刺激完全是两回事，心流状态中是不带有感情色彩、是无意识的。人们把心流描述得非常欣喜与快乐，不过这是事后的综合判断，在活动过程中愉悦的感觉并没有即时显现出来。

我们以芝加哥公牛队的职业篮球队员本·戈登在打球过程中“处于巅峰状态”为例来进行描述：

你失去了对时间的感知，不知道现在是第几节比赛。你听不到观众的叫喊声，你不知道自己得了多少分。你什么也不去想，只是打球，所有的动作都好像是本能的，当这种感觉开始渐渐消失的时候，你感觉糟透了。我对自己说，加油，你会更棒的。不过正是那种感觉要消失的时候，所有的动作都不再是本能的了。

根据希斯赞特米哈伊的解释，拥有清晰的目标是心流体验的前提。虽然目标有时会有所改变，但人们行进的方向是不能错的。当人们全心全力投入去实现目标，不为任何其他的诱惑所动摇时，才能获得心流体验，同时，当下以及未来的益处在这种状态下合二为一：遥远的目标不仅不是阻力，反而可以帮助人们感受正在经历的意义。心流体验所带来的是更高层次的幸福，它把“一分耕耘，一分收获”变成了“现在的快乐即未来的成果”。

希斯赞特米哈伊的心流理论指出的“一分耕耘，一分收获”的说法代表人们必须承受极度的压力，无论是身体上的还是心理上的，才能发挥100%的潜力，实现至高的目标，但在心流体验中，痛苦本身并不是巅峰表现的最高境界；相反，有一个区域是在过难和过易之间，在这个区间内，人们不仅可以发挥出最大的潜力，还可以享受过程中的快乐。如果想要达到这个境界，任务的挑战要难易适度。

二、心流体验图

笔者用一个简单的图形来帮助大家了解。假设图6-1代表一种特殊的活动——打乒乓球。理论上，体验最重要的两度空间——挑战与技巧，分别用纵轴与横轴表示。图中显示一个男孩正在学打乒乓球的四个阶段。刚开始的时候，这个小男孩不懂任何技巧，他唯一的挑战就是把球打过网去（A）。这种挑战没什么了不起，这个小男孩还是可能打得很愉快，因为难度正适合他粗浅的技巧。这时他很可能感受到心流，但为时不会太久。经过一段时间的练习，他的技巧进步了，他开始厌烦只是把球打过网去的动作（B），或者他也可能碰到比他熟练的对手，使他发现球场上还有比弧旋球更难应付的挑战——这时，他对自己拙劣的表现产生了焦虑（C）。

厌倦和焦虑都属于消极的体验，小男孩有充分的动机想回到心流。他该

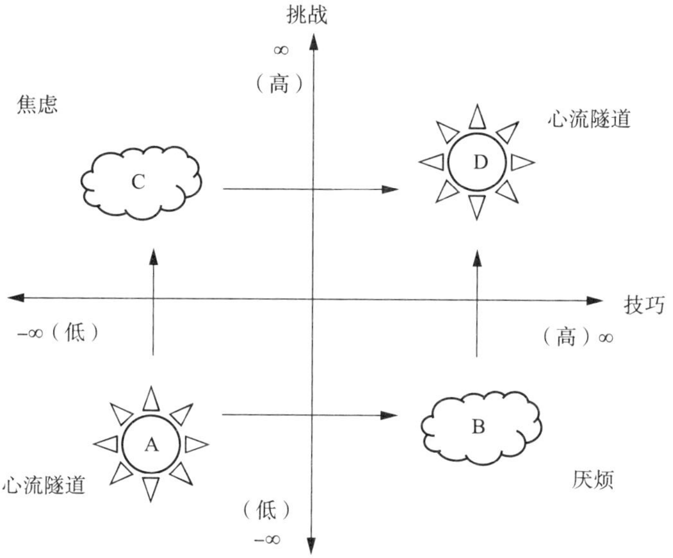

图 6-1 意识复杂程度随心流体验渐增

怎么办？从图 6-1 中可以看出，如果他在厌倦（B）的位置，要回到心流只有一种选择：加强挑战（他当然还有一种选择：放弃打乒乓球，则图 6-1 中的 A 干脆就消失了）。他确立一个跟技巧难度相当的新目标——如击败一个技巧比他高明一点儿的对手——就能进入心流（D）。

如果这个小男孩感到的是焦虑（C），回到心流就需要加强技巧。理论上，他也可以降低挑战的难度，回到一开始时的心流（A），但实际上，一个人知道存在挑战以后，是很难退回到原地的。

图 6-1 中的（A）与（D）都代表这个小男孩正处于心流状态。虽然两者都能带来乐趣，但（D）的情况远比（A）复杂，它不但是更大的挑战，而且对打球者的技巧要求也更严格。但是就（D）的复杂程度与充满乐趣而言，它并不稳定。他想继续打乒乓球，不是因为发现新层次的发展有限而厌烦，就是因为自己能力不高而产生焦虑与挫折感。这样一来，为了再次寻回乐趣，他就势必设法回到心流渠道，而现在的复杂程度甚至比（D）更高了。

图 6-1 显示，如果任务难度大，而技能不足时，人们会感到焦虑；相反，如果技能高超，而任务太简单时，人们就会感到乏味。只有当难度和技能处于最佳平衡状态的时候，心流体验才有可能出现。换句话说，心流代表了人与环境融为一体。幸运的是，人人都可以有心流的经历。唯一关键的是面对

的挑战能满足个人的技巧，挑战太多或技巧太少便会破坏这个过程。不幸的是，任务的挑战也必须随技巧的改善而变化。我们都知道大多任务在一开始很吸引人，而后就慢慢丧失了吸引力，除非它带来的挑战能跟得上技术的进步。

由此可见，幸福，尤其是上升到终极体验阶段的幸福，从某种理论上来讲，它不一定是靠哲学思辨得来的，也不是靠宗教宣讲、道德宣传而形成的。它是人们的真实生活，它是人们感受得到的，是人们身、心、灵完美融合的一种最佳状态，它源于人们的生活，存在于我们生活当中。任何事情，一旦让你产生浓厚的兴趣，专注而沉浸其中，你就会对周围的一切浑然不知，始终被一种愉悦的力量所推动。虽然这件事情对你有一定的挑战，但你仍然不断地奋斗、创造、探索，觉得自己能够控制它、完成它，而且做完以后有一种发自内心的无比喜悦，一种创造性的乐趣！如果这些情景都出现的话，那么，祝贺你，毫无疑问，你就是拥有过心流体验的人。

反思：回想一下，你什么时候有过心流体验？

三、成长的心流

因为这种充满动力的特性，所以心流成为成长与发现的源泉。人不可能长期做同种层次的事依然觉得乐趣无穷，人们不是因此感到厌烦，就是饱受挫折，然后寻求乐趣的意愿就会促使人们拓展自己的技巧，或发掘运用技巧的新方向。

我们不能机械地认为，只要一个人能客观地参与心流活动，就必然能获得对应的体验。因为仅是情况造成的真实挑战还不能算数，必须当事人先把它当作一场挑战才行。决定感觉的并不是人们实际拥有的技巧，而是人们自以为拥有的技巧。一个人或许把爬一座山当作一场挑战，而对于学习演奏一首乐曲却毫无兴趣；另一个人却可能只想学音乐，不想爬山。我们在某一特定时刻对心流的感受，往往受客观条件的影响很大，不过意识仍能自由地根据它对情况的判断而行事。

游戏规则的原意是引导精神能量遵循能带来乐趣的模式，但它们能否发挥效用，决定权仍在人们自己。一位职业足球运动员“玩”球时，说不定完全不带一点点心流的因素：他可能觉得厌倦，而且过分自觉——心中想的不是球赛，而是自己的合约与年薪。相反的情况也可能发生：一个人从本来有其他目标的活动中享受到很大的乐趣。对很多人而言，诸如工作、带孩子等活动，比游戏或绘画更能产生心流，因为他们能从平凡的活动中，找到别人找不到的乐趣。

在人类进化过程中，每种文化都会发展出一些以改善体验品质为目标的活动，即使在科技最不发达的社会，也有某种形式的艺术、音乐、舞蹈，以及各式各样小孩或成人的游戏。在大多数文化中，人们用于艺术、游戏及仪式上的时间可能都比工作多。

虽然这些活动或许也有其他作用，但能带来乐趣是它们得以保存的主要原因。人类早在3万年前就已开始装饰洞穴，留下的壁画兼具宗教与实用价值。无论是石器时代还是今天，艺术存在的理由始终未变——说穿了很简单，它对画家和观画的人都是心流的源泉。

在研究中发现，所有心流活动，不论是涉及竞争、投机还是其他形式的体验，都有一个共同点：它带来一种新发现、一种创造感，把当事人带入新的现实。它促使一个人有更好的表现，使意识到达过去不曾到达的境界。简单地说，它把自我变得更复杂，自我因而成长，这就是心流活动的关键。

有些人在做某件事情时，不是感到焦虑就是觉得乏味，因此他们无法享受做事的过程或是发挥出真正的潜力。有两种不同的情况会影响人拥有心流的体验：一是有压力的环境，因为这样会带来焦虑；二是没有挑战性的环境，因为这样会使人觉得无聊、厌倦。

在第一种情况下，当人们认为做这件事情的压力太大了，事情的难易程度已经超出了他们所能承受的能力范围，导致完成这种任务的不确定性，带给他们的是焦躁、不安、懊悔与痛苦，毫无幸福可言。当人们看重的是结果而不是追求的过程，当人们只关注终点而不关注奋斗的过程，人们只会毫无快乐地奔波，有的时候甚至是疲于奔命，那么从始至终，无论是在学业上还是在事业上，都感受不到心流的体验。这种感觉，放在日常生活中亦是如此。

第二种情况则完全不同于第一种情况。所做的事情缺乏挑战性和趣味性代替了挑战过高和完不成任务的焦躁。挑战性不足、趣味性缺乏所带来的负面影响比起挑战性过高所带来的负面影响有过之而无不及，它们所剥夺的也不只是获得心流体验的可能性。如在日常对待孩子的教育中，教育者，尤其是做父母的，一切都想当然地为孩子设想、为孩子做好了一切准备。但他们不知道奋斗是通向成功的一个必经之路，而是错误地把奋斗等同于痛苦。他们所犯的通病有两种：一是毫无条件地满足孩子的所有要求；二是把孩子和所有的挑战隔离。在给孩子准备好了一切，免除了所谓的痛苦，但同时也剥夺了他们主动体验心流以及克服困难的经验。当今社会越来越多的有钱人（包括出身富裕的孩子）什么都不缺，但依然感到烦恼，却拥有越来越多的不幸，就是因为他们缺失成长的心流。

近代自助运动的创始人塞廖尔·斯迈尔斯在 1858 年的一篇文章中提到，要让所有的孩子明白成功与真正的幸福，必须依靠自己的付出、努力和拼搏向上，而不是仰仗他人的扶持与帮助，这样的事业有成，才会带来成就感和幸福感，也就是心流体验。如果父母一味地帮助孩子逃避困难与挑战，会使他们丧失向上的勇气和信心，不利于心流的培养。人在成长过程中，最大的悲哀就是一路坦途，享受任何事物都认为是理所当然的，最终沉溺在一片太平之中，丧失了警觉和挑战的能力，一生胸无大志，碌碌无为。只有勇敢面对挑战，寻求解决问题的办法，发挥自己的聪明才智，寻求合作，克服困难，最终才能追求到幸福，人们才会有满足感、自豪感，珍惜得知不易的成功，享受奋斗的过程。

现在的社会越来越和谐，但是也不排除个别的人与常人格格不入，极端的事例时有发生。抑郁症患者越来越多，患病的人越来越年轻，其中的一个原因就是他们在成长过程缺乏挑战，缺乏战胜困难的奋斗过程，一切都来得太容易，稍微遇到些挫折，就失去了应对问题的能力，或者怨天尤人，或者郁郁寡欢。实际上，困惑、挣扎和挑战都是丰富的生活中不可或缺的，幸福之路并无坦途、并无捷径。但我们在他人遇到困难时（尤其是对孩子）通常的反应就是去帮助他们，结果就会使他们失去磨炼的机会。实际上，应该放手让他们自己去迎接挑战。这听起来似乎不合常理，但我们必须抑制住那种自然帮忙的动作，让孩子自己学会应对各种困境、找出解决问题的办法，在奋斗中茁壮地成长。

一些衣食富足的人时常不开心的另一个原因就是错误地认为“有钱就应该开心”。“我拥有了很多的财富，为什么还不开心呢，一定是出了什么问题”。他们会为不开心而胡思乱想并认为这是根本不可能的事，会觉得如果不开心就对不起自己所拥有的财富。如果他们找不到不开心的合适理由，就会把错误牵扯到自己头上。他们因为追求幸福而感到压力，也会对自己无法克服负面情绪而感到愧疚和无力。这种压力和负疚感会越来越强烈，找不到释放的窗口。这是因为他们并不知道，在这个现实的社会中，很多人并不了解情绪好坏与物质多寡之间并不存在紧密的联系。

我们要的就是这种随时相伴的身体和心理的成长过程，成长不仅仅是学生的事情，父母也会和孩子们共同成长，经历以前没有遇到过的事情，寻求解决办法。成长也不完全是达到目标的手段，成长本身，就是我们的目的。

反思：在体验心流的过程中，你的收获是什么？你在哪些方面得到了成长？

第二节　构成心流体验的要素

心理学家在研究中发现：第一，不管什么样的活动，人们在进行得极其顺利时，他们的感觉都极为类似。如篮球爱好者在打篮球时、喜欢诗词的爱好者跟对手过招决一高低时、画家在绘画的过程中，他们的心境几乎完全一样。而忙于创作的作家，或一群普通大众，或正在争夺游泳锦标赛冠军的青少年也会有同样的感受。

第二，不分文化、社会阶级、年龄与性别，受访者所描绘的乐趣大致相同。他们体验乐趣时所做的事可能有天壤之别——有的人喜欢读书、有的人喜欢赛车、有的人喜欢郊游、有的人喜欢摄影，等等，但他们对乐趣的感觉却如出一辙。甚至活动能带来乐趣的原因，也是大同小异的。总而言之，最优体验以及导致这种体验的心理状态，似乎放之四海而皆准。

心流的出现并不是孤立的，通常会有些主要的元素显现。希斯赞特米哈伊等心理学家提出了主要有八项元素。人们在体会心流体验的时候，往往会提到这八项元素的全部，或其中的几种元素。第一，这种体验出现在面临一份在能力与潜力范围内可完成的工作时。第二，挑战高度和能力水平要匹配。第三，必须能够全神贯注于这件事情。第四，这项任务有明确的目标和即时的反馈。第五，能持久深入而毫不牵强地投入行动之中，日常生活的忧愁和悲伤都因此一扫而空。第六，充满乐趣的体验使人觉得能自由掌控自己的行动。第七，进入“忘我”状态，但心流体验告一段落后，自我感觉又会变得强烈。第八，时间感会改变——几小时犹如几分钟，几分钟也可能变得像几小时那么漫长。这些元素结合成一种深刻的愉悦感，带来无比的回报，并扩展成极大的能量，仅是感觉它的存在就已经收获满满了。

下面，我们针对这八项元素进行逐一讨论，来了解每一个元素所带来的影响、产生的乐趣以及带给人们的满足感。这将会帮助我们控制意识，积极思考，把食之无味、弃之可惜的“鸡肋”变成培养心流的养分，助力个体的健康成长。

一、具有挑战性的活动

有人也会分享一种自然而然的欣喜，一种毫无来有的愉悦——一顿丰盛的晚餐、一部精彩的电影、一段迷人的音乐，都可能会引起这种感觉。但是大部分最优体验来自有目的的追寻、有目标的奋斗——这些活动需要投入主观意识和个人努力，并且必须掌握一定的技能才能完成。

首先要强调，“活动”不一定是指体能方面，而所谓“技巧”也不一定与体能无关。比如说，学习一门外语，需要智力参与其中，通过活动的形式来完成。要全身心地投入，了解语言的规则、运用的方法、情境下的变化，既要掌握语音、语法、词汇，又要掌握听、说、读、写、译的技能。同时还要学习西方文化、中西文学比较，形成批判性思维等能力。由此可见，学习语言，既需要人们认知方面的知识，又需要掌握心理学、社会学的知识，既需要聚精会神地学习，又需要相关的学习技巧。面对挑战，体能和技巧同等重要。

另一种被普遍认为有乐趣的活动是与他人相处。乍一看，对于“享受活动需要技巧”的论调，社交似乎是个例外，因为日常的沟通，家长里短，看似简单的沟通，好像没有什么技术含量，实际上却不然。很多人都知道，自我意识强的人通常排斥非正式的接触，也避免与人群为伍，显得格格不入。

做任何事情都需要有动机，也需要使用技巧来完成任务。对于不具备技巧的人，这种活动非但不能算是挑战，而且根本毫无意义。爱看足球的人，对世界杯满怀热情，宁舍一顿饭，不落一场球，但是对于不爱球的人来说，看不看球赛直播意义却不是很重大；健身操场对一般人来说，只是一个空间的存在，但对运动达人来讲，却是割舍不下的运动场所，挥洒汗水的地方。

寻求挑战的简单方法是投入一个良性竞争的环境。奥林匹克运动会之所以会吸引无数的观众，就是因为体育运动的竞技性。在很多方面，竞争是发展复杂性的捷径。政治学家埃德蒙·伯克曾写道：“跟我们较力的人能培养我们的胆识，磨砺我们的技巧。敌人就是我们的好帮手。”竞争性的挑战充满刺激和乐趣，但当击败对手成为心中唯一执念时，乐趣就会随之消失。换言之，竞争只有在它以使个人技巧臻于完美为目标时，才有乐趣；竞争的目的不是打败对手，而是战胜自己。当竞争以输赢为唯一评判标准时，就失去了其中的乐趣。

挑战绝不限于竞争或体能活动，即使当事人并不期望乐趣，但挑战仍是乐趣泉涌的契机。建筑设计师的乐趣在于他绞尽脑汁的设计以及由此产生的新的设计理念，是追求一个艺术成品的过程。普通人往往惊叹于建筑的宏伟，但很难像建筑设计师一样参透每一处的寓意。当人们欣赏歌唱家美妙动人的歌声时，歌唱家自己却沉浸在作品的演绎中而不能自拔。人的心流体验存在于不同的方面、不同的活动之中。

能带来乐趣的活动经常是具有挑战性的、为挑战而设计的。各种竞技体育运动、琴棋书画、文学作品、建筑艺术，都无非是为了给生活添加乐趣。但如果就此以为只有艺术与休闲才能产生最优体验，那就错了。在健全的文化中，生产性的工作与日常生活必需的例行公事同样能令人满足。实际上，我们的目标之一就是发掘各种方法，以便把例行的细节转变成具有个人意义的游戏，导向最优体验。诸如田间劳作或家庭厨房的一日三餐，只要能赋予它新的目标、规则及其他乐趣元素，它们也可以变得乐趣盎然。

二、挑战和能力水平要匹配

在生活中，每个人都有一些办法来填补生活中的无聊空隙，这样当焦虑来袭时，可以平衡我们的心态。有些人习惯于写写画画，有些人喜欢品尝美食或抽烟喝酒、唱歌跳舞、看电影等，目的无非是通过有规律的行动，把意识规范得更有秩序。这些活动都是一种“小型心流”，可以帮助我们度过日常生活的低潮。自发的小游戏虽能调解日常生活的无聊，却没有增益体验的作用。活动能带来多大的乐趣，主要还是取决于它的复杂性。因此，我们为了改善体验品质需要下些功夫去发明一些错综复杂的调剂方法，以便达到改善体验品质的目的，必须要迎接更大的挑战，应用更高层次的技巧。

所有受访者都指出，心流会在活动中某个特定点出现——行动的时机跟当事人的能力恰好相当的时刻。以打网球为例，如果双方实力悬殊，就毫无乐趣可言。技术差的一方会觉得焦虑，技术好的一方则觉得无聊。所有其他活动也是一样：演奏技艺娴熟的人，太简单的曲子嫌乏味，过分复杂的曲子却造成挫折感。心流仿佛是无聊与焦虑中间的藩篱，在此，挑战与行动能力恰好平衡。

挑战与能力的黄金比例不仅仅适用于人类，在宠物之间也一样受用。如果你和你的宠物狗或宠物猫到空旷的地方散步时，它最爱玩的一种游戏就是小孩子都爱玩的抓人游戏。它会用很快的速度绕着你兜圈子跑，舌头伸出口外，眼睛机警地盯着你或其他人家的宠物，向你或它的同类挑战——抓它，或奔跑玩耍。如果你会突然扑过去，运气好的话就能碰到或抓到它。但是，如果你觉得疲倦、无精打采，它就会缩小圈子，让你比较容易得手；如果你的心情、体能状况都很好，它就会扩大圈子，这么一来，游戏的难度可谓是保持稳定。你的宠物对挑战与能力之间的平衡有种不可思议的判断力，使这种游戏永远能给双方带来最大的乐趣。

也就是说，你应对的必须是一项刚好处于你技能水平之内的挑战——虽然你能完成手中的这项任务，但你要使出浑身解数来才办得到。挑战和你的能力水平不匹配，那么你就需要做一些调整。比如说挑战太容易了，你就需要提高难度水平才能够达到心流的状态。挑战太困难了，你就需要学习新的技能来帮助你赢得挑战。

三、知行合一

当情况要求一个人运用能力来应付挑战时，这个人的注意力就会完全投入，不剩一丝精神能量处理任何与挑战无关的资讯，而完全集中于相关的刺激上。

最优体验最普遍、最清晰的特质就会在此时显现，当事人全神贯注，一切动作都不假思索，几乎完全自动自发，人与行动完全合一。

当教师在给学生上课或者做报告时，教师的注意力是完全集中的，心中没有任何杂念，什么也不想，只是专心做一件事，全身会充满活力，教师会觉得此时此刻轻松、自在而精力旺盛。

我的女儿很小的时候，我经常陪她一起玩、做事情：她很喜欢读书，所以我们经常一块儿阅读，她读给我听，我念给她听，在这期间，我觉得仿佛脱离了世界，完全沉浸在彼此紧密的互动中。

当喜爱游泳的人在游泳时，他的感觉就只专注在目前的活动上，他的思想、四肢跟目前游泳的事完全密合……他觉得自己跟所做的事仿佛是一体的。

一位棋手谈到决赛情形时说："集中注意力就像呼吸——你连想都不想。即使屋顶塌下来，只要没被击中，你就不会察觉。"

正因如此，我们才把"最优体验"命名为"心流"。这个简单的字眼充分描述了那种不费吹灰之力的感觉。下面这段攀岩专家兼诗人说的话，写出了他的心流感受：

攀岩的神秘就在于攀登本身；你爬到岩顶时，虽然很高兴已大功告成，而实际上却盼望能继续往上攀登，永不停歇。攀岩的最终目的就是攀登，正如同写诗的目的就是为写作一样；你唯一征服的是自己的内心……写作就是诗存在的理由。攀登也一样，只为了确认自己是一股心流。心流的目的就是持续不断地流动，不是为了到达山顶或乌托邦。它不是向上的动作，而是奔流不已；向上爬只是为了让流动继续。爬山除了爬山之外，没有别的理由，它完全是一种自我的沟通。

心流体验虽然表面上看来不费吹灰之力，实际上却远非如此。它往往需要消耗大量体能，或经过严格的心灵训练；需要高超的技巧，而且只要注意力一放松，就可能消失得无影无踪。在心流之中，意识运作顺畅，每个动作都衔接得天衣无缝。在日常生活中我们经常被怀疑或被疑问打断："我为什么这么做？我是否该做这件事？"我们一再追问行动的必要性，并批判它们背后的理由。然而在心流中没有反省的空间，所有行动宛如一股魔力，带着我们勇往直前。

四、明确目标与即时反馈

心流体验之所以能达到完全的投入，是因为目标明确，而且能得到即时的回馈。一名网球选手永远清楚下一步该怎么做：把球打回到对手的球场上。每次击中球，他都知道自己做得好不好。棋手的目标同样也很明确：在对方得手前先将他的军。每走一步棋，他都可以算出自己是否离目标又近了一些。沿着垂直的岩壁向上攀爬的人，心里的目标非常简单：爬到山顶，不要中途掉下去。一小时又一小时过去了，他每一秒钟都接到信息，确认自己没有偏离基本目标。

当然，如果选择的目标微不足道，成功的乐趣也同样几近于零。倘若我的目标只是坐在客厅的沙发上看电视，我每天都发现自己成功了，但这并不会使我特别快乐。相形之下，历尽千辛万苦登上崖顶的攀岩者，却会为自己的成功而欣喜若狂。

某些活动需要相当长的时间才能完成，但目标与回馈仍然非常重要。一位退休的人说："最有乐趣的体验就是照看我的菜园子和院子里的花儿，侍弄花草给我一种特别的满足感。我喜欢看它们一天天长大，开花结果，真美妙！"

有些时候活动的目标与反馈并不像打比赛那么明确，结果非常清楚。画家或许还不知道完成后的画会是什么样子，但当画进展到某个阶段，他应该就能知道这是不是自己所要表达的意思。能从绘画中找到乐趣的画家，一定有一套内在的标准，画笔一挥，他就能感觉到“是的，这样就对了”或“不对，这不是我想要的”。缺少了这套标准，就不可能体验到心流。对于某些创造性活动，事前并没有清楚的目标，所以当事人对自己要做什么事先必须有强烈的认知。当然也有这样一种情况，那就是主导一种活动的目标与规则是临场发挥或互动出来的。例如学者与辩论家在他们的辩词前后呼应、一气呵成并达到预期效果时，也有类似的满足感。

不同的活动常有不同的反馈方式。反馈只要跟我们投入精神能量追求的目标有合理的关联，就能产生乐趣。每个人基本上都会对某些合乎自己性情的资讯特别感兴趣，因而也特别重视这方面的反馈，反馈的结果和方式也因人而异。

五、全神贯注

在心流体验时，人们会全神贯注于自己所从事的活动，会把生活中所有不快乐的事忘得一干二净，也就没有多余的精力评价自己的表现是好是坏。也就是说，心流占据了人们所有的心灵能量。这是因为要想从活动中汲取乐趣，必须全心全意地专注于手头的工作，这样就会有心流体验，在心流状态下的心灵完全没有容纳不相干信息的余地。只有在活动停止，或某些外在干扰打断了心流时，人们才能退后一步评价自己的行为。

在平凡的生活中，对于大多数工作和普通的家庭生活来说，没有太多的高要求（注意力高度集中），这样意识当中的烦恼和焦虑才有了乘虚而入的机会。因此导致在一般状态下，心灵常会受到来自精神方面的突如其来的干扰，精神能量不能流转自如。也正因如此，心流才能提升体验的品质；这就需要当你做某件事时，一定要全身心地投入活动，全神贯注，秩序井然，不要分散精力去想其他的事情。

我的侄子非常喜欢打篮球，经常打到天黑都不回家，有时需要他的妈妈到球场上把他找回来。他跟我说：“当无意识想起某些烦恼的事情，我又不想让不开心的事困扰我，但又在脑海中挥之不去时，就去打篮球。一旦打起球来，我的心里就只有打球……其他的烦恼自然就都烟消云散了。”

我的同事喜欢大自然，经常登山，他也有相同的看法：“登山时你全然不会想到生活中的种种问题，活动自成一个世界，吸引你所有的注意力。一旦进入状态，世界就变得十分真实，完全在你的控制之下，成为你的全部。”

我喜欢跳民族舞蹈，也有一样的感受：“当我为一件事情感到头痛的时候，就会去舞蹈室跳舞，无论我有什么问题，只要一踏进练舞场，就都会统统丢在门外了。”这是一种在别处找不到的感觉，跳舞会让我信心十足，满血复活。对于我来说，如果是为了忘记烦恼，跳舞的疗效是绝佳的。

实际上，处于心流状态的人们，当从事任何需要集中全部注意力的活动时，时间感都会变得紧凑。不仅时间集中于一点，更值得注意的是，能进入头脑的信息也受到严格管制，平时自由出入脑海的恼人念头都暂时遭到封锁。你的思想很少与当前任务之外的其他事情有关，或者完全没关系。和你所从事的活动相比，所有问题都显得无关紧要。

心流的专注，加上清楚的目标和即时的回馈，确立了意识的秩序，从而产生无穷的乐趣。

六、驾轻就熟

心流体验让人拥有高度的控制感，使人觉得能自由控制自己的行动，左右结果。其实真正给人带来乐趣的并不是控制本身，而是在艰难状况下行使控制权的感觉。

游戏、运动及其他休闲活动经常是乐趣的源泉，一位舞者把心流体验的这个层面表达得很好：“一种非常强烈的轻松感、愉悦感淹没了我，我一点儿也不担心失败，就像我伸出手，拥抱了这个世界。我觉得有股源源不断的力量，去创造美与优雅。”一位棋手说：“我有一种幸福感，觉得能完全控制我的世界。”

实际上，这些活动者描述的是控制的“可能性”，也有些不可控的情况，如跳舞时可能摔跤、崴脚等。但理论上而言，在心流的世界中，完美是可能的。

充满乐趣的活动当然也可能要冒险，在局外人看来，这比正常生活潜伏着更多的危险。如攀岩、赛车、滑雪、深海潜水以及许多其他类似的运动等，在常人看起来是相当不安全的，但参与这些活动的人都承认，在他们的心流体验中，高度控制感居于重要地位。他们的乐趣并非来自危险本身，而是来自他们使危险降至最低的能力。真正令他们乐此不疲的，不是追逐活动中的危险，而是一种有办法控制潜在危险的感觉。

能产生心流的那些活动，即使表面上看起来非常危险，但它的结构却能帮助参与者加强技巧、提高能力，把犯错的可能性降至几近于零。以攀岩者为例，他面临的危险有两种：一种是客观的，另一种是主观的。前者是登山途中无法预测的各种实质性危机，如突如其来的暴风雨、山崩、落石、气温骤降等。登山者可以对这些威胁预做防范，但永远不能保证做得完美无瑕。主观的危险则源自登山者的技能不足，包括无法正确判断自己是否有足够的能力克服万难，登上山顶。登山的要点就是尽可能避免客观的危险，并通过严格的自律和妥善的准备，彻底消除主观的危险。

这个例子也说明，真正给人带来乐趣的并不是控制本身，而是在艰难状况下行使控制权的感觉。只有在个人力量能左右结果时，才能确知自己握有控制权。如果你发现了一些特别的、能够真正带给你心流体验的活动，这说明你非常幸运。但是一定要注意，即使是那些大家普遍认为具有建设性的活动（在慈善机构做志愿者、和孩子一起玩耍或者在办公室拟定合同等），都能够让你上瘾。当你意识到自己忽视了最亲近的人的需要时，这就是一个警戒信号。所有人都知道，玩电子游戏这样的爱好容易使人上瘾，导致逃避或者无视自己的责任。而且即使被社会认可的活动也有可能产生相同的后果。有一段时间，我和女儿每天都废寝忘食地读一本小说，什么也不想干，完全忘了还有很多紧迫的事情等着我去做，直到丈夫点醒了我。我也是在那个时候才明白了上述道理。

七、浑然忘我

前面谈过，当一个人完全投入某项活动时，就没有余力再去考虑过去或未来，或当前任何不相干的事情。在这个阶段，从知觉中消失的“自我”应该特别提出来讨论，因为在日常生活中人们花了太多时间去想它。一位登山者描述这种体验说：“那是一种‘禅’的感觉，像冥思的专注，你追求的就是使心灵凝聚于一点。自我可以用很多方式与登山结合，但当一切都变得自动自发，自我就消失不见了。不知怎么，你想也不用想，事情就做对了，它就这么发生了，你也更加专注。”此时此刻：你会忘了自己，忘了周围的一切，凡是与正在做的活动无关的，都搁在一旁了。

与周遭世界有隔离感的自我消失，往往随之产生一种与环境结合的感觉，不论环境是一座山，还是一个团体，所有的感觉都处于最佳状态。等到进入状态时，人们的心灵合二为一，这时是一种真正的快乐。我采用一位日本飞车党的说法，当他与数百名同党风驰电掣地穿过京都的大街时：

所有的感觉都处于最佳状态时。我有种感悟，一开始奔驰的时候，我们还没有进入完全的和谐状态，等到进入状态，我们的心灵合二为一，这时是一种真正的快乐……忽然之间，我想到："如果把速度加到最快，真正狂奔起来该有多好！"这时大家都不约而同地踩下油门，像是真正的一体。速度令人飘飘欲仙，这种时刻实在太美妙了！

"合一"这个字眼，可谓是对心流体验非常具体的描述，它使人有获益良多之感，感觉和体验融为一体，即当下以及未来的益处合二为一。我们接下来会谈到，它也有独具的危机。

心流之中没有自我反省的空隙。有乐趣的活动目标稳定、规则分明，挑战与能力水准相当，自我受到威胁的可能性极小。当一名登山者攀登一段危险的山路时，他会全心全意地关注爬山的动作。唯有专心致志地爬山才不至于送命，任何事或任何人都无法动摇他的自我。

意识中没有自我存在，并不表示心流状态下的人不再具有控制自己的精神能量，或不知道自己的身体或内心发生的一切变化。其实，自我在最优体验中扮演着一个非常活跃的角色。因此，自我意识消失，并不代表自我随之消失，甚至意识依然存在，只不过它不再感觉到自我而已。实际的情形是：人们暂时忘我，不再一心一意地想着自己，这似乎是件很愉快的事，才有机会扩充对自我的概念。自我意识的消失可以带来自我超越，产生一种自我疆界向外扩展的感觉。

这种感觉并非幻想，而是与某种环境亲密接触的实质体验，这种互动关系使我们跟那些通常相当遥远的实体，产生极为难得的一体感。如外科医生所说，在艰难的手术中，他们觉得全体手术人员成为一个整体，为相同的目标而动作，在动作中个人隶属于团体演出，每个成员都分享到和谐与力量的快乐。

当一个人把全部精神能量都投入某种互动关系——不论对象是一个人、一艘船、一座山，还是一首音乐时，他都会进入比原来更大的行动体系。这套体系由活动的规则塑造成形，能量来自当事人的专注。此时，你就处于一种超越自我的状态。要达到这样的自我成长，互动关系就必须能带来乐趣，换言之，它必须能提供相当的行动机会，并且在技巧方面不断要求精进。在严格要求信心与效忠的体系下，也可能失去自我。

在心流中偶尔放弃自我意识，对建立更强大的自我意识，似乎有其必要性。道理很简单：在心流中，一个人面临做出最佳表现、须不断改善技巧的挑战，在这期间，他没有机会反省这么做对自我有什么意义——如果自我意识能随时恢复，这次体验就不可能太深刻。要等事后，一切活动都告一段落时，自我意识逐渐复苏，而这时的自我已经和经历心流前的自我不一样了：新技巧和新成就使它变得更丰富。

八、时间感发生变化

描述最优体验时，经常提到的一点就是对时间的感觉跟平时不一样。当人们进入状态时，有时几个钟头就好像只有几分钟；绝大多数的人觉得时间过得比较快，时间不知不觉就过去了。但有时正好相反，如当我在做平板支撑时，就感觉时间过得非常慢，1 分钟好像延伸成好几分钟那么长。

总体来说有两种感觉：一种是觉得时间过得好快，什么事都很快就过去了。好比有时在半夜 11 点钟却会感觉：啊！晚 8 点过了好像才几分钟。但是另一种是当做平板支撑等困难动作时，时间变得似乎比实际长很多。最保险的说法应该是，当心流发生时，对时间的感觉与传统的时钟记录的时间是不太一样的。

当然也有例外，有一位知名的外科心脏手术专家不但热爱自己的工作，而且有一种惊人的能力，能在手术进行中估计当时的实际时间，误差不超过半分钟，从不需要看表。对他而言，时间的控制是工作中最大的挑战：因为他只负责手术的一个非常小却绝顶重要的部分，而且经常同时进行好几个手术，从一个患者身边赶到另一个患者身边，他必须确保其他同事的进展不至于因他而受到耽搁。赛跑选手就是很好的例子，为了充分适应比赛的要求，他们对一分一秒的流逝都非常敏感。这时控制时间也成为一种提升体验乐趣不可或缺的技巧。

“心流”是指快乐幸福自然的流溢，这是一种行动，也是一种心情，这样的心情就是幸福很重要的一个标志，“做一件事情时不特别难，也不特别让我们觉得困倦、厌烦，某种程度上是最佳匹配，从而让我们忘掉时间的存在，是物我两忘、醉心其中的状态”。研究发现，心流事件越多，人越容易找到幸福的感受，心流经历越丰富，人越容易培养幸福的心情。

反思：你需要在以上的心流构成要素中提升哪方面的能力来增加心流体验？

第三节 如何在日常生活中寻找心流

我们要寻找属于自己的心流。能否体验心流状态，跟做什么样的事情有关吗？其实，想要在日常生活、工作中体验到这种幸福的终极状态，远比我们想象得简单，以下是关于如何增加心流体验的建议，你可以选择其中的一些方法去试一下。

虽然许多人有充裕的闲暇时间，可以从事多种休闲活动，但他们并没有因此而经常体验到心流。潜力不见得都能实现，质与量也无法互换。以今天最普遍的休闲活动——看电视为例，它几乎不可能产生心流。实际上，工作时全神贯注，挑战与技巧完全配合，且有掌控与满足感，体验心流的机会是看电视的4倍。

这个时代最讽刺的一个矛盾就是，大量的闲暇并不能转换为乐趣。与以前的人相比，虽然享受人生的机会多了，但事实上人们一点儿也不比老祖宗生活得更快乐。仅有机会还不够，还需要善用机会的技巧与能力。人们必须知道如何控制意识，但大多数人都不懂得如何培养这种技巧。置身于五花八门的休闲设施中，大多数人仍然觉得生活很无聊，甚至还有一种说不出的挫败感。

这个事实向人们揭示了最优体验的条件之一：一个人要有控制意识达到心流的能力。有些人不论到哪里，都能自得其乐；有些人即使美景当前，仍感到枯燥乏味。因此，除了外在条件（亦即心流活动本身的构造），人们也应该把促成心流的内在状况列入考虑范围之内。

一、控制注意力

若想在日常生活中增加心流体验的频率并延长心流体验的时间，就需要全身心地投入所做的事情中。不论是写信打电话、玩棋盘游戏，还是打一场球，都要寻找能够发挥你的技能、展现出你的专业水平的事情来做，其中的秘密就在于注意力。美国心理学之父威廉·詹姆斯曾说过："我的经历就是我想要关注的事情。"这个想法具有非凡的意义。你所关注的事情就是你的经历，这就是你的生活。但一个人能够投入的注意力只有那么多，因此，如何集中注意力、在什么地方投入注意力就成了关键。若要感受心流体验，就必须把全部注意力都集中到当前正在做的事情上来。当你做某件事时，一定要全神贯注、一心一意，不要分散注意力去想其他事情。

保持心流状态的同时，也需要控制你的注意力。如果事情的挑战难度过小，你就会觉得无聊，容易失去兴趣，导致精力不集中。反过来，如果挑战难度过大，你就会觉得紧张、有压力，会将注意力转移到自己的不足之处，导致你缺乏自信。因此，你的目标就是将注意力集中在你正在做的事情上，并且应时刻将注意力放在你所关注的事情上。虽然这样做非常困难，但是从长远来看，它有助于你掌控自己的人生、主宰自己的生活。因此，增加并保持心流体验同样需要付出巨大的努力，并发挥你的创造力。

当然，想要在生活中要时时刻刻控制你的注意力，这很难办到。新的研究表明“注意力不集中”，也是一种对健康至关重要的状态。在注意力不集中的情况下，人们的大脑大部分时间处于所谓“默认模式网络”，这种状态是发散思维和创新的必要条件。

二、对自己提出挑战——接受新事物

若想拥有心流体验，就需要不断地拓展思维，突破身体的极限迎接挑战，不断进行新的尝试，追求更困难、更有价值的目标。因此，找到挑战的合适难度对于找到心流的感受而言是至关重要的。总是选择太容易的任务——那些闭着眼睛都能够完成的事情——不会产生进入心流的状态的机会。但是不选择超越技能水平的任务也同样重要，因为无论你多么努力也是不能够完成这些任务的。找到正确的平衡可能要花一些时间，但是一旦找到了你就会进入心流状态。假设你是一家杂货店的库存管理员，你的工作就是把商品一排排地在货架上摆放好，并且对库存状况做出说明。但是你也可以更进一步，在挑战自我的时候，不要把数小时都用于在货架上摆放商品，而是可以考虑一下战略促销的问题。比如说可以把那些卖得最好的商品紧挨在一起摆放，或者放在同一条通道边。这可能超越了你的工作要求，但却是一种很刺激的挑战，不仅能够让你继续从事这项工作，同时还会让老板对你打破陈规的经营理念刮目相看。

其实，对自己提出挑战的同时也就是要勇于尝试接受新事物，要有活到老学到老的精神。当一个小孩子开始学习新东西时（行走、跳跃、玩拼图游戏、认单词等），或者刚开始去了解事物内在的运作规律时，他们的表情通常都非常专注。小孩子做事很容易投入，心流体验对他们来说是一件非常自然的事情，而成年人要想拥有心流体验则需要付出一定的努力。

三、排除干扰

要想进入心流状态，必须要排除干扰，对抗阻止那些影响人们进入心流状态的混乱因素。如智能手机方便了沟通，却也占用了人们更多的时间；淘宝网购物节省了时间，却也带来了盲目购物的烦恼；微信给人们带来大量的信息，也带来了网络诈骗。有太多因素会分散人们的注意力，让人们无所适从，耗费了时间，忘记了重要的事情。不要以工作繁忙为理由（电子邮件、短信、处理文件等），要处理重要的事情。安排出回复电子邮件和电话的时间。像对待其他事情一样，安排你的心流时间。如果你能关掉电子设备，对抗的过程就会变得容易许多，而心流的一个关键先导因素是从紧张与压力中解脱出来，断开与科技和各种设备的连接，真正让自己放松下来。在这种情况下，人们会改变大脑的运行方式，改变神经化学状态，改变思维方式，只有这时候才能进入心流状态。所以，要科学合理地使用电子设备。远离干扰，转移注意力和精力，让自己进入心流状态。另外，还要确保你的工作环境井井有条，而不是杂乱无章的。比如说你的办公台，要布置得简单大方，既方便工作，又令人赏心悦目。学会抓重点、抓要点、合理安排时间才能确保心流状态。

四、选择你喜欢的工作内容

如果人们都能成为专业运动员或电影明星就好了，那么人们就总是能够做自己喜爱的工作了，但是现实却是这样的：人们经常不得不接受自己不一定喜欢的工作，因为需要这笔钱，或者在喜欢的那个行业里就业存在困难。

人们经常已经找到了一份自己喜欢的工作，但是工作的部分内容却并不是那么令人喜欢，然而又不得不很好地完成这些任务才行。如果你有选择自己工作内容的灵活性，那么你是很幸运的，应该感谢你的好运。如果你对自己的工作并不是100%的满意，那么你就要尽最大努力来选择项目或者集中注意一些工作内容，以便这些项目和工作内容对你是有意义的，能够给你带来最大限度的满意。你可能在一家大公司的营销部工作，日常职责就是负责广告宣传，但是这可能恰好并不是你喜欢做的事情。你真正想做的事情是帮助公司进行市场分析和获取赞助机会，拉赞助也是由你所在的部门来办理的，只不过是由部门内不同的人来操作的而已。你也许可以跟你的老板谈谈，用为赞助活动做广告的理由，主动提出在平常帮助做一些新的赞助项目。这是一种曲线的方法，能够帮助你在真正喜欢的领域得到一个项目。利用这个机会去努力工作，并使自己出类拔萃。

提升你的技能，以赢得挑战，是使你的工作变得有意义的一种方法。想象一下，随着年岁的增长，你应对挑战的水平始终一成不变，那么生活将是多么乏味！有一些社会科学家相信，人的天性之中存在某种东西，促使人们通过学习新事物、发明新事物和提升技能，来不断地寻求个人的发展。无论是在工作中还是玩耍中，如果人们都有能力获得美好的经历，那会给人们带来意义非凡的、持久的幸福快乐。

五、做自己喜欢的事情

强烈的心流体验，通常产生于人们内心正在做的事情上。因此，工作会让人们产生心流——为社会服务，为家人辛劳，都是可能让人们产生心流体验的重要原因。只要投入到自己热爱的事业中，并且坚持做下去，一定会得到心流的体验。比如说喜欢探险的人，明知道无尽的沙漠里危机四伏，野生动物出没，粮食和水源匮乏，但是因为有值得探险的地方，他们还是义无反顾地走进沙漠；喜欢运动的人，是不会坐在家里看无聊的肥皂剧，他们会找出时间和朋友一起打球、登山，享受运动、拥抱大自然，从而获取愉悦的感受。锻炼身体也经常会让人们进入心流状态中，为什么有人会不间断地跑步，直到大汗淋漓？因为他们要获得运动后的畅快。运动使人们产生了心流体验，让人们沉浸其中，享受那种过瘾的感觉。而当注意力关注于周围的亲人、朋友身上时，也经常会让人们体验到心流状态。比如说每天和在国外留学的孩子通话，互相询问各自的生活是否安好，互相鼓励谋划好下一步的计划，互相去体验一下对方的生活境遇，关心与爱护，同样能获得心流。同样，一部有意义的电影、一篇有影响的报道、一部经典名著、一个令人深思的讲座，都能唤醒人体内的感觉并进入心流状态。即使在人们沉思、冥想、做瑜伽的时候，人们也很容易进入这种心流状态。

六、享受心流的障碍

把日常体验转变成心流并非易事，绝大多数人都有提升自己这方面的能力，但有些人好像天生不能体会心流。如精神分裂症患者就很难有心流体会，因为精神分裂症患者会不由自主地注意到所有不相干的刺激，接收所有资讯。然而不幸的是，他们并没有控制任何事物进出意识的能力，有时甚至无法控制自己的思想，最终迷失了方向。

无法集中精神，每件事都分不出轻重，就使这些人享受不到丁点儿乐趣。有些人天生集中精神能量的能力就比较差。在学龄儿童的学习障碍中，有多种障碍被重新归类到“注意力失调”下，因为它们都具有无法控制注意力的特征。虽然注意力失调很可能跟化学平衡有关，但童年的体验感受也可能使它减轻或恶化。值得注意的是，注意力失调不仅妨碍学习，也使心流体验不易产生。控制不了精神能量的人，既无法专心学习，也找不到真正的乐趣。

过分的自我意识是一种不太严重的心流障碍。一个人若时时都在担心别人对自己的看法，害怕给人留下不好的印象，或做出不妥当的事情，就注定与乐趣绝缘。过于以自我为中心的人也一样，这种人通常并不是自觉，而是对所有信息的判断只以它是否有助于实现自己的愿望为标准。对于这种人，任何事情本身都毫无价值可言。一朵花除非能够利用，否则就不值得去看第二眼；一个人除非能带来什么好处，否则也不必在意。因而，意识完全围绕着自己的目标打转，与目标不符的一切都不容许存在。

虽然自觉性强的人在很多方面都跟以自我为中心的人不同，但这两种人都因对精神能量欠缺控制，很难进入心流状态。他们的注意力太僵化，无法投注到活动本身；自我吸纳了太多的精神能量，不受羁绊的注意力又严格受到自我需求的引导。在这种情形下，要对事物本身的目标发生兴趣，并沉浸在活动的互动效应中，不求其他报酬，实在很困难。

注意力失调或注意力太狭隘而缺乏弹性，这两种状况都使人无法控制自己的注意力，妨碍心流的产生。

其实，真正的幸福，就是当你全心全意投入一件事，把自己置之度外的时候，获得的副产品。你直接追求的并不是幸福，而是把自己变得更复杂——在这个变复杂的过程中，你会找到乐趣，这个状态就是幸福的。心流其实是一种生活方式，而且是最高级的生活方式。你要通过锻炼控制自己的意识，去获得真正的幸福。因此，幸福其实离我们并不遥远，因为心流就在我们的生活中；所谓“极致的幸福状态”其实就是身、心、灵完美交融的快乐体验，是当下以及未来的益处在这种状态下的合二为一。心流体验所带来的是高层次的幸福，既是现在的快乐，也是未来的成果。我们做事的时候并不在乎能不能给自己带来多大的利益，而是专注于这件事本身，并从中获得乐趣。

心流是快乐的源泉，是幸福的过程，是每一个人都应该多多体验的，也应该经常去练习的。要通过一系列方法，去获得持久的幸福。在笔者看来，这个态度是真正的以人为本！心流带给人们的，不仅有幸福感，还有更高价值的东西。愿每个人，都能在生活中体验到无穷无尽的“心流”，并找到属于自己的幸福。你想幸福吗？请追求心流。

第四节　迪香式微笑

一、爱笑的人更幸福

大学毕业纪念册也是研究积极心理学的金矿，摄影师会让你“看着镜头、微笑”，于是你尽可能地展示出最好的微笑，结果发现应他人要求而微笑，说起来容易做起来难，有些人可以笑得很灿烂，有些人只是礼貌性地动一下嘴角。微笑有两种：一种叫作“迪香式微笑”（Duchenne Smile，也被译成杜乡），另一种叫非迪香式微笑，也就是礼貌性微笑。迪香式微笑这一命名是用来纪念发现它的法国医生迪香（Guilaume Duchenne）的。1860 年，他第一个尝试对人类的微笑表情进行科学研究。通过采用电流刺激实验对象的面部肌肉收缩来激活某种情绪和情感，并通过摄影记录下每种情绪和情感对应的面部肌肉活动。他发现，这种微笑是发自内心的真实微笑，这种真实微笑不光是微笑肌（附在口腔和颧骨上）受到刺激，使得人们的嘴角被拉起，而牵动这些地方的肌肉非常难以用意志加以控制，它也会激活眼睛周围的小肌肉，导致眼睛周围出现皱纹（俗称鱼尾纹），这是种愉悦的纯净笑容，极具感染力和亲和力，这就是迪香式微笑；而礼貌性微笑（职业性的笑容），这种微笑不是发自内心的，没有迪香式微笑的特点，往往只有面颊提升嘴角的笑，却没有眼角的微笑。因此，中国有句俗话形容这样的笑是“皮笑肉不笑”，而用科学心理学的表述应该是“皮笑眼不笑”。

当代著名心理学家保罗·艾克曼（Paul Ekman）也是在一个世纪之后的研究中发现，迪香的结论是准确无误的：真实的微笑是不可能刻意地模仿出来的！微笑是发自内心深处的，从一个人的脸上荡漾开来。微笑的人面部表情极为丰富。如果你细细观察，微笑者眼睛的周围会有微微的褶皱，不经意间展现出像鱼尾纹一样的皱纹，但这并不妨碍微笑的甜美。如果没有这些变化，那就是礼节性的微笑。嘴角的微笑可以控制，可以假装展示出来，而眼角的微笑是模仿不了的。为了表示对这位法国科学家的尊敬，艾克曼建议以后将所有带有眼角皱纹的真心微笑统称为“迪香式微笑”。

另外，心理学家也测试过，钱包丢失后找回的概率和微笑的关系——如果把有迪香式微笑的全家福的照片放在钱包里，那么钱包被找回来的可能性就会是87%；如果是放了全家福的照片，但不是以迪香式微笑上镜的，钱包被找回来的可能性是73%；如果钱包中没有任何照片，那么钱包被找回来的可能性只有51%。

微笑让人善良，让人道德，让人幸福，幸福与道德是紧密相连的。因此，每天要多一些真心的微笑，而不要不苟言笑。微笑有意义，开怀大笑也有意义，当家庭有争议的时候莫名其妙地笑一笑，大家都很开心，很轻松，能够解除当时尴尬的局面，有利于和谐婚姻关系。开怀大笑可缓解紧张感与压力，并通过减少压力荷尔蒙以及增加免疫细胞和抗体的活性，从而增强免疫系统并提高免疫细胞与抗体活性，降低压力荷尔蒙皮质醇分泌。

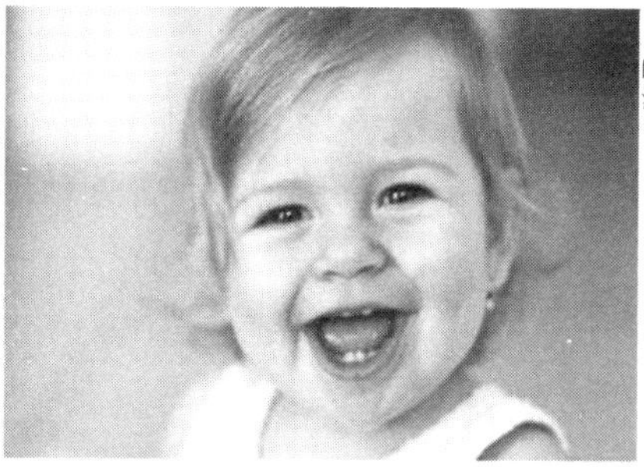

迪香式微笑

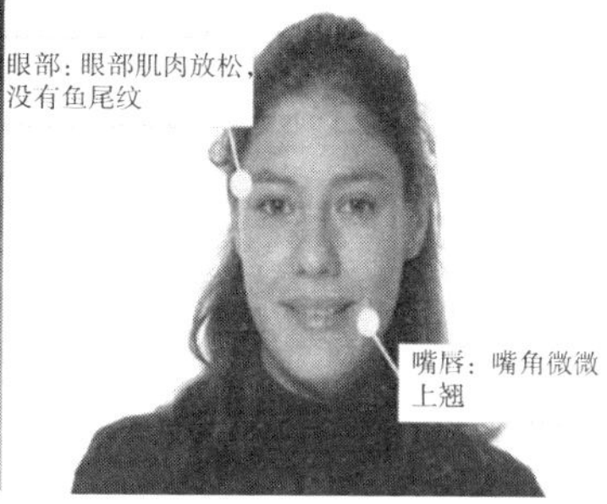

非迪香式微笑（礼貌性微笑）

二、真心微笑能够预测婚姻幸福

有经验的、受过训练的心理学家可以很快区分出迪香式微笑和非迪香式微笑。2001年，美国加州大学伯克利分校心理学系的达契尔·卡特纳教授（Dacher Keltner）和学生李安妮·哈克（LeeAnne Harker）分析了位于伯克利附近奥克兰市的密尔斯女子学院（Mill College）1960届毕业的141名女生的毕业手册，分析了她们在1958年到1960年所照的照片。除3张没笑外，所有女生都在笑。但只有50名女同学流露的是迪香式微笑，61名女生展露的是非迪香式的礼节性微笑。

研究者分别在这些女生27岁、43岁以及52岁时访问她们，询问她们的婚姻状况及对生命的满意程度等。当哈克和卡特纳接手这个研究时，他们很怀疑能否从毕业照中预测出这些人的婚姻生活。结果他们惊讶地发现，那些以迪香式微笑上镜的女学生，一般来说更可能结婚，最后离婚的人数比例却很低，并能长期维持婚姻在以后的30年中也过得比较如意，自我评价的幸福指数较高。原来，人的幸福与否竟然能从微笑的鱼尾纹中预测出来。

美国迪堡大学心理系教授马修·赫滕斯坦（Matthew Hertenstein）等也收集了306名心理系校友和349名其他系的校友年鉴照片。由2名受过训练的实验人员（经过训练以后两人打分接近，误差较小）对每一张照片里人物的眼角肌和颧骨肌活动的强度打分，再将两块肌肉活动强度的得分相加作为笑容的程度。

科研人员又通过邮件跟踪这些人的家庭生活状况，主要是婚姻状况。他们将照片里的笑容程度比对后发现，“笑容程度与幅度”在某种意义上能够预测日后的婚姻状况。照片里笑得越开心、越灿烂的人，婚姻越幸福，离婚的可能性越小；笑容越少的人，婚姻幸福水平相对越低，离婚的可能性越高；而且男性和女性的趋势走向是一样的。

也有人质疑这种观点，比如说哈克和卡特纳曾怀疑他们所得到的结论，思考是否拥有迪香式微笑的人本来就比较靓丽，是她们美丽的容颜而不是微笑的真诚预测了她们未来生活的幸福度。因此，这两位研究者又回头去做美貌的评估，结果发现，美貌与婚姻是否美满、生命是否完美无关，一个真诚微笑的女人就会拥有美满的婚姻、幸福的生活。

三、笑得最灿烂的棒球选手比笑得最少的棒球选手平均多活7年

美国密歇根州的韦恩州立大学的欧内斯特·阿贝尔（Ernest Abel）和迈克尔·克鲁格（Michael Kruger）收集了来自1952年的美国职业棒球大联盟选手注册时拍的登记照片，挑出230张目光注视相机的照片，并放大两倍。然后邀请其他人对打乱顺序的230张照片按照嘴周围的肌肉、颧骨肌、眼角周围的肌肉、眼轮匝肌等活动情况打分。结果发现，截止到2009年6月1日，照片里笑容越灿烂的球员，寿命越长；笑容最灿烂的一组球员比最不会笑的一组球员的平均寿命要长7年！

不过，对于职业球员而言，影响寿命的因素有很多，所以，研究人员排除了一些可能的因素，如出生年份、身体质量指数（Body Mass Index，BMI）、职业生涯长度、婚姻状况、所上的大学等，得到的结果仍然是“笑容程度效应”非常显著，也就是说，确实可以通过“笑容程度”来预测寿命。

会不会是因为这些人的笑容比较有吸引力，所以他们得分更高，人生也更顺利呢？为了排除照片中面孔吸引力的影响，实验人员又进行了后续研究。他们重新评定了照片的吸引力得分，但结果发现，吸引力得分并不能预测寿命。

四、为什么会这样呢?

心理学家认为，经常性的笑容反映个体某种稳定的人格特质和潜在的情绪状态。具有这些积极心理特质的人可能会主动寻找与自己特质相适应的环境或人；而有积极情绪基因的人可能会找到有利于愉快婚姻的环境，甚至是找到本来就具有积极情绪的伴侣。积极快乐时出现真实的微笑——迪香式微笑，幸福是可以看出来的，幸福也是可以练出来的，培养迪香式微笑的习惯，可以有积极主动的心态，而且有幸福美满的生活，让周围的人，让自己的家人，善良、积极、主动。

另外，笑容也会传递信息，能够传达幸福、友善、快乐的信息。笑容展示了一个人丰富的内心经历。通常照片中爱笑的人，现实生活中可能更爱笑，而笑容里传达的友好信息有助于维护稳定的亲密关系。还有，美好的情绪是可以传染的。看到照片里的人在笑，看到的人也会不知不觉地展露出笑的表情。那么，经常看伴侣笑的照片，不知不觉地也跟着笑，和伴侣的关系自然会得到提高。

经常有人问积极心理学家：幸福真的那么重要吗？大量的心理学研究已经表明，幸福的人身体更健康、更长寿。平均而言，快乐的人比不快乐的人要多活 7 年。这 7 年增寿意味着什么？不妨拿吸烟来进行比较，一般而言，吸烟的平均危害是减寿 2. 5 年。如果一个烟民每天不停地吸烟，从 17 岁开始吸烟到 71 岁死亡，那么香烟对他的寿命伤害甚至可以达到 6. 5 年。由此可见，幸福对人体健康的影响，其实要超过吸烟对人体健康的影响。

那就让我们的生活充满“迪香式的微笑”：

对大自然微笑，能让我们心旷神怡。

对陌生人微笑，能重塑中国礼仪之邦的美誉。

对朋友微笑，能送去温暖和友谊。

更要对我们的亲人微笑，他们是我们生命的价值和意义。

关键还要对自己微笑，能让我们心中充满感恩、幸福和爱意!!!

练习 1

A. 列出 3~4 项重要的任务，并专注于它们。

____

B. 想出 3 项你考虑过但又没有接受的挑战。

____

C. 想想你的技能是什么？如何有挑战性地利用这些技能？

____

练习 2

1. 每天和家人计划 5 分钟的开怀大笑时间。与家人一起读笑话，看搞笑视频，享受一起大笑带来的快乐和健康。

2. 实在无法开怀大笑就从礼貌性微笑开始，礼貌性微笑往往会逐渐变成真笑。

3. 去做一件让别人开心的事情，往往能让自己也感受到快乐。

第三篇 追求幸福的方法

幸福对于每个人都有很强的感染力，每个人对幸福的定义不同，获得幸福的途径自然也就有千万条。

——泰勒·本·沙哈尔

幸福感50%由基因决定，只有10%与生活环境相关，人们却可以改变40%，所以幸福不是政府给的，幸福可以由自己创造。如何创造呢？积极心理学发现，至少有10种方法可以永久地提高人们的幸福感。

第七章 投入积极情绪

生活给了我们消极情绪，创造积极情绪是我们自己的事。用你的真心、细心和创造力创建你自己的积极情绪。如果你种下积极情绪的种子，你就会收获欣欣向荣。

——芭芭拉·弗雷德里克森

在日常生活中，人们不可避免地受到各种情绪的影响，开朗、活泼、抑郁、焦虑、紧张等情感会伴随着我们的日常生活。人有七情六欲，多多少少都会受到不同情绪的干扰和控制。例如，晚上入睡困难，第二天脑袋昏昏沉沉，提不起精神，出现烦躁的心理；遇到知心朋友，开怀畅饮，有他乡遇故知的感觉，总是让人欣喜；工作不顺心，业绩没有按时完成，心情低落，会有紧张焦虑的感觉，总是觉得技不如人，抑或老天不公，没有得到垂青；家庭负担很重，马上就要还房贷了，却被告知被裁员了，简直怒火冲天。

人们的情绪千变万化，有的人多愁善感，有的人喜怒不形于色，大千世界，林林总总，有好的一面，也有不好的一面。可是有的时候人们总是放大消极情绪，而不愿意面向美好的未来，一叶障目、不见森林。这样的情绪影响之下，往往会使人处于颓势，失去向上的动力。生活怎么能这样下去?

我们都知道消极情绪，它声势浩大地逼近，很容易察觉。消极情绪渗透进你的思维和你的判断。它流动在你与家人、同事的交流中，破坏你们之间的友好关系。更糟糕的是，泛滥的消极情绪，如愤怒、懊恼和抑郁还会损害你的健康。你能感到熊熊怒火在侵蚀你的胃，让你的血压升高，让你肩部和颈部的肌肉变僵硬，甚至你的脸都硬邦邦地紧绷着，这可能也是其他人都尽可能绕开你的原因。此外，你整天都戴着有色眼镜度日，处处挑剔和找碴儿。你看不到任何出路，一切都如预料中的一样痛苦。消极情绪来得又快又强烈，你就像被一柄大铁锤猛然击中，而且对于它，我们都没有抵抗力。

那么，积极情绪又如何呢？与消极情绪相比，积极情绪显得苍白无力。积极情绪看起来是那么的弱小，以至我们有时都注意不到它。

但是，假如积极情绪至关重要呢？而且，积极情绪到底是什么？

第一节 积极情绪的概念

积极情绪（Positive Emotion）可以定义为正面的情绪或者具有正面向上价值的情绪。英文“Positive”就是积极、正面、正向的意思。很多的学者都尝试着给出积极情绪的定义。罗素（Russel）对积极情绪的定义是当你感觉一切进展顺利、心想事成的时候，有会心一笑的感觉。芭芭拉·弗雷德里克森认为在个人从事有意义的活动而取得成功或者突破时所产生的瞬间的、美好的感觉就是一种积极情绪，它是即时产生的、短暂的、愉快的心理感受。孟昭兰认为，当个体的某种需求得到满足的时候，伴随这种经历而产生的快乐的感觉，给人以动力，促使人们向更高、更好的方向发展，产生强烈的向上的动力，这种情绪就是积极情绪。情绪的认知理论则认为，“积极情绪就是在目标实现过程中取得进步或得到他人积极评价时所产生的感受。”由此可见，积极情绪就是经历了内在、外在的刺激，正确地解决了问题，达到某种成功与满意度，满足了个体的需求，感觉到个体的存在价值伴有随之而来的愉悦的心情与感受。积极情绪总是带给人们满满的正能量。

积极情绪并不是消极接受、坦然享受、乐不思蜀的感觉。这些只是浅薄的感受，即时地享乐。积极情绪拓展到更深的层面——从欣赏到热爱。它并不是简单的迷恋，而是一种真心喜欢、经过努力而获得的一种欢愉、欣喜。芭芭拉·弗雷德里克森用了很多美好的词汇来描述积极情绪，比如说希望、向往、愉悦、喜乐、沉静、乐趣、爱好、欣喜、自豪、满足、激励、向上、奋进、欣赏、佩服、热爱、投入。这些词汇的内涵和外延都很广泛。它包括诱发积极情绪的乐观态度以及由此带来的开放的思想、柔和的性情、放松的肢体和平静的面容。它甚至还包括积极情绪对个性、人际关系、社区团体和周遭环境的长期影响。“积极情绪”这个词，指向了重要的人性瞬间。那些轻微而短暂的愉悦状态，其实要比你想象的强大得多。我们现在知道，它们通过帮助你创造最佳的生活状态，改变着你的身心。对于人类来说，无论多么擅长消极情绪，但仍然具备实施积极情绪的能力。尽管轻微，它也同样能走进人的内心，伴随着人的情绪变化和行动反应、人的心跳和呼吸等物理和化学变化、人的面部表情、肌肉的紧张度、人的人际交往、社会资源和关系、人脉。

作为人类，生来就能够体验到微弱短促却愉悦舒畅的积极情绪。它有着不同的形态和滋味。回想一下，当感到与他人或与所爱的人心灵相通时；当感到有趣、有创意或忍俊不禁时；当感到自己的灵魂被蕴含在生命中的纯粹的美所打动时；或者当因一个新颖的主意或爱好而感到活力无限、兴致勃勃时，你都会不由自主地产生爱、喜悦、感激、宁静、兴趣和激励这样的积极情绪，它们会打开你的心扉。

然而，无论是迷恋、欢笑还是爱，你由衷的积极情绪总是无法持续很长的时间。良好的感觉来了又去，就如同好天气一样，这是人类的本性。积极情绪会逐渐消退，如果它长盛不衰，人们会很难适应变化，无法觉察到好消息和坏消息之间的差异，或是邀请与冒犯之间的差异。

如果你想重塑生活，让它变得更美好，秘诀就是不要把积极情绪抓得太紧，也不要抗拒它稍纵即逝的本性，而是将它更多地植入生活——久而久之，你就会提高积极情绪的分量。笔者发现，在这一秘诀中最重要的是积极率，这是用来描述积极情绪与消极情绪的数量关系的一种方法。如果用正规的语言来描述，积极率就是：在任意一段时间内，用积极情绪的出现频率除以相同时间段内消极情绪的出现频率。用数学公式来描述，这个系数就是 P/N。积极率至关重要，因为它可以预示生活轨迹将把你带向衰落失败还是充满活力。而临界点是当积极率超过某一个临界点，人们的生活质量差异会有质的变化。这个临界点为 3∶1，当积极率与消极率的比例超过 3∶1 时，人们会生活得更好。人们会表现出更高的开放性，乐于接受新事物，乐于交朋友，在事业上也更成功，且拥有更健康的体魄。而对于那些处于 2∶1 甚至 1∶1 的人来说，会经常郁郁不乐，表现出抑郁症的征兆，且容易形成恶性循环。郁郁不乐的人更加沮丧，而拥有开放心态的人因为更成功而变得更积极。

那么，我们为什么需要积极情绪呢？积极情绪有哪些功能呢？

第二节　积极情绪让生活变得更美好

积极情绪——无论它是以喜悦、宁静，或是你积极情绪调色板上的任何其他颜色描绘，都实实在在地为你提供了一种新的人生观。人类奔向积极情绪的需要就如同植物的向光性。积极情绪对于人类的成长都是必不可少的。

积极情绪意味着开放心态。积极情绪开启我们，让我们敞开心灵和头脑，使我们更善于接受和更富有创造性。人们的情绪状态与人生观之间具有明确的因果联系，积极情绪越多，思维就越开阔。积极情绪所激发和扩展的心理定向，是以不同的方式、在更长的时间尺度上对人类产生重要影响的。积极情绪能实实在在地扩展人们的视野，让人们看到的比通常的多。随着积极情绪扩展人们视觉上的注意力，能让人们想出更多更好的主意。更重要的是，积极情绪和开放心态相互依赖、相互促进，为人们创造一个积极向上的良性环境。积极情绪改变人们对自己和他人之间关系的看法，用“我们”取代“我”，并且积极情绪带来的同一性感受，会激发我们去对他人做正确的事。

积极情绪让人们变得更好。通过开放人们的心灵和思想，积极情绪使人们能够发现和建构新的技能、新的关系、新的知识和新的生存方式。

每个人的成长轨迹都不一样，每个人都会面临着低谷与困难期。这个时期消极情绪也会不期而遇、悄悄到来。一不留意，挫败感袭来，负面情绪蔓延开来，恶性循环，消耗着人们的身体和心智，消耗着生命。这是因为消极情绪（甚至中性情绪）让人们畏缩不前。消极情绪（甚至中性情绪）限制了人们对世界的体验。因此，它们也限制了人们关于世界的知识。困难是客观存在的，是不以人的意志为转移的。以积极的态度去对待困难，就会更加容易地解决问题。知难而上，方显英雄本色。当困难摆在面前，看不见的手在往下拉扯人们的时候，不要消极、不要放弃，要积极地去面对，解决困难。积极情绪引导人们去探索，以意想不到的方式让人们与世界混为一体。人们每做一件事，就会学到一些东西。这些知识上的收获可能在今天还没有显露出来，但它们在将来会有用，甚至在某些情况下，它们可能就是人们的救星。在积极情绪状态下，保持昂扬的斗志、探索新鲜事物的好奇心、创设美好的情境、融入奥妙无穷的大自然，坦途定会出现。但芭芭拉·弗雷德里克森指出，积极情绪并不只是具有一般的活动激活倾向，同时也与特定的行动倾向相联系，如愉悦产生动力、产生破除束缚和变革的愿望；兴趣产生求知欲、掌握新的技术和手段，并在这个过程中促进自我发展的愿望；满意产生保持现有的生活习惯和把这些习惯与环境、自我的个体以及社会的新观点融为一体的愿望；自豪产生想与他人分享成功和求得在将来取得更大成就的愿望；爱产生想再次与所爱的人常伴长随、探究生命的愿望。

从认知的角度来看，积极情绪拓展了人们的视野。芭芭拉·弗雷德里克森提出的积极情绪扩展和建设理论（the broaden-and-build theory of positive emotions）认为积极情绪，如希望、向往、愉悦、喜乐、沉静、乐趣、爱好、欣喜、自豪、满足、激励、向上、奋进、欣赏、佩服、热爱、投入等功能无限拓展瞬间思维活动序列。消极情绪，如沮丧、紧张、焦虑、抑制、消沉、低落等功能一般会缩小个体的瞬间思维活动序列，缩小个体的认知范围，导致个体在特定的环境下做出有限度的反应，从而限定了个体身体能量应对特定的环境挑战。相反，积极情绪却能在这种条件下帮助个体冲破束缚与限制，发挥最大的主观能动性，产生创造力，突破传统思维，打破意识瓶颈，扩大视野范围，增加认知活动能力与灵活性，更新旧观念，拓展个人发展空间。

芭芭拉·弗雷德里克森等人设计了一个实验，让大学生观看引发愉悦、满足、中性、生气和紧张状态的影片，然后对观看不同情绪影片后的同学们注意范围和思维活动序列进行了测量。研究发现，相对于中性状态，愉悦、满足等积极情绪扩展了注意范围和思维活动序列；相对于中性状态，生气、紧张等消极情绪缩小了思维活动序列。在成人与儿童的实验室任务和应用情境任务中，研究都表明积极情绪能促使人的认知功能，比如说记忆、思维、想象、提取、推理、判断，使个体在解决问题时更加全面、系统、有针对性地进行批判性思辨。

艾森（Isen）等研究发现，积极情绪与中性状态相比较，个体表现出更高的创新能力，问题解决的效率更高，决策更全面。积极情绪之所以能够促进个体的创新能力、解决问题的能力和制定决策的速度，主要是因为积极情绪对于认知活动有三方面的影响，一是积极情绪为认知加工提供了额外的可利用的信息，增加了更多的可用于相互关联的认知成分；二是积极情绪扩大了注意的范围，导致更综合的认知背景，增加了相关问题的认知要素的深度和广度；三是积极情绪增加了认知灵活性，增加了认知联结的多样性。即在积极情绪状态下，个体的思维更敏捷、更快捷，能够产生出更有效的解决问题的方法和策略。

积极情绪有助于个人资源的建设。芭芭拉·弗雷德里克森的积极情绪扩展和建设理论也认为积极情绪能够建设个体的资源，包括身体资源（如身体技能、健康）、智力资源（知识、心理理论、执行控制）、人际资源（友谊、社会支持网络）和心理资源（心理恢复力、乐观、创造性）。这些资源既包括个体内的资源，如增强心理和生理恢复力，也包括个体间的资源，如增强社会联系，有利于积极主动地参加活动。积极情绪能够建设个体的心理资源，为个体适应社会、融入社会做好准备，创造有利的条件，增强社会的生存适应度。除此之外，以积极情绪应对社会事件，为个体争取更加广泛的社会资源创造了条件，为密切社会联系创造了条件。从个体发展的角度来看，积极情绪对个体的健康成长也是非常重要的。在积极情绪的状态下，成长期的个体会产生更多的求知欲与探究的欲望，增长适应社会与环境的本领，促进个体的成长与融入社会的机会。

众多的心理学研究表明，积极情绪不但能够提高人们的认知水平与解决问题的能力，而且还能够促进人与人之间的协商、合作、沟通与交流。积极情绪不但能够加强人与人之间的交际活动，创造和谐友善的气氛，同时还能够提高个体认知的广度与深度，有助于问题的谈判与解决。积极情绪较强的感染力，促使人们互相帮助、和谐共处，密切人际往来，加强人际交往，拓展人力资源，有助于个体的成长和社会的进步，实现个体与集体双赢的局面。

积极情绪与消极情绪的交互出现，此消彼长，积极情绪能够抑制消极情绪的增长。消极情绪发生时产生的一个显著改变是生成特定的行动倾向，而另一个显著改变是会导致个体各种相关的生理唤醒处于一种高水平的激活状态，使有机体动员生理能量应对特定环境的挑战，这样就会使有机体的体内生理活动水平暂时处于一种不平衡状态。消极情绪所造成的体内生理活动的不平衡状态的恢复就需要积极情绪过程的参与，因为积极情绪能够产生一种积极向好的物质，就是导致一种由下丘脑释放出来的内啡肽。它是一种情绪性物质，在积极状态下它对于修复人们的细胞，扭转人们的消极思维会产生神奇的效果。积极情绪能够消除和平衡消极情绪导致的各种心血管活动的激活状态，使其恢复到正常的基线水平。随着对积极情绪的研究进一步地深入，人们越来越惊叹它的奥妙与神奇，这也让人意识到生命的局限性和解决人类自身心理问题的可行性。

芭芭拉·弗雷德里克森及其同事的研究证实了一点，他们首先采用增加压力任务（告诉被试者用一分钟的时间准备一个演讲，一分钟后演出并由同伴进行评价），引发被试者的焦虑情绪，引起被试者的心率改变和血压升高等生理反应。接着随机地让被试者观看四个影片片段，两个影片片段引发积极情绪（欢乐和满足），一个是中性刺激，作为控制条件，另一个影片片段引发悲伤情绪。然后测量从看影片开始被试者的心血管活动恢复到准备演讲任务时的基线水平的时间。结果发现，观看两个引发积极情绪（欢乐和满足）影片的被试者心血管活动恢复到基线水平的速度明显快于观看中性影片控制条件下的被试者，观看引发悲伤情绪影片的被试者心血管活动水平恢复得最慢。同时，实验也发现，在观看悲伤的影片时保持自然心态与笑容的被试者比在观看影片时表情紧张的被试者，在影片结束后心血管活动水平恢复得更快。

积极情绪使思维活动序列恢复到正常的水平，能够缓解消极情绪造成的紧张。尽管这方面没有直接的研究数据支持，但研究表明主观报告积极情绪水平高的个体表现出更灵活多样、更具建设性的方法与策略，表现出更抽象的、更持续的思维水平。研究也表明，参加幽默干预活动的被试组与控制组被试比较，报告呈现出显著低的焦虑和抑郁。

积极情绪对于群体效能的推动作用。积极情绪不仅直接影响到每个个体，促使他们做出改变，而且对整个群体来说也是起到至关重要的作用。积极情绪极具影响力和感召力，当你焕发出积极情绪，奋发向上，你不仅仅是改变了个人的行为，而且也影响到了群体中的其他的人。积极情绪从你自己的身上迁移到周围其他人的身上，从而在心灵上、思想上、身体上都发生了质的改变。由此可以看出，积极情绪在社会环境中具有极强的感染性和传递性。这对于营造积极的群体氛围是必不可少的，因为积极情绪能够唤醒群体成员积极进取的意识，增加群体的战斗力，加强群体的整合，最大限度地完成绩效目标。与员工工作绩效相关的积极情绪，不仅会产生包括高层次的积极情绪，如愉悦、奋进，也会产生包括较低层次的积极情绪，如欣赏、满足等，这样积极情绪就在周围不断激起良性循环。文献资料表明积极情绪会带来高级管理层的满意与认可，增加职务晋升和薪水提高的机会，从而赢得更多的合作伙伴，得到来自管理层的支持。文献资料也表明，群体成员最初展现出来的积极情绪能够预测后续工作的成功度。商学院的研究报告表明，展现出更高积极情绪的学生，对于相关管理情境的决策更果断、更直接、更有效。由此可见，积极情绪能够拓展群体中员工的认知度、提高工作效率、增强创新意识、提高公司绩效。

积极情绪会在群体中创造出一种和谐向上的氛围，增加团体的凝聚力，形成有效的互动与沟通机制，完善人际关系，形成完整的公司文化。积极情绪的表达，可以通过模仿、表情反馈引起与其互动的群体成员产生积极的情绪。群体内的领导者的积极情绪尤其具有感染性，群体内的领头人的积极情绪能够被周围的人所感知，因而具有更大的影响力与感染性，起到示范的作用。另外，文献资料也表明，激活积极情绪能够促进个体与人为善的行为，超市里售货员的微笑服务等积极情绪能够促进消费者的购买行为，这不仅是因为感染了顾客，同时售货员在销售服务过程中的积极情绪拓展了他们的认知灵活性、创造性和移情的水平，提高了他们的工作水平、解决问题的能力，从而提升整个公司的形象与服务质量。

第三节　积极情绪与心理健康

积极情绪的产生与幸福感的提高是成正比例的。积极情绪拓展了心理活动空间，拓展了个体的瞬间思维活动序列，而心理活动空间的扩展增加了个体对于后来有意义事件的接受度，进而增加了体验积极情绪的机会和可能性。积极情绪体验不仅促进了挑战的应对，缓解了消极情绪，而且积极情绪的反复体验，增加了个体的心理承受能力，提高了人与人交往和社会生活的质量，极大地促进了个体的主观幸福感。大量的有关压力与应对的研究资料表明，积极情绪促进了以问题为中心的应对策略的运用，而以问题为中心的应对策略能够促进压力的有效解决，进一步提高积极情绪的水平，促进主观幸福感。用“情绪体验取样法”进行的研究也表明，在日常生活中报告的积极情绪或心境高于消极情绪或心境的个体具有更高的心理弹性，更有活力，生活得更幸福。

在生活中体验到更多积极情绪的人们能够在心理上迅速成长，他们变得更加乐观、更加坚韧、更加开放、更容易接受、更有实现目标的决心。当然，拥有这些良好的素质可以带来积极的感受，积极情绪也能够在所有人身上建构这些良好的素质。

积极情绪的表达能够促进心理健康。许多研究也表明，情绪表达对健康有显著的促进功能，特别是把积极情绪的内容写下来时，如运用积极情绪词汇记录比较温和的压力和创伤，有利于个体面对创伤和压力，使个体感受到更多的积极气氛和更少的抑郁心境。人类倾向于消极。人们对愤怒、悲伤、痛苦和失望等负面情绪的关注远远超过对喜悦、感激和满足之类的美好感觉的关注。神经可塑性是大脑根据人们生活环境而变化和发展的能力。更令人着迷的是，如果思想是重复的，人们的大脑将连接以前没有被刺激的突触，以将这些思想与其他行为联系起来，并将其转变为习惯。例如，你讨厌在咖啡店工作，却不得不在咖啡店工作，随着时间的流逝，会发现自己讨厌咖啡的味道。实际上，你的大脑已经为你做了决定，既然你在被咖啡的气味包围时不断感到不安，那么咖啡本身必定是问题所在。在这种情况下，因咖啡的气味而发光的神经元将与你在沮丧时发光的神经元连接。从那时起，咖啡的气味会抑制你的正面情绪。

我们的大脑告诉我们：当我们悲伤、痛苦或情绪低落时，这是因为我们自身的选择。消极情绪会让人上瘾，尽管积极情绪会更好。我们花很少的时间去欣赏自己的快乐和幸福。我们倾向于相信积极思考和快乐不是一种习惯，而是一种值得庆祝的特殊情况。同样，痛苦也是我们已经训练自己能够感受到的东西。但是，我们对它的沉迷，以及对其他所有事物的沉迷，都可以被克服。

积极情绪让身体更健康。积极情绪能够改变你的生活，积极情绪改变着人们并帮助人们成为最好的自己。积极情绪在疾病预防和治疗中有着重要的作用，对健康的意义重大。处于最佳状态时，人的寿命更长，活得更强。请看这样一个真实的例子：

亚当的生命奇迹

亚当是一个来自旧金山的36岁的男同性恋。他在20世纪80年代后期感染上了艾滋病病毒，他六年以来的伴侣格伦也是，虽然格伦的病毒很早就发展成了艾滋病，亚当却度过了许多毫无症状的岁月。亚当较好的健康状况所带来的一个好处是，他能够在格伦的身体衰弱时，担负起照顾他的责任。1990年4月的一个周末，亚当在阅读报纸时，发现了一个小广告，关于寻找艾滋病毒呈阳性同时照料已被确诊为艾滋病的同性伴侣的男性。看见科学家们居然想要研究像他这样的人，他感到既惊讶又高兴，所以他拨通了那个属于加州大学旧金山分校的电话号码，进一步了解情况。

这项研究包括体检和大量的访谈。一位访谈者在好几年的时间里，每隔两周就到亚当和格伦的家里来一次，初期的访谈相当令人沮丧，他们侧重于询问、了解照料过程中的各种压力，这些压力是什么以及它们给他带来了什么样的感受。当然，那些压力是这个过程中必不可少的一部分，但亚当很奇怪为什么研究者所关心的全部问题只是这些。在第二次访谈以后，亚当问，为什么研究小组从来不问他生活中那些好的方面，那些他所做的令他和格伦的日子更快乐的事情。到下一次的访谈时，亚当高兴地发现，研究小组听取了他的意见。显然，他不是唯一一个对访谈如此消极而产生抱怨的人，其他参与研究的受访者也希望把重点放在积极的方面，因此研究小组重新调整了他们的访谈。

一年后，格伦的病情迅速恶化，很快就过世了。即使在格伦死后，亚当仍继续接受访谈。第二年，感染艾滋病毒的亚当已经表现出艾滋病的症状。他的医生告诉他，他可能只有六个月可以活了，最多也不会超过一年。亚当拒绝生活在这个死亡判决的阴影中。相反，他采取了自己在格伦健康恶化时的做法，相信每一天都是一个恩赐，每一天都有一些值得庆祝的事情：街角商店里飘出的花香，一位老朋友的善良举动，在疾病中仍然能保持独立生活。关注每天当中积极的方面，亚当存活的日子一天天地累积了起来。三年过去了，亚当仍然独立地生活着。五年后，他和他亲密的朋友们都不能不将他持续的健康归功于他积极的生活态度。最终，艾滋病夺走了他的生命，但这是在医生做出他只有不到一年可活的预测的九年以后。

另外一个案例，在研究积极情绪和乐观领域中，比较有趣也是影响比较深的实验，就是针对修女的实验。其结论是积极情绪真的能使人快乐生活和长寿。并且，情绪不是过去人们认为的那样，毫无办法控制和解决，而是也可以通过某种激励培养出积极的因素来的。

1932 年，美国科学家对一群修女做了长达 70 年的跟踪调查。当年共有 178 位修女完成受训，她们的年龄大约为 22 岁，这些即将开始传教的修女，受到方方面面的测试，其中之一就是要求她们写自己的短小日记。

1995 年的某一天，心理学家才打开这些资料，对此进行研究，想弄明白有几个修女活到了今天、活了多久、活得怎么样。科学家通过对她们的日记分析，考察她们的文化和智力水平，发现长寿和生命质量与文化和智力水平一点关系都没有。再通过调查，看她们的居住环境，比如污染程度、卫生条件、文明程度等，发现寿命与这些也无关。又研究她们的虔诚程度、信仰程度，发现这对长寿也没什么影响。

只有一样东西与她们的寿命有联系，那就是积极情绪。积极情绪不但影响她们的寿命，而且对生命质量的影响更大。研究人员并不认识这些修女，所以这是个完全双重匿名的研究。

最后，研究人员根据在日记里积极和消极词汇出现的频率，把修女按照快乐程度，分成了四类：最积极的、最不积极的，中间还有两类。然后他们比较最积极的与最不积极的那类，也得出了一些结论。

调查数据显示，她们当中85岁还健康活着的，最积极的那类有90%，而最不积极的那类只有34%，两个数据相差很大。这并不是说消极者就不会活到85岁乃至120岁，也不能说明积极者就不会30岁死于心脏病。但平均来说，在这个长寿研究中，最能解释两组差异的因素，就是积极情绪，总体的积极性。

又过了9年，2004年在她们94岁的时候，再次跟踪。最积极的那类中，有54%的修女还活着，而最不积极的那类只有11%的修女活着。并且，在那些长寿的修女中，她们的人生也比那些消极者要精彩得多，生命质量也高得多。

打开她们的日记，就会看出问题的一些端倪。

这是Cecilia O'Payne写的："上帝为我的人生开了一个好头，他恩赐我生命以无尽的价值。过去一年，我在圣母学院受训，这一年我过得很快乐，现在我热切期待接过圣母的圣衣，接受主无上的爱。"

这是一个积极的人，她活在喜乐与爱中，并对未来充满热切的希望。

修女Marguerite Donnelly写道："我生于1909年9月26日，家里最大的孩子，五个女孩，两个男孩。我在女修道会受训一年，教化学，第二年在圣母学院教拉丁文，蒙主恩赐，我会尽力完成使命，传道，修道。"

这是一位属于最不积极的那类。并不是说她有多么的消极，但她并没有关注于积极情绪，没有快乐，非常写实，没有积极者那么积极，也没有那么乐观。

由此可见。积极情绪确实预示着更长的寿命，所有研究的结果都是一致的：比别人体验到更多积极情绪的人活得更久，有时甚至可以长到10年之久。正如人们的祖先因生存而需要积极情绪一样，人们今天也出于同样的原因而需要它。

积极情绪可以直接运用到心理和身体的康复治疗之中。大量的研究文献表明疾病的预防与治愈率都会受到人们的心理影响，越积极乐观，治愈的机会就越大。

积极情绪有利于身体（疾病）恢复。研究表明，乐观和希望对于健康非常重要，肿瘤手术的康复过程中，保持积极的心理状态有助于身体的康复。

心脏移植手术和其他疾病之后也发现乐观者比悲观者恢复得更快。在对失去配偶的人的研究中发现，能发现生活意义、有积极情绪的人更能战胜以后的困难，生活的时间更长。还有一些对幸存者的研究也表明，积极情绪在促进康复中的作用。比如，团体心理治疗项目就显示了社会和积极的情感支持，对患有乳腺癌的女性有多种效果：降低焦虑和抑郁、延长存活时间和降低复发率。此外，在疾病治疗当中，众所周知的一个现象是当主要的病症消失之后，并不意味着完全的康复，疾病的复发率很高。有些人针对这一现象进行了一个“健康治疗”研究，主要是增加参与者对日常生活积极方面的认识。两年的治疗表明，参加治疗的人比接受正常医学治疗的人表现出了更低的复发率，这从另一方面也说明了积极情绪也是一种认知现象，因而可以从认知改变的方向去影响健康。

积极情绪不仅对身体的康复起作用，同时对疾病的预防也有很大的效果。文献资料表明，积极情绪对预防和减少心脑血管疾病具有重要的作用。乐观的、焦虑少的成人比悲观的、焦虑的成人表现出更低的不稳定血压（ambulatory blood pressure）和更多的积极心境（positive mood）。一个成长在和谐家庭中的青少年，到了中年以后，相关的心脏病、高血压、高血脂都远远低于平均值。大量的医学研究也显示了积极情绪对于疾病的预防能力，坚强、乐观、自信和冷静地对待疾病，可以通过大脑对丘脑、胸腺的调节，影响体内植物神经和内分泌的功能，增加细胞免疫、体液免疫和体内其他功能，从而增强体内抵抗疾病的能力。人们还注意到积极情绪可以预防诸如恶性肿瘤等相关疾病，提高相关病例的治愈率。积极情绪也作用于心脏病的患者，带给他们美好的情境与未来，改变生活习惯，享受生活，乐观自信，降低心脏病的发病率，保持身心健康。

人的身心健康离不开积极心理学的正面作用。积极情绪所带来的幸福、愉悦的感觉，以及人们在开朗时候的幽默笑话，都有助于人体免疫力的提高。许多例子表明，幸福的人那种满足感，愉悦状态能大大增强人体免疫力。与消极倦怠的人相比，处于幸福状态的人们免疫系统运作非常良好，为人类的健康提供了有力的保障。

人们对笑和幽默情怀加以研究，得出的结论是笑能增加人的积极情绪和增加免疫系统功能的改善，更重要的是，这种免疫系统功能的改善是通过积极情绪的主观体验来调节的，尤其对于老人的作用更为明显。这表明通过笑这种行为产生的积极情绪能促进健康。与笑相联系的幽默更多地被视为一种认知结构，人们常用幽默来应对生活中的压力。经常使用幽默来应对压力的人，更容易有积极心境。而且，在应对压力时，经常使用幽默的人增加了唾液——免疫球蛋白 A（salivary immunoglobulin A，S-IgA）水平，是呼吸系统疾病的第一道防线。实验表明，自我报告的积极情绪预示着 S-IgA 水平的提高，因而增强了免疫功能。这些结果表示能获得和维持积极情绪的人面对生活压力时，可以通过笑、幽默来改善免疫系统功能，促进健康。经研究发现，具有积极情绪体验的、幸福的人的身体机能状况明显好于那些不具有积极情绪体验的、不幸福的人，幸福的人在 65 岁以后的寿命时间几乎是不幸福的人的 2 倍。

总之，积极的情绪，能够增强身体的免疫力，提高机体抗病能力；积极情绪能够使人们心情愉快、乐观豁达或心平气和。因此，日常生活中要注重培养积极情绪，促进生理健康。

第四节 培养积极情绪的方法

积极情绪是可以培养的。《幸福之源》的作者、国际权威心理学家斯特凡·克莱因对关于精神作用方面的研究表明，积极情绪不会是无偿的，美好的感觉不是命运——人们可以也必须为之努力。

脑科学研究的许多新观点令人惊奇地证实了古代人的智慧，特别是东方文化的智慧。比如说，佛教心理学、神经科学都一致认为，大脑的生物化学变化，是产生行为、情绪和认知方面变化的物质基础；反过来，精神的变化也可以导致大脑的物质基础的变化。外界心理刺激可以改变大脑的物质基础，这一结论意味着，如果总是给人好的心理刺激，大脑的物质组织就会朝好的方向发展。因此，人的积极情绪体验能力的获得与其他心理能力的获得一样，是在遗传素质的基础上，通过后天的环境、教育的影响形成的。

教授有目的地重复某些经验，让学生不断反复记忆来摧毁贪婪、忌妒和巨大恐惧等消极影响，逐渐将灵魂从消极情绪中解放出来。良好的习惯能塑造灵魂，人们的注意力不应该首先着眼改变环境，而应着眼于改变自己。试着想象美好的事情，不断学习、不断练习，这样就更能接近幸福，更能捕捉到积极情绪。

那么，如何增加人们由衷的积极情绪呢？这里介绍几种方法，每种方法都能让你离幸福越来越近。

一、保持开放性

积极情绪能够自然而然地打开人们的思维，就如同花朵随着阳光绽放一样。这种规律的优越之处就在于，积极情绪和开放性相辅相成、相互触发并彼此强化。这种双向联系意味着，为了提高积极情绪，人们可以使用的另一个杠杆是保持开放性。保持开放，然后积极情绪就会随之而来。

芭芭拉提出“觉知力”的概念，觉知力就是让你关注此时此刻的状态或想法，并保持开放性。当人们遇到一个烦心的问题，如考试失利的时候，会有沮丧的情绪，而觉知力就是让人们关注此时的状态，如可以问自己：“哪些地方做得不好？下次要怎么做?”或做欣赏式探询：哪些地方做得不错，至少哪些知识点掌握的还可以等。让人们面向未来，保持开放的心态。

如果不断地练习觉知力，人们就会感受到积极情绪的良性循环，这时，积极情绪就会充满了人们的全身——敬畏、感激、快乐以及深入而持久的宁静。一波又一波的积极情绪，让人们对更多的学习和练习保持开放。

觉知力为人们应对日常生活中的挑战提供了一种巧妙的手段，觉知力训练教会人们带着积极情绪来做一些自发的和自动的事情，它教人们开启自己的思维。当人们练习觉知力时，并不是直接培养积极情绪，而是径直朝开放性走去。然而，由于开放性和积极情绪是交融的——相互触发和放大——人们新培养出的开放性为积极情绪敞开了大门，创造了良性循环的契机。

人们已经一次又一次地获取过开放性和觉知性。拥有积极情绪是人们与生俱来的权利，人们从祖先那里继承了它。根据大自然的设计，积极情绪开启思维。大自然确保人们从生活中体验到觉知意识的滋味，体验到把人们放上成长性轨道并建构人们的资源的开放性。人们每一次体验到由衷的积极情绪的时候，都自动地且不费吹灰之力地得到了那些扩展和建构的时刻，并且，如果人们希望得到更多的扩展和建构的时刻，可以通过保持开放来实现。通过这样做，人们有意识地打开了自己的思路。这是一种巧妙的方式，能让人们达到积极情绪自发产生的开放性思维空间。在这里，要感谢人类情绪系统的结构，一旦刻意地培养了开放性，积极情绪就会自动地随之而来，同时还带着它的随从——扩展和建构。

作为对于这些想法的支持，一个研究随机地把被试分组，一组进行觉知力冥想练习（目标群组），另一组不进行练习。在目标群组学会冥想的之前和之后，两组都参与了实验室测试。除了测试之外，他们还带上了一个将 27 个感受器分布在头皮上的帽子，用以监测他们的大脑活动。在训练环节刚刚完成和完成四个月之后的两个时间里，目标群组都表现出了左侧大脑的激活，这是一个与更强的积极情绪反复联系的模式。另一项研究发现，与冥想初学者相比，高水平冥想者在更多的积极情绪之外，还报告了更多的自我意识和接受性。这进一步证明，开放性和积极情绪是齐头并进的。从这些研究中得到的数据表明，通过觉知力冥想练习培养开放性，确实能够提高积极情绪。

因此，开放性推动积极情绪，而且冥想是提高开放性的一个巧妙的方法，但它并不是唯一的方法。另一条途径是减少某些倾向于制约和拆分体验的思维习惯。最近，科学家指出，人们都面临着一种“快乐悖论”，也就是说，当人们对一个积极的体验想得太多的时候，实际上削减了这个体验，并降低了从中获得的积极情绪。人们在完全没有意识到一个信息可能是积极情绪杀手的情况下，就热切地要求得到信息。因此，对美好的解释反而清除了它。这里的一个教训是，人们都很清楚地知道积极情绪带来众多的好处，但是人们不能简单地强求自己保持积极。人们不能强制自己的情绪，但最好是顺其自然，对美好保持开放，无论它是怎么来的。

消极情绪是一个封闭的环，一旦进去就像进入了“传销组织”一样，陷入死循环。而积极情绪让人们保持开放性，接受错误，接受别人的帮助，接受新观点和想法，而不是分析，让自己迅速进步，这样人们的积极情绪就会绽放。

二、发现和创造积极的社会生活环境，让积极情绪体验无处不在

积极情绪的产生与周围的环境密不可分。环境为情绪的产生提供了有利的土壤。来自生活环境中的多方面刺激——心里的、身体的、内部的、外在的、个体的、群体的、个人经历、兴趣爱好、环境刺激、外部事件的发生都会影响到人的情绪。

高尔基曾经这样描述过，优雅的环境会带给人一种心旷神怡的感觉，良好的环境氛围可以催人努力向上。这些都说明良好的生活环境可以让人放松心情，轻装上阵。在这样的情绪状态下进行的一切活动才会更加有激情、有效率。Jazaieri 和 Gross（2013）提出的情境选择、情境调整策略强调人的主观能动性，表明人们有能力自己去选择体验情绪的情境。人们要学会去发现积极的社会生活环境。现代的社会发展变化很快，要学会适应，跟上形势。人工智能的出现，智能手机，网上购物，省钱蛙下单定菜，外卖快递等等各种新的生活方式的出现，使得生活更加便利。要跟上时代的节奏，唱响生活。

农家乐、自驾游、出国游等节目的呈现，让人们有了前所未有的体验。情绪不好的时候可以分散自己的注意力，学会放松，去追寻幸福，去体验快乐。人们居住的环境越来越漂亮，小区建设越来越赏心悦目，生活在这个时代让人们无时无刻都会感觉到自豪和骄傲。通信设施的完善，5G 网络的出现，数字化时代，VR 智能，让人们的视野越来越开阔。人们更加关注人类命运共同体，携手共发展。

马特·凯勒（Matt Keller）的研究表明，感受幸福，构建积极情绪的方法并不复杂。春光明媚的大自然天然氧吧，秋日里硕果累累的田野，夏天河流里的嬉戏，冬日的寒梅傲雪，都会带给人类灵感，吸取大自然的能量，提高人的积极情绪。

根据马特的实验预测，心理学家随机抽查了有时间外出的被试者，然后测量他们的积极情绪和思维的扩展情况。得到的结果是在好天气里，在户外花了 20 分钟以上的人，表现出积极情绪的增长。这告诉我们，每一个在好天气里花时间外出的人，都表现出积极情绪的增长和更加开阔的思维。后来，在全年内进行的研究揭示，这些影响具有季节性，只在春季和初夏表现出来。当人们感到愤怒或者沮丧的时候，可能会难以思考，因为愤怒已经充斥了人们的大脑。这时，可以尝试换一个环境，走到室外散散步，院子的玫瑰开了，花瓣上的露珠在清晨的阳光下闪闪发亮，情绪会逐渐缓和，然后再去思考下一步行动。当人们改变了环境这一原本的系统，跳到系统外，大脑也会跟着人们转换情绪。

当人们沉浸在大自然中时，大自然的魅力不由自主地吸引人们的注意，大自然的广阔让人们的注意力不断扩展和丰富。这两点关于体验大自然的性质，很可能带来积极情绪和开放性，并让人们在大自然中具有愈合和恢复能力。因此，很多人在医院住院时，都喜欢住在通过病房的窗口能看见大自然郁郁葱葱的房间。类似的研究表明，人们可以通过把时间花在与大自然相联系的户外活动上，来把自己放到愈合的轨道上。简单来说，户外活动可以让人们看得更远，并拓展人们的思维，让人们对更多的事物感觉良好。

不言而喻，世界上的美随处可见，并不稀缺，稀缺的是探寻美好的心情。要融入大自然中，去探寻、去发现、去创造美好的事情。这样，你就会感觉到的确是生活在桃花源中。

人可以去创造积极的社会生活环境。人在适应社会的同时，更多的是在改造社会，生活、心情同样也需要我们去创造。按照自己的喜好装扮自己的生活空间，按照自己的价值观、人生观去选择自己要交心的人，自己要读的书，春暖花开的季节可以约上几个知己一起去踏青，高兴或不高兴时把自己的心情随时写进自己的博客或空间，让我们体验一吐为快的快感等。

三、改变身体的姿势

行为疗法理论认为行为能左右情绪。心理学家 Stepper 和 Strack 做了这样一个实验：被试人员是大学本科生，实验中，被试人员被告知是一个工效学的实验，研究各种身体姿态对完成某种任务的影响。每次实验有 6 个被试人员参加，实验情境分为两种：在一种情境下，被试被要求采纳一种所谓的“工效学姿势”，低头、耸肩、弯腰，给人一种垂头丧气的样子；在另一种情境下，被试采纳的姿态是腰背笔直、昂头挺胸，给人一种神采奕奕的印象。为了防止被试人员间情绪的相互影响，被试人员是隔离起来的，相互看不到。接下来，被试人员根据实验者的要求完成一项复杂的任务。任务完成之后，被试人员被告知他们出色地完成了任务，可以获得实验者的酬劳。在实验的最后阶段，被试人员要完成一个问卷，询问他们此时此刻的心境、是否为他们出色完成任务感到骄傲，等等。结果发现，在前一种情境下，体验到骄傲情感的被试人员的平均数是 3.25，而后一种情境下，体验到骄傲情感的被试人员的平均数是 5.58。实验结果说明，身体及其活动方式对情绪与情感的形成有着重要作用。

这是一个多年研究证实的奇妙现象，叫作“体现认知”。哈佛商学院教授艾米·卡迪在她经典的 TED 演讲中就这么建议：假装能做到，直到你真的能做到。意思就是摆出想要展现的自信体态，然后就会逐渐成为这样的自己。因此，如果你一起床，就发现精神不好，那请为自己选件令自己神采焕发的衣服，尽量昂首阔步，走出门假装精神很好，往往精神也就会跟着来了！

由此可见，当消极情绪来临的时候，不妨做一些让自己开心的动作。遇到了不好的事情，紧张、恐慌时，请先镇定，深呼吸，让自己坐正一点，挺起身子，抬起头来。想象自己是个大海星，像伸懒腰似的把四肢和身躯伸展开来，同时打个大哈欠。当你如此开始改变姿势时，短短的两分钟内，血液的睾固酮含量就会上升，给你更多控制感和力量。打哈欠也很奇妙地会让皮质醇下降，减轻压力。还比如强颜欢笑、学奥特曼变身、旋转跳跃等。你也可以监测自己的情绪，让你在下一季节保持开放的心态。给每一种积极情绪建立档案袋，比如把亲人的照片装进“爱”的档案袋里，把去旅行的时候拍的照片装进“喜悦”的档案袋里，并且时刻更新档案袋里的内容。监控消极情绪的苗头，一旦出现了不良消极情绪，请打开积极情绪档案袋。永远保持一朵花的姿态，让自己保持积极情绪，你的人生也会变得更好。

四、品味美好

一线希望式的积极情绪源自从坏事情中找到好的方面，源自将消极的事物转变为积极的事物。提高积极情绪的另一种策略是从好事情中寻找好的方面，将积极的事物变得更加积极，可以把这个称作锦上添花的积极情绪。

当有什么好事情将要发生在自己身上时，你会对自己说什么？当自己被好运气包围时，你在想什么？或者当某些美好的事物从自己后视镜的视野里退去时，你脑海中闪过的是什么？人们的反应各不相同。有些人让怀疑和猜忌带路，“这不会真的发生在我身上”。“这是不可能发生的”或者“我知道这不会持续太久”。这些人会以这样或那样的方式，不对它多加考虑。美好仿佛突然接近了他们，接着又同样迅速地消失了。然而，有些人找到了品味美好的方法。

无论是在未来、现在或是过去，他们以下面的这种方式来思考它，从而让它延伸、给它打气。在一些好事情发生以前，这些人可能会告诉自己，当……的时候就太美妙了。当这种事情发生的时候，他们可能会想，“我真想完全陶醉在其中”。然后，在这个事件过后，他们可能会在自己的想象中重演它，重温它带来的一切美好感觉。像这样品味生活的人们，就能从生活中汲取更多的积极情绪。

人们是否会自然而然地品味美好，往往是一个关于自尊心的问题，关于他们是否觉得自己“应当得到”好事情在自己身上发生的运气。尽管如此，品味是一种可以开发的心智习惯，品味的能力是人们可以建构的一种资源。除了简单地接受美好，人们还可以学会去品尝它、深深地欣赏它的每个方面。如果感觉品味还很新奇，就学习去做好它，随着在愉快事件的前中后期提取出更多由衷的美好，这可以加倍人们的积极情绪。品味只是意味着以这样一种方式来考虑好事情，也就是人们有意识地创造、强化并延长人们对它们由衷的享受。

品味美好需要慢慢地来，切不可急躁并有意识地去关注。比如说当你准备享受大餐的时候，如果你能够了解每一道菜的历史缘由、每一个工序的精心制作、每一个新鲜蔬菜的选择、每一种火候的掌握，你就会满怀期望地品味着美好，享受与家人分享的时光，匆匆向前的脚步慢了下来，人们调整情绪，放松心情，准备迎接下一步的工作。这种品味妙不可言。

不可否认的是，品味不是分析。那种不经意间的轻轻触摸，那种意犹未尽的感觉，一切都很真实，一切又都很梦幻。品味是一种个人体验，而不是统计学上的数据分析。不能把品味同生活撕裂开来。回想一下那些证明了过度分析会打击积极情绪的实验吧。

五、享受电话时间

品味也意味着改变你的情况。王强是一名大学生，他试着将品味加入他的生活当中。那是他大学的第一个学期，他最爱的人——他的家人和他的女朋友不再存在于他的日常生活中，而是存在于电话里。对王强来说，通电话从来没有变得这么重要过。但是他逐渐意识到，从青少年时开始他就养成了不太好的通电话习惯，他会边打电话边上网，或者在公共场合打电话。受到关于品味的科学工作的启发，王强怀疑自己身上缺了些什么。他与亲友的关系对他来说很重要，但他并没有同样重要地来对待他的电话。于是，他决定改变。每当他与女朋友或双亲中的任何一个人通电话时，他就会关掉电脑，并找到一间有舒服的椅子的私人房间。这样，王强就能够更注意他们对自己所说的话以及他们的感受，王强也更善于自由地和他们分享自己的经历。王强的积极情绪上升了，尤其是他对希望和爱的体验。通过改变自己与生活中重要的人通电话的情境，王强能够品味他与他们在一起的时刻了。他很惊讶，与亲人间的心意相通让他感觉非常好，他已经学会了如何珍惜。

品味不必是一种私人的活动。科学家已经证明，一个最简单的、加倍你从好运中获得积极情绪的方法，是养成与配偶、亲人或者亲密的朋友分享你的好消息的习惯。让他们参与到其中来，与你一起庆祝。例如，在家休息的日子里，和家人一起“品味过去”，把以往春节拍的家庭合影相册找出来，一起翻看照片，回忆每年除夕大家聚到一起贴对联、挂灯笼，一起包饺子、做年夜饭，年夜饭后一起看春节联欢晚会，一起发红包、抢红包，大年初一给老人拜年、给孩子发压岁钱，等等，这些画面历历在目，我们挑选出一些精美有意义的老照片用视频编辑软件做成小视频发给家庭每个人珍藏起来。通过看相册“回味过去”的美好时光，从而增加了亲人间的亲和力，彼此更加相爱，和家人更加亲近，并且开始用同理心去理解你的家人。

和他人分享你的快乐，你的积极情绪就会显著地增长，而且作为额外奖励——你的人际关系会盛放。你们变得更加亲密，并且更加愉快地交织在一起。这给了你更多理由去品味，品味可以带来更多的积极情绪，你就进入了良性循环的领域。所有这一切都只是来自对你的好消息的分享。

六、真诚地生活

阿尔卑斯山谷有一条汽车路，两旁景色极美，路上插着一个标语牌劝告游人说："慢慢走，欣赏啊！"许多人在这车如流水马如龙的世界过活，匆匆忙忙地急驰而过，无暇回首流连风景，于是这丰富华丽的世界便成了一个毫无生趣的囚牢。这是一件多么惋惜的事啊！朋友，"慢慢走，欣赏啊"！这一段文字，是著名美学家朱光潜先生《文艺心理学》缩写本《谈美》中的一段，朱光潜先生年轻的时候在英国和法国留学，当时他的生活陷入窘境。然而，心中充满着对美好未来的向往的他，还是长时间地待在图书馆里，大量阅读，勤奋写作，完成了一系列的著作。

以上这段话，告诉我们，要真正地从内心中感受到积极情绪，需要先慢下来，真诚地对待生活。当代生活的步伐毫不停歇，让我们不断地关注外界，远离了自己的内心。随着时间的推移，这种情况麻痹了我们的心。为了增加积极情绪，我们需要让自己足够地慢下来，带着一种真诚的态度用心去看、去听和去感受，而不仅仅是用眼睛、耳朵和思维。吸气，并充分吸收围绕在我们身边的美好，与那份美好建立联系，陶醉在其中，同时带着一种真诚的态度。这种减慢的速度解开了我们由衷的积极情绪。

这一点为什么重要呢？因为不能被感受到的积极情绪——没有在心中或身体内留下印记——是空洞的，它对人们没有好处。这正是积极心理学和一般的成功学的根本区别。实际上，它可能比没有好处更糟糕，它可能完全是有害的。就像假装的微笑与愤怒的冷笑一样，预示着心脏的崩溃。与积极情绪不相符的积极言辞，使身体在应激的荷尔蒙中浸洗。不真诚的积极情绪完全不是积极情绪，它是消极情绪的伪装。为了从真正的积极情绪中受益——无论是一个微笑、一次触摸或一个拥抱——人们都需要慢下来，并汲取那个姿势所代表的意味，让它成为由衷的。

在21世纪以前，科学家很少关注对由衷的积极情绪的提升。但现在，这种局面已经发生了翻天覆地的变化。自21世纪开始，塞利格曼教授建立"积极心理学"的新科学运动作为自己的使命。塞利格曼认为，心理学已经不知不觉地采用了一种病态模型，主要关注如何减轻人们的痛苦。事实上，塞利格曼把自己大部分的职业生涯，都贡献给了认识抑郁症和发展遏制它的干预措施。虽然这是一项有价值的事业，但是心理学对于降低消极情绪及其带来的害处的强烈关注，几乎把其他的一切都遮盖住了。塞利格曼指出，很少有珍贵的科学研究专门致力于发现如何唤起让人生更有价值的东西。

如果生命的可能性的范围为-10～+10，心理学在此之前在将人们从-8 移动到 0 的能力上，取得了卓越的进展。但是对于如何将人们从 0 往上提高到+6 或者+10，却知之甚少。塞利格曼请心理学家想象，如果他们将注意力延伸到减轻人们的痛苦以外，把培育人类的欣欣向荣、蓬勃向上包含进来，他们所能够做出的贡献将是怎样的，这个想法不胫而走。人们对此充满渴求，不管是科学家还是从业者。短短十几年的时间，积极心理学已经对于如何破解积极情绪发展出了丰富的信息。

为了让生活中积极情绪与消极情绪的比值尽量接近 3∶1，除了增加积极情绪，还有就是在提高积极情绪的同时降低消极情绪。记住，目标是降低消极情绪，而不是消除它。因为某些时候，适当的消极情绪也是有用的。比如被朋友背叛的时候，沮丧的情绪能让你远离那些品格有问题的朋友；或是对可能危害你或孩子的事物感到害怕。适当的消极情绪使你脚踏实地、真实而诚恳。但过多的消极情绪是无益的，比如与家人吵架的时候，你愤怒地摔门而去，留下厨房里破碎的瓷器碟子。消极情绪与积极情绪是在不同时间尺度上发挥作用。消极情绪能让你短时间内逃离危险，必要的消极情绪还能让你正视事实，并推动你前进。而积极情绪则为你铺好未来的道路，积极情绪也受到时间复利影响。越是有积极情绪的人，思维越开阔，而思维越开阔越能让他们找到解决方法，并且巩固他们的积极情绪，这是一个正循环。随着积极情绪的增加，对他人的信任度也增加，反之亦然。积极情绪打破了“你”和“我”的边界，使人们看到自己与朋友之间更多的交叠，且积极情绪越多，思维越开阔，事业也越成功。相反，每天战战兢兢的人，思维会越来越狭隘。

通过培养积极的行动和积极的思维，就会为生活种下更多的积极情绪。种下和收获的积极情绪越多，从而达到最佳情绪配比以持续改变人们的现状，人们的前景就变得越来越好，越来越幸福，最终收获欣欣向荣的生活。

你一定很想知道自己的积极率吧？我们可以通过好几种方法来测量它。如果你的积极率不理想，那你需要付出长期的努力和决心来改变它。改变积极率并不比减肥来得容易。

那么，你今天站在哪里？你是否符合积极情绪的标准？让我们来找到答案。现在做一做“积极情绪自我测验”，来检测你当前的积极率。

反思：你是如何来获得积极情绪的呢？

七、积极情绪自我测试

你在过去的24小时中感觉如何？回顾过去的一天，利用下面的量表，填写你体验到下列每一种情绪的最大量。

0=一点儿都没有；1=有一点儿；2=中等；3=很多；4=非常多。

1. 你所感觉到的逗趣、好玩或可笑的最大程度有多少？
2. 你所感觉到的生气、愤怒或懊恼的最大程度有多少？
3. 你所感觉到的羞愧、屈辱或丢脸的最大程度有多少？
4. 你所感觉到的敬佩、惊奇或叹为观止的最大程度有多少？
5. 你所感觉到的轻蔑、藐视或鄙夷的最大程度有多少？
6. 你所感觉到的反感、讨嫌或厌恶的最大程度有多少？
7. 你所感觉到的尴尬、难为情或羞愧的最大程度有多少？
8. 你所感觉到的感激、赞赏或感恩的最大程度有多少？
9. 你所感觉到的内疚、忏悔或应受谴责的最大程度有多少？
10. 你所感觉到的仇恨、不信任或怀疑的最大程度有多少？
11. 你所感觉到的希望、乐观或备受鼓舞的最大程度有多少？
12. 你所感觉到的激励、振奋或兴高采烈的最大程度有多少？
13. 你所感觉到的兴趣、吸引注意或好奇的最大程度有多少？
14. 你所感觉到的快乐、高兴或幸福的最大程度有多少？
15. 你所感觉到的爱、亲密感或信任的最大程度有多少？
16. 你所感觉到的自豪、自信或自我肯定的最大程度有多少？
17. 你所感觉到的悲伤、消沉或不幸的最大程度有多少？
18. 你所感觉到的恐惧、害怕或担心的最大程度有多少？
19. 你所感觉到的宁静、满足或平和的最大程度有多少？
20. 你所感觉到的压力、紧张或不堪重负的最大程度有多少？

八、计分

你会注意到，“积极情绪自我测试”在每个项目中都撒下了一张宽大的网。每个项目都包含了相互联系，却又不完全一样的三个词。通过这种方式，每个项目都描述了一组具有重要相似性的情绪，使这个简短的测试更加准确。

为了计算你在过去一天中的积极率，请遵循以下五个简单步骤：

（1）回顾并圈出反映积极情绪的 10 个项目，即那些包含下列词语的项目：逗趣、敬佩、感激、希望、激励、兴趣、快乐、爱、自豪和宁静。

（2）回顾并画出 10 个反映消极情绪的项目，即那些包含下列词语的项目：愤怒、羞愧、轻蔑、厌恶、尴尬、内疚、仇恨、悲伤、恐惧和压力。

（3）数一数圈出的积极情绪项目中，被你评定为 2 或以上的有多少。

（4）数一数画线的消极情绪项目中，被你评定为 1 或以上的有多少。

（5）将你的积极情绪得分除以你的消极情绪得分，算出你今天的积极率。如果你今天的消极情绪数量为 0，用 1 来代替它，以避免除数为零的问题。请记住，这个测试只提供了一个大概的参照。每个人的情绪都随着日子、小时、分钟变化着。还有一些科学家会告诉你说，你的情绪按毫秒而变化。鉴于你不断变化的情绪，任何测量你积极率的单一指标都只能描述出大概的状况。此外，当涉及情绪的时候，没有哪种测量工具是无懈可击的。无论科学家依靠的是调查问卷，还是复杂的生理指标，所有对于情绪的测量都含有一定程度的随机误差和偏差。你可以想象，这为情绪科学带来了一些困难。然而，面对这些障碍，科学家们并没有放弃努力，他们试着找到尽可能减少错误和平衡偏见的办法。为了提高测量的准确性，有一个解决办法，即重复测量。

练习 1

列出 5 项过去让你失望的时间或情形。

____

____

____

____

____

针对上面列出的 5 个项目，在每个项目中找到积极的一面。

____

____

____

____

____

练习 2

让自己成为一名情绪故事讲述者。用写日志的形式记录你愉快或感觉不好的时刻，或者和值得信任的朋友分享你的心情。故事讲述可能让你远离消极感受，把你和你生命中对你重要的人拉得更近。

第八章 坦然接受自己

接受自己。允许自己偶尔的失落和伤感，然后问自己，能做些什么来让自己感觉好一点儿。

——泰勒·本·沙哈尔

第一节 做真实的自己

现在的人们好像都具有多面性，人前人后表现出来的不一样。尤其是在外人面前大家总是谨小慎微，把自己认为较好的一面展现给别人，习惯戴着面具生活，没有人见识过自己真正的面目。所以，这样的人生活得很紧张，始终处于小心谨慎当中，因为必须时刻警惕别人撕破他们戴着的面具。他们将自己真实的个性隐藏在面具之下，将真实的一面永远埋葬，就像生活在化装舞会中。现代社会竞争压力大，很多人没有勇气来接受和面对自己是很正常的事，然而企图将自己的真实面目隐藏起来，以此来远离社会，却是对自己未来发展非常不利的。我们不禁要问问自己：真的需要这样伪装自己吗？

哈佛大学医学系的权威教授尼奥·霍尔曼就曾经给哈佛的学生讲过这样一个故事。

有一个五十多岁的男人找到著名整形专家麦教授，他要求麦教授为他取下脸上的面具。他告诉麦教授，这个面具是用特殊的仿真材料做成的，他已经戴着这个面具生活了三十多年，现在，他想还原自己的本来面目。最初，麦教授根本没发现他戴着面具，不过，当麦教授用手去触摸他面部的时候，就感到了一些异样。很轻微，一般人是察觉不到的。那张面具确切地说是一张面皮——在触感上有些粗糙，弹性不佳，感觉和因长时间放置而失去水分的面团一样。

这个男人坚持以Q代称自己，医院默许了这个特例。问题是，麦教授仔细地检查过，Q的面具已经和他的面部组织完全结合在一起了，很难将其进行分离。

据Q陈述，在戴上这个面具的最初，他也很不习惯。他只是白天出门的时候戴，晚上他就把面具小心翼翼地揭下来。开始，他也觉得很麻烦，后来，慢慢地，他习惯了，就再没有取下来，渐渐地忘记了面具的存在。

他来自异乡，没有人知道他戴着一张面具，面具对他帮助很大。他温文尔雅，喜怒不形于色，因此，人们无法透过他的面部表情看到他的内心。他的脸上始终是一种温和的微笑，像春天的太阳。人们只是偶尔有些惊讶，他的修养太好了。他很少和人发生争执，即使有，也是心平气和的。从他脸上，感觉不到一丝伪装的痕迹。事实上，这种长期的自我熏陶，确实磨平了他性格中仅有的一点棱角。

他的仕途是一帆风顺的。在往上爬的过程中，他当然没有少受气，没有少看上司的脸色。偶尔，内心虽产生了激烈的反抗，觉得自己太窝囊了，忍不住想要爆发，但最后他都压制住了。他的面具遮掩了他的内心，没有人看出他的身上存在着这样强烈的对立。

除了他自己，没有人知道他戴着面具，包括他的妻子。在她面前，他偶尔会有脾气。他发脾气的时候，仍然是一副笑脸相迎的样子。妻子叫他笑面虎，他笑纳了这个称谓。他觉得对自己来说，这个绰号还是贴切的。

他已经习惯了这张面具的存在，仿佛那是他与生俱来的。只是偶尔，在他的内心里，他也隐隐为自己戴上面具的生活感到一点儿悲哀，但是，想到自己的成功和得到的实惠，他的内心也就平衡了。

查阅了大量资料后，麦教授最后确定了最佳手术方案。为慎重起见，麦教授还请来了他的同行——声誉卓著的洪教授来担任他的助手。手术非常精细，12个小时之后，那张面具被完整地剥离出来了，手术比预期的还要成功。

半个月后，Q脸上的纱布被取掉了，麦教授用他臂部上的皮肤对他的面部进行了植皮。新的皮肤长势良好。但是，让人想不到的是，Q的面部神经因为年久废用，已经完全失活。

从医学上来说，神经的损伤是不可逆的。麦教授无论用什么办法都不能让他恢复。非常遗憾，Q先生又要戴上他的面具生活了。

在当今的文化中，我们每天都在扮演成功者或者失败者的角色。现在让我们回到婴儿期，那时的我们，饿了会哭，困了会闹，我们知道那是自然的，因为我们准许自己为人。当我们还是天真无邪的孩子时，如果哪一天不小心摔了一跤，摔伤了膝盖，我们肯定会流泪大哭；当我们收到了一份渴望已久的礼物，我们会兴奋地尖叫并且大声地告诉周围的好朋友。在孩子时代，我们大可不必隐藏自己的情绪，开心就大声地笑，痛苦就放声地哭。事实上根本不去思考，自然而然地经历起起落落。然而，当我们从稚气的孩童蜕变为成年人时，当我们停止准许自己为人时，就学会了戴着面具来面对这个世界，学会了伪装自己的兴趣，又或者学会控制自己的感觉。当表象变得很重要时，当我们开始发觉其他人在看我们时，时刻评价我们时，那时我们停止准许自己为人。为此我们付出了代价，包括我们的精力水平、幸福感、快乐感、创造力，最终以成就大小作为代价。

虽然戴上这些面具能让我们不去直面别人的责难，但是这样做就丢了真实的自己。每天戴着面具生活，不仅会使我们失去原有的快乐和幸福，也会让我们变得越来越虚伪和做作。最后，当我们再也无法忍受这些改变的时候，却已追悔莫及。因此，我们一定要丢掉生活中的那些面具，这样才能获得真正的快乐和幸福。

如果想要获得真正的幸福和快乐，记得，一定要丢掉那些面具，让自己活得真实、活得有味道。

反思：你是如何看待自己，又是如何接纳自己的？

第二节 正确审视自己

如果我们看过玫瑰花的话，总会觉得那些玫瑰花看上去好像都是一样的，对吧？可事实却不是这样，如果仔细分辨，我们就会发现，虽然这些花在颜色和品种上都一样，但是它们之间仍然存在细微的差别，如生长速度、花瓣的卷曲程度、颜色的鲜艳程度，等等，几乎每一朵花都存在细微的不同。

自然界到处都充满了多样性，而人类自身更是千差万别。原英国科学促进协会主席、古人类学专家亚瑟·凯斯爵士曾说过：“没有任何人曾经或即将与另一个人度过完全相同的人生旅程……每个人的人生经历都将是独一无二的。”

不错，每个人的人生经历都是独一无二的，即使人们的本质都是由相同的材料组合而成的。

要想获得成熟的智慧，就必须认识并理解这个事实，这是一座引导我们和同胞之间进行沟通的桥梁。在尊重对方是个“个体”，就好比我们知道自己是个“个体”之前，我们无法与对方沟通，或与对方建立起任何有意义的联系。

这话听起来似乎很容易，但要真正做到却非常困难。我们创造出来的一套特殊的用语，就反映出我们不喜欢把一个人当成个体来看待，而是愿意将他纳入我们认为他应该归属的阶层，例如在统计栏或调查问卷中，就有“普通人”“中下阶层”“普通消费者”“低收入群体”“白领阶层”“蓝领阶层”“咖啡座人士”，等等，这一切“标签”无不显示出我们不愿或缺乏将他人看成是“个体”的倾向。

事实上，我们已经被分门别类，然后被归属于某一个群体当中。在现实生活中，我们的每个方面都在接受别人的调查。社会调查员对我们再熟悉不过了：我们喝几杯咖啡、多少人拥有汽车以及什么牌子的汽车、听什么广播或看什么电视，等等。

大家都在强调“调整适应”“群体整合”和“社会机动性”，都在削弱自己的个性，以适应其所属的群体。绝对的“个人主义”已不复存在，怪不得我们总觉得自己已经失去了独立性，一旦自己的思想和行为与别人的思想和行为出现差异时，心里就会感到很不舒服。然而，每个人在内心当中还是希望自己能够独一无二地生活的。分类的压力、认同的压力，这些并不能阻止人们在内心深处渴望与别人有所不同，一旦这种渴望通过外在表现挣脱出来时，我们也许就会被带进精神病医生办公室的长椅，或者被关进精神病院，或者沉迷于酒色。若是这样的话，我们就永远无法找回迷失的自我了。

那么，我们该如何解决这个问题呢？我们如何才能做一个与众不同的个体呢？我们如何才能得到一种相对成熟的自觉呢？在此，我们有三条建议：

第一，在独处中认识自己。过度紧张的生活容易使人失去自我反省的机会，因此我们必须为孤独创造机会。

我们要每天给自己一段独处的时间，以便于我们能够了解自己，这是很有必要的，因为孤独对于尝试喜欢自己有着巨大的帮助。马里兰州巴尔的摩谢尔顿精神病学会董事里奥·巴蒂梅尔博士曾说：“过去的人们习惯于晚上入睡之前，反省自己当天的所作所为。现在看来，这种方法仍不失为了解如何善待他人和自己的好方法。”

如果我们连自己都容忍不了，就更不要指望别人会高兴我们待在他们身边了。哈瑞·艾默生·福斯狄克曾说：“忍受不了独处生活的人，就像被风吹拂的池塘，风不停歇，就永远无法平静，不能展现自己美好的东西。”

在尝试独处时，我们可以为心灵找到一个驿站、一个参照物、一个让我们和外界保持联系的本垒位置。安妮·莫洛·林伯格在《来自大海的礼物》中说过一句话：“一个人只有在与自己的内心发生联系时，才能找到与他人的联系。我认为，孤独能让我最快地找到我的内心和我的内在本质。”

孤独为我们提供了一个观察生活的相对客观的条件。“安静下来，同时体会我就是上帝。”这是《圣经》诗篇中的建议，也是一个好建议。孤独对于灵魂的益处，犹如新鲜空气对身体的益处那样。

不同的人对“孤独”的含义有不同的理解。有一个朋友就说，如果他需要思考，就会到街上做长距离散步，让自己消失在人群中，“在这种情况下思考问题，我就可以避免分心了”。

有的人就比较喜欢去图书馆，因为那里非常安静，这样人们就能获得内心的平静，使自己保持活力，让精神更加振奋。

我最难得的孤独时刻，便是沉浸于大自然的那一刻。我很少做长距离散步或进行户外活动，但是我经常在花园中散步，因为在那里我至少还能不时地抬头望一眼那棵大树或天空。对我来说，四季的更迭真是个永恒的奇迹；方寸大小的土地和广阔的田野也可以让我体验到欣赏自然的乐趣。此时，我会感到自己已经和大自然交融于一体了。

或许有的人喜欢一个人待在安静的房间里，或者只是让肉体孤独地存在，但是不管怎样，每天都要创造一段孤独的时光，抛弃一切电话和干扰事物，则是我们探索自己的生活、信念和行动所必须做到的。许多哲学家和思想家都强调过孤独的价值，那是因为他们在孤独中获得了启示。

第二，摆脱习惯的枷锁。有谁愿意被习惯和惰性的枷锁套住，而整天沉闷无望地苟且活命呢？但是我们已经被活活地埋在习惯和无聊的事物里面，只有通过异常的努力，才能把我们解救出来。

我有一个年轻的女学员，她对我讲了她和她丈夫破除习惯枷锁的故事：

我丈夫和我都喜欢看电视。我们每天下班后所做的第一件事情就是打开电视机，一边看电视节目，一边吃晚饭，直到困得必须睡觉才罢休。为了不错过那些好节目，我们既不去看朋友，也不看书，当然也不一同出去享受美好的时光。当别人来拜访我们时，我们也巴不得其快点走，以便继续看被中断的电视节目。有一天，我和我的朋友一起吃午饭，但是我发现我已经和她们无法交谈了，因为我根本插不上嘴。我哪儿都没去过，也没看过什么书，没做过什么事。我生命的黄金时期都被那间屋子里的电视机浪费了。

回家后，我劝我丈夫说，既然有的人都能成功地戒掉毒瘾，我们也应该能从电视节目中解脱出来。他很赞同我的意见，于是我们开始努力去做其他的事情，以便转移我们的精力。我们报名参加了成人教育课程班，还经常去打保龄球，出门去拜访朋友；我们还从图书馆借来许多书，然后互相读给对方听。我很满意我们能戒除掉电视瘾，我们的工作和婚姻也因此得到了改善。我们感受到了生活中的许多乐趣，而且无论对自己还是对别人来说，我们的生活价值都提高了。

这两个曾被习惯活埋的人，终于获得了解放，而他们却曾经被自己包裹得紧紧的。

第三，发掘生活中最满意的东西。心理学家威廉·詹姆斯在1878年写给妻子的信中，有一段最为精彩的描述：

“……我坚持认为，要正确评价一个人的人格，最好的时机就是观察当他处于最活跃、最满意时刻的精神或道德状态，因为这时他的内心所传达出来的声音是‘这就是真正的我！’”

这句话简单地说，就是当人们处于兴奋状态时，“真我”自然就浮现出来，因为当一个人处于“最活跃、最满意”的状态时，也是他最兴奋的时刻：不论他是对哪种想法、对哪个人或对哪种情况的哪种形式的兴奋，都会使他摆脱无聊的事情、习惯和压力，从而形成对真我的刺激。

兴奋是使我们的工作走向成功的最基本要素，它还能激发我们的热情，使我们发挥最大的潜力。伟大的物理学家、诺贝尔奖获得者爱德华·维克多·艾波顿爵士曾说过一句话，这句话听起来颇令人吃惊：“谈到科学成功的秘诀，我甚至要将‘热情’放在专业技术之前。”

当然，爱德华爵士并不是说专业技术在科学研究中不重要，而是说“热情”“兴奋”会激励一个人更充分全面地掌握专业技术。

一个人的性格很难改变，要想找出我们身上有别于其他人的宝贵优点，我们就必须从心底里抛弃恐惧、畏缩、猜疑、迷惘、恶习，等等，而兴奋正是烧毁这些东西，使我们的真性情、真性格得以显露出来的大火。

兴奋的形式多种多样。爱就是这样一种形式，它可以使我们敞开自我，让人体会到原本孤独无聊的人是如何通过爱而得到改造，并进而开创他们崭新的世界的。

兴奋是人们不断刺激自己工作和活动的源泉。耶鲁大学教授威廉·里昂·费尔普斯有一本书《工作的兴奋》，这本书到处洋溢着他对工作的兴趣。

生活危机也能刺激一些人，使他们重新活跃起来。例如，规模较大的战争、洪水或地震等灾难降临时，会对人们产生强烈的刺激；而家庭危机等较小的危机往往能对那些和子女同住、看上去已经老朽的人产生一种力量，对他们发挥重要作用。

以上三条建议使我们和他人区别开来，培养自己独特的个性。

心灵的成熟需要不断地自我发掘，这将是一个持续不断的过程。如果我们不能了解自己，也就无法了解别人。“了解自己”，才是智慧的源头。

对于如何获得完美的人生，如何让自己成为一个完美的人，可能不同的人会有不同的答案，但是我会告诉你，那就是这个世界上从来就没有完美，与其试图做个完美的人，不如做真实的自己，因为你就是这个世界上最独一无二的存在，做好自己，你就是世间一道最独特的风景。

人生路上，我们会无数次地被自己的决定或碰到的逆境击倒、欺凌，甚至碾得粉身碎骨。有时候我们会感觉自己没有一点存在的价值。但脏或洁净，衣着整齐或不整齐，我们依然是无价之宝，生命的价值不是由我们的所作所为而决定的，而是取决于我们本身。

事实证明，世界上不存在绝对的完美，人生也不可能做到尽善尽美。所以，我们千万不要用“完美”作为标准来苛求自己，学会珍惜自己，宠爱自己，爱上不完美的自己。

人就是独一无二的，这一点就应该让你足够地重视自己，你要学会珍爱与众不同的自己。只有这样，我们的生命才能真正的完整，当我们的目光不再执着于完美，只是快乐自在地做着独一无二的自己，过着每一个阳光明媚的日子时，我们可能已经成为他人眼中最为完美的人。

我们需要无条件接受自我的不完美，因为当我们企图压制一种自然现象时，越是压制，它们就越会加强。比如从小到大总有一些让我们感到比较羞愧的事情，但是当经历类似的事情的时候，你越是想压抑以前羞愧的情绪，这种情绪在你的头脑中越是挥之不去，只会加强它，压抑自然的痛苦情绪也有此效果。记得当我第一次走上讲台授课的时候，我告诉自己，“不要紧张，不要焦虑，今天不能焦虑，不要紧张，不要紧张，不要……”事实又是怎样？我是既紧张又焦虑，口干舌燥，那种感受至今还清晰地记得。但现在我开始全然接纳自己，接受自己的不完美时，就不会存在这种现象了。现在当我去授课时，虽然还会存在一些紧张感，但因为我准许自己为人，接受这种正常的生理反应，在授课开始进行后这种感觉就会消失。其实这是件好事，因为这种紧张是可以控制的，我能应付它，我能控制它，准许自己为人。笔者的意思是，我们最重要的是坦诚面对自己，接受不完美的自己。

过分追求完美是一种最大的悲哀，因为完美总是伴随着缺憾而产生。因为我们以为的追求完美，最终只会死在完美的重重包围之中。所以，无论什么时候，我们都没必要往自己身上背负压力，只要做好你自己，才能使自己走向更加成熟的人生。

第三节　不要太在意别人的看法

在生活中，我们可能会因为一些比较烦琐的事情而导致自己没有一点心情，人活一辈子，不管为人处世多么合理，不管对待别人多么善良，始终都有人对你不满意，其实这不是你做得不够好，而是某些人都是戴着有色眼镜看你。人活着无法做到让人人满意，那么只要自己问心无愧就好了。因此，有时候我们不要太在意别人的看法，做好自己才是最好的。

我初中的时候，化学成绩比较好，也会经常帮助同学。当我去教别人难解的化学题时，有的人会说我是一个热心肠的人，总是帮助别人，但是有些人就会认为我好显摆……那时的我就经常会在意别人对我的看法，因为感觉别人的看法对自己很重要，所以也给我带来一定的困扰。你看，其实人生就是这样，不管你做了什么、做得多么好，在某些人眼里，你始终都是居心叵测的。人活着是无法做到让每一个人都满意的，如果你太在意别人的看法，就会什么都得不到。

人生有时候需要坚持走自己的路，坚持自己的观点，如果你总是寻求别人的认同，那么无异于放弃了自己。

一天，一位著名的画家突发奇想，他想画出一幅人见人爱的画。于是等他画完画，他拿着它到市场上去展出。仿效着战国末年秦相吕不韦修撰《吕氏春秋》时“一字千金”的做法，他在画旁放了一支笔，附上说明：每一位观赏者，如果觉得此画还有需要修改的地方，就请在相应之处做上记号。

修改结果让画家很惊讶，本来自己认为很得意的一幅画现在却被涂满了记号。事实上，没有一笔一画不被指责。画家很不解，以自己的实力不至于受到这么多批评吧，画家甚至开始怀疑自己的能力。在苦思冥想之后，画家决定换另一种尝试的方法。于是，他又画了一张同样的画，然后依旧拿着它到市场上展出。不同的是，这一次，他要每位观赏者指出的，不再是画的欠佳、不妥之处了。与上次相反，他请每一位观赏者在他们认为精彩的部分做上记号。

修改结果同样令画家很惊讶，这让他感到十分不解。原来，原先所有被否定指责过的地方，现在也都被做上了标记，不过这次都是赞美的记号。

最后，画家充满感慨地说，我如今终于明白了一个奥妙，那就是：在任何时刻都要坚持自己，不要太在意别人的看法。因为，别人的看法永远是别人的看法，有赞美就会有批评，谁都无法让所有人都满意。重要的是要有自己的主见。

由此可以看出，有的时候，我们要坚持己见，不能让别人的想法左右我们的思维。所以，对每个人而言，凡事都要有自己的主见，不能过分在意别人的看法。一个人的行动要果敢坚决，而不要依靠别人的眼色来做决定。要坚信自我而不是迷失自我。面对决定命运的选择，我们应该如何去做？决定权永远在自己的手中。可能我们选择的道路有所偏差，但这又怎样？道路的曲折并不能阻碍前途的光明。掌握自己的命运，做自己的掌舵人。航行的船舶虽然有些颠簸，偶遇风浪，但最终一定会成功地到达幸福的彼岸。

还有很多这样的例子：

贝多芬是个世界闻名的音乐家，可是很多人都不知道，贝多芬在学拉小提琴的时候，有过失败的经历。他宁可拉他自己作的曲子，也不肯做技巧上的改善，他的老师批评他说：“你以后肯定当不了作曲家。”

歌剧演员卡罗素的声音同样为很多人熟悉和喜欢。但当初他的父母希望他能当工程师，而他的老师对他的评价则是他那副嗓子是不能唱歌的。

达尔文当年决定放弃行医时，遭到父亲的指责：“你放着正经事不干，整天只管打猎、捉狗捉孩子的。”达尔文自己也曾经说过：“小时候，所有的老师和长辈都认为我资质平庸，我与聪明是沾不上边的。”

爱因斯坦直到4岁时，才学会说话，7岁才会认字。老师给他的评语是：“反应迟钝，不合群，满脑袋不切实际的幻想。”他还曾遭到退学的命运。

《战争与和平》的作者托尔斯泰读大学时因成绩太差，而被劝退学。老师评价他：“既没有读书的头脑，又缺乏学习的兴趣。”

可想而知，如果这些成功者过分在意别人的意见，认为别人说的都是对的，那么，世界上岂不是就少了一颗颗璀璨的明星。要相信自己，相信自己的能力和自己的判断，该坚持的时候定要坚持，也许再下一步就是一片艳阳天！

这就要求我们，不要总活在别人的眼光和别人的看法中。毕竟，别人的看法和评价，并不代表自己的全部。所以，不要被别人的言语所左右，做任何事情，都必须有自己的主见。没有人会总是注意你的一举一动。不要总是担心自己做错了什么而遭到别人的责难或者是嘲笑，害怕别人讥讽的眼光。当你在人生中经过一些心酸的历程之后，就会发现，其实没有人会特意去关注你，只是你太在意别人的眼光而已。

有些人总是花费大量的时间和精力用在别人对自己的评判上，总是害怕在别人面前出丑，从而将自己真实的生活都忽略了。其实，经历过一些事情之后，你会发现自己以前做得任何掩饰都不曾给你的生活带来丝毫益处，因为根本没有人一直关注着你。

现实中的每个人都希望在别人面前能展现自己最好的一面，但并不是所有人都会在意你，只有真正在乎你的人才会在意你的表现。这世界上没有任何人可以做到完美无缺，更不是所有人都会在意你的表现是好还是坏。其实，出丑并不说明你愚，将自己所有的时间和精力都花在那些毫无意义的担心上才是最愚的。所以，不要太在意别人的看法，不要因为别人的评价而影响到自己。多爱自己一些吧，因为你热爱生活，生活才会让你更加快乐和幸福。

反思：你曾经或现在是个非常在意别人对你的评价和看法的人吗？如果是，应该如何克服？

第四节　学会欣赏自己

每个人都是区别于他人的独特存在。这个独特的“我”，存在缺点在所难免，但也具备很多的优点。对于这一点，卡耐基有一段话很耐人寻味：“发现你自己，你就是你。记住，地球上没有和你一样的人……在这个世界上，你是一种独特的存在。你只能以自己的方式歌唱，只能以自己的方式绘画。你是你的经验、你的环境，你的遗传造就的你。不论好坏与否，你只能耕耘自己的小园地；不论好坏与否，你只能在生命的乐章中奏出自己的发音符。”一个人只有充分地自我接纳，懂得欣赏自己，才能有良好的自我感觉，才更容易走向成功。

但是在实际生活中，人们常常会觉得自己平庸无奇，将更多的关注投放在所有的天才身上，殊不知“尺有所短，寸有所长”。当人们习惯了把目光投向别处、投向别人，用更多的时间去欣赏别处的风景、别人的优点的时候，却常常忘记自己也值得并需要细细地欣赏。

一位哈佛心理学家曾经说过：“一个人如果不学会赞美自己，那么他就无法激起积极进取的愿望。”我们长得不漂亮，但拥有一副可以媲美百灵鸟的甜美嗓音；我们身材矮小，但有一双巧夺天工的巧手；我们秃顶十分厉害，但有超越常人的记忆力；我们不修边幅，但写得一手让人羡慕的书法；我们身体瘦弱，但可以千里追凶……每个人都是大自然的创造，都被赋予了独有的容貌、气质和智慧。正如别人在我们的眼里是风景一样，我们在别人的眼里也是一道风景。因此，在欣赏别人的时候，也要静心地欣赏欣赏自己——善于欣赏“自我”，是人生的一大智慧。

有一个青年名叫亨利，这天是他30岁的生日，他站在河边发呆，因为他找不到自己生存下去的意义了。亨利从小在收容院里长大，身材矮小，容貌十分丑陋，说话又带着浓厚的法国乡下口音，他总觉得自己是一个又丑又笨的乡巴佬，所以他很自卑，直到30岁，连一个工作都没有找到。

就在亨利面对生死问题犹豫不决的时候，和他一起在收容院长大的好朋友约翰满脸笑容地跑过来对他说：“亨利，我有一个好消息要告诉你！我刚刚从收音机里听到一则消息，拿破仑曾经丢失一个孙子。播音员描述的相貌特征，与你丝毫不差！”

“真的吗？我竟然是拿破仑的孙子？”亨利一下子精神大振。想到爷爷也身材矮小，但却能指挥千军万马，说话也带着浓郁的法国乡土气息，却能够发号施令，他顿感自己矮小的身材同样充满力量，讲话时不再为自己的法国乡下口音而羞愧，而是带上了几分高贵和威严。

翌日一早，亨利便拿着自己的简历昂首挺胸地走进了一家大公司。

经过几十年的努力，亨利已经成为这家大公司的总裁。他经过多方查证，发现自己并不是拿破仑的孙子，但这早已不重要了。

在一次知名企业家的讲座上，有人问亨利："作为一名成功人士，您认为，在成功的诸多前提中，最重要的是什么？"

对于这个问题，亨利并没有直接给出回答，而是讲了这个故事。最后，他说："接纳自己，欣赏自己，将所有的自卑全都抛到九霄云外。我认为，这就是成功最重要的前提！"

亨利通过改变对自我的认识，学会自我欣赏，从而收获了成功幸福的人生，由此可见，在获取成功和幸福的路上，自我欣赏是不可或缺的。自我欣赏是一种精神的复活，它可以让你走出逆境。我们不可能做一个常胜将军，但人们可以做一个生活强者。不管成功还是失败，都不必理会别人的看法，给自己一些欣赏的目光。带着这份荣耀，激励自己永远去奋斗，永远去拼搏，什么苦也吃得了，什么累也受得住。终有一日，我们会工作顺利，事业有成，拥有让人羡慕的幸福人生。

生活中充满着各种各样的快乐，但有一种快乐能够让人终生难忘，那就是得到真诚的鼓励和真正的欣赏。如果身边有人欣赏你，你一定会被激发出更大的才能和力量。但是，现实是复杂的，这让我们的生活蒙上了一层神秘的面纱，来自外界的欣赏和鼓励是我们不能控制的，恰巧有人欣赏和赞美你，那是一种难得的"缘分"，如果没有，我们应该怎样让自己快乐起来呢？

一位事业有成的名校学子曾说过："我从来没害怕过自己得不到别人的喝彩，因为我始终记得随时给自己鼓掌。"因此，最简单的让自己快乐起来的方法就是学会自我欣赏。学会自我欣赏，就会让自己远离流言蜚语，给自己一份明澈的心境；学会自我欣赏，就可以摆脱自卑的困扰，成为信心满满的成功者；学会自我欣赏，就可以让自己不再悲观沮丧，在人生的路上始终看到希望。适当地自我欣赏，在一步一步地自我逐渐完善中获得人生的快乐。

人生无坦途，当你被现实打击得体无完肤时，即使别人都对你失去了信心，你的人生一片灰暗，你也千万不可看不起自己，忘记自我欣赏。因为欣赏自己可以让你找回信心，重拾希望。试着找出你身上的长处，发现自我的闪光点，多给自己一些鼓励和掌声，你会发现笼罩在你身上的愁云惨雾逐渐散去，快乐的阳光又照射在你的身上了。

人生之路磨难重重，我们应该学着从自我欣赏中获得安慰与快乐。风又如何，雨又如何，笑又如何，哭又如何。学会欣赏自己，人生之路会越走越宽广，越走越坦荡。

自我欣赏实践的七种方法：

（1）审视内心。敢于审视自我的人，往往会知道自己的想法、感受和想要的东西。他们会根据自己的需求行事，而不是盲目地追求别人为他们树立的目标。

（2）根据需求而采取行动。当我们可以保持自己的坚持，集中精力并在生活中前进时，行动带来的积极情绪会引导我们对自我的欣赏。通过专注于本身所需的内容，可以摆脱会带给我们负面结果的行为方式，减少产生负面情绪的机会。

（3）优先自爱。当我们更好地满足基本需求时，我们会更加爱自己。自爱心强的人每天通过健康的活动来滋养自己，例如，良好的营养、锻炼、适当的睡眠、亲密关系和健康的社交互动。

（4）设置边界。我们可以适当地设定限制或拒绝工作或活动。如果发现有些活动会过度消耗自我的身体、情感和精神，我们可以通过设置边界来将精力引导到我们满意的事物上。

（5）保护自己。将合适的人带入你的生活。如果你的朋友不能为你的幸福和成功感到高兴，我在这里对你的建议是，寻求更好的陪伴。任何人在生活中都没有足够的精力去发展无数段的人际关系，因此，我们需要寻找那些真正能让我们更加热爱自己与生活的人。

（6）原谅自己。不要因为学习和成长中的错误而对自己过度惩罚。我们必须首先接受一个事实，人是不完美的。犯错时，我们要练习减轻自己的负担。请记住，如果能够从错误中吸取教训，那么我们便没有失败。

（7）有目标地生活。当我们有追求的目标时，无论生活中发生什么，我们都会更加接受和爱自己。我们的目标不一定要很明确，如果我们追求的目标是过上有意义和健康的生活，那么我们将做出支持该目标的决定，并在成功实现目标时对自己感到满意。如果我们看到自己逐步完成自己打算要做的事情，那么我们将更加地欣赏自己。

练习

完形练习：坦然接受自己的障碍

以下是一些未完成的句子，先给出一个主干句，给主干句子后面省略号不假思索地填上不同的结果（至少5个），句子完成后再回顾自己的答案，哪些想法可以进一步探索，然后写下承诺并付诸行动，来帮助你跨越坦然接受自己的障碍。

首先是一个练习举例：

如果我可以对我的生活多5%的察觉……

花钱没有计划，经常大手大脚，有时买了一些没必要的东西。

常常隐藏自己的意见或内心的感受，缺乏与人之间坦诚的沟通。

经常浪费资源，没有节制地使用。

心里非常渴望得到别人的认同。

比较容易情绪化，有时导致别人都不知和自己怎样相处。

我容易因外界的看法而焦虑不安。

反应速度比较慢，后知后觉。

时常想得太多，缺乏做事情的行动力。

生活有点惬意，给自己的压力太少，上进心有点欠缺。

总觉得时间还有好多，所以常常导致该做的事情拖延，进一步加剧了内心的焦虑。

以下是从布兰登的范例中列出的几个需要补充的句子：

我开始意识到……

我用心去体会幸福的感觉……

如果我可以直接说“是”或“不”……

如果我更多地负担起满足自己内心需要的责任……

让我高兴、快乐的事情是……

如果我可以对我的生活多5%的投入……

如果我的生活可以增加5%的幸福感……

如果我可以将与自己的内心的一致性提高5%……

如果我深呼吸，用心地去体会幸福的感觉……

重复地做几次这个练习——你可以连续两个星期每天练习，或是在接下来的日子每周一次。你可以一次做完，也可以分开来慢慢地做。如果有某一个主题让你产生了特别的共鸣，你也可以一直去重复它。只要你坚持练习下去，就会给你的生活带来改变。

第九章 心怀感恩与宽恕

感恩即灵魂上的健康。

——尼采

如何让自己的幸福感慢慢增强，就从表达感恩开始，表达感恩是获得幸福的一种基本策略。什么是感恩呢？所谓感恩就是对他人、社会和自然给予自己带来的恩惠和方便在心里产生认可并意欲回馈的一种认识、一种情怀和行为。感恩一词来源拉丁语字根“gratia”，意思是优雅、高尚和感激，所有源于这个拉丁语字根的词都与善良、慷慨、礼物和接受的美等有关。在我们的文化里，虽然推崇施恩不图报的美德，但更推崇“知恩图报”的美德，而且还有“知恩不报非君子”“滴水之恩当涌泉相报”的古训。这些都说明感恩是社会上每个人都应该有的基本道德准则，是做人的起码的修养，也是人之常情。不会感恩或者不愿意感恩，既是缺乏修养的表现，又是缺乏人文关怀、情感冷漠、缺少人情味的表现。

虽然我们的衣食住行无不渗透着他人的帮助，但我们可能会认为他人给予的帮助是理所当然的，并未想过需要去感谢。我们一心想要得到更多，而可能很少反思过我们凭什么要获得这么多，别人凭什么要让我们获得这么多；我们可能总是费尽心机去发现别人身上的问题和抱怨社会这样那样的不公平，而很少想过从自己身上去找寻问题并宽容地看待。

第一节　表达感恩

感恩是一个奇迹，是一种欣赏；感恩可以让人们在逆境中看到光明，可以让人们在富裕中保持清醒；感恩是感谢生命中的某个人，既是知足常乐，也是享受。感恩不会把一切都认为理所当然，既是一种应对方式，也是珍惜现在。感恩是消解情绪的解药，用以化解忌妒、敌意、焦虑以及愤怒。人们通常会认为在收到一份礼物或者得到他人的帮助时说一声“谢谢”，就是感恩，而笔者要跟大家介绍的感恩之情则更为广泛，也更有意义。

罗伯特·埃蒙斯是世界著名的感恩研究专家，他也是一名作家，他把感恩定义为“一种对生活油然而生的惊喜、感谢和欣赏”。当生活一切顺遂时，你应该学会珍惜，对自己所拥有的一切心怀感恩。你可以打电话给自己年迈的导师，感谢他在你人生的十字路口所给予的指引；你也可以珍惜和孩子在一起的每一个时刻，或者回忆人生中的种种美好，所有这一切都可以让人们心存感恩。显然，表达感恩的一个焦点就是关注当下，感谢今天的生活，感谢你拥有的一切。

当然，表达感恩不仅限于说声“谢谢”。最近，越来越多的研究开始关注感恩带来的多重好处。研究发现，那些心存感恩的人都比较幸福，他们的精力充沛，大多数人都对未来充满了希望，并且积极乐观。和那些不知感恩的人相比，这些人乐于助人，更富有同情心，更注重精神生活，也更虔诚。进一步讲，一个人越是懂得感恩，他患上抑郁症的可能性就越小，也越不容易产生焦虑、孤独、嫉妒的情绪或者神经过敏的现象。虽然这些研究之间存在关联，但人们无法确定心怀感恩是否可以抑制坏事的发生，也无法确定乐观、善于助人、虔诚的品质是否可以让人心怀感恩。幸运的是，研究人员已经对此做了一些实验，引导更多的人表达感恩之情。

在实验组研究中，研究人员要求实验组成员连续 10 周、每周记录 5 件让他们心怀感恩的事，其他控制组成员则被要求每周记录 5 件让他们烦恼的事。实验结果非常令人兴奋：和控制组相比，被引导经常表达感恩的受试者往往更加乐观，对生活的满意度也更高，甚至变得更健康了（他们报告说一些身体不适的症状，如头痛、痤疮、咳嗽、恶心等症状都减轻了，锻炼身体的时间也增多了）。

研究人员还进行了一些让患有慢性疾病的患者表达感恩的实验，也得出了类似的结果。研究表明，这些患者在努力表达感恩的日子里体验到了更多积极的情绪（有趣、兴奋、快乐和自豪），他们也更乐于助人，更愿意与他人交往，甚至拥有了高质量的睡眠。

这些调查研究首次表明表达感恩与人们的精神和身体健康之间存在着必然的联系。但是，此类研究的目的一直以来就是确定感恩对积极情绪和健康的即时影响；也就是说，心怀感恩时人们是否感受到了更多的幸福。相比较而言，在进行的实验中，比较感兴趣的是随着时间的推移，人们将如何获得更多的幸福。因此，在决定进行首次幸福“干预”实验时，首选活动就是表达感恩。基于以往的研究，研究人员做了一个新的实验，在实验中测试了受试者的幸福水平，然后进行干预实验，引导受试者表达感恩，实验结束时再记录他们的幸福水平。感恩干预和刚才介绍的方法非常相似，研究人员指导受试者记录感恩日记，即记录或者思考 5 件让他们感激的事情。指示明确如下，“我们生活中发生的事情大大小小不计其数，其中有很多值得我们感激，回想过去一周发生的事，写下让你心怀感恩或想要感恩的事，最多不超过 5 件”。

受试者在 6 周内一直都在做这项幸福练习，其中一半受试者被要求一周做一次（在每周日的晚上），另一半受试者一周做三次（时间定为周二、周四和周日）。受试者所感恩的范围相当广泛，内容五花八门。

正如我们所预想的，虽然这项活动很简单，但很有效果，更重要的是，那些学会感恩的人也变得越来越幸福了。和控制组相比，实验组的幸福水平在干预前后有了显著提高。有趣的是，这一结果仅出现在每周日表达感恩之情的受试者身上，而每周做三次感恩练习的受试者没有从干预实验中获得任何好处。这个结果乍一看可能让人非常不解，笔者认为其中的主要原因是：如果一个普通人连续每周做三次被迫表达自己的感恩之情，那么他们可能会渐渐厌烦这样的练习，觉得这是一种折磨。而每周只做一次练习，受试者可能会在很长时间里都会觉得新鲜，认为这件事很有意义，也就更容易坚持下去。在后面的内容中我们会再次讨论这个现象。这个实验结果对于如何成功地表达感恩具有十分重要的意义，就这一点来说，其对于任何一项提升幸福感的行动都很重要。

第二节　感恩有助于提升幸福感

研究表明，如果心怀感恩，人们就会生活得更幸福。这并不是要人们盲目地接受这个建议，只是希望人们能够明白，为什么要表达感恩。感恩之所以能够提升幸福感，有以下七个方面的原因：

第一，心怀感恩可以让人们更加积极地体验生活、品味人生。若懂得品味和享受生命，那么人们就可以最大限度地从当下的生活中获得幸福和满足。当我的女儿只有几个月大的时候，一次我抱着她外出，这时一位年长的女士走过来对我说：“你的孩子真漂亮，珍惜这段时光吧，小孩子很快就会长大的！”那个时候我的生活正一团糟，每天都感到压力重重，而且睡眠严重不足。说实话，我并没有体会到孩子出生带来的幸福感，但这位女士的话，起到了意想不到的效果。心存对孩子的感恩之情，用心照顾她，珍惜和她在一起的每一个时刻，这种心态让我不再觉得日子漫长难熬，心情自然也变好了。

第二，表达感恩有助于人们提升自我价值、增强自尊。当意识到周围的人为你付出了多少，或者自己实现了多少目标后，你就会变得更加自信，做事也更有效率。不幸的是，很多人经常把注意力放在令人失望的事情上，或者过度在意他人的轻视和伤害，而心怀感恩可以帮助你戒掉这种坏习惯。心怀感恩有助于你认真思考，什么是当下应该珍惜的，学会对生命中的幸运与惊喜心存感激。

第三，心怀感恩有助于人们应对压力和心灵上的创伤。每个人在生活中总会遇到各种各样的压力和消极的情绪，若能心怀感恩，就能以全新的视角审视生活，以应对人生的各种际遇。实际上那些心怀感恩的人更容易忘掉生活中的挫折与不快，即使想起，也不会激烈得让人无法承受，而且，当人们遭遇困境时，会本能地表达感恩。例如“9·11”恐怖袭击事件后，在美国人身上最常见的情感除了同情，排在第二位的就是感恩。

当一个人身处逆境时，心怀感恩有助于让他调整心态，继续前进，重新开始。虽然在困境中寻找值得感恩的事非常具有挑战性，但这一点非常重要。我有一个学员叫王小强（化名），他年龄比较大，成年时交通事故导致身体严重残疾。一天，我在课堂上让大家讨论一下人生中最快乐的时刻，王小强当时说：“我最快乐的时刻，是事故后出院回家的那天。尽管我觉得自己什么也做不了，但我想：哈哈！我还活着！我赢了！我不知道自己到底打败了谁，我只是非常感激终于回到家了。看上去这似乎微不足道，但在医院住了4个月后再次回家，这感觉真是太棒了！”无独有偶，60岁的张力三，在生命垂危的时候，他这样说道：“听着时钟一分一分地流逝，我知道死亡的钟声任何时候都有可能被敲响，生命随时都有可能结束。这时，我仿佛看透了一切。

毫无疑问，我明白了自己的价值，懂得了生存的意义，对活着的每一分钟都心存感激。”王小强和张力三对于生命都拥有无限的感恩，毋庸置疑，这种能力是相当有益的。

第四，心怀感恩能够激发人们的道德感。正如之前提到的，懂得感恩的人更有可能帮助他人，也不会过度追求物质享受（若你感激所拥有的一切，就不会产生更多欲望）。一个奥斯威辛集中营的幸存者曾经这样描述自己的感悟：“我在用整个生命表达感恩，我非常慷慨，因为我永远忘不了那些一无所有的日子。”在一项研究中，人们被引导着就某个特定的行为表达其感恩之情，这样他们更容易回报施恩者，甚至是陌生人。也有研究表明，对自己所拥有的东西心存感激，对别人的慷慨赠予表示感谢，这比在银行有个大户头更能够创造深入、持久的幸福快乐。

第五，感恩能形成一个良性循环。心怀感恩有助于和谐人际关系，加深人与人之间的情感，结交更多的朋友。例如，写感恩日记能够激发与他人联系及交往的渴望。研究表明，如果你对他人心怀感恩，即使你从未直接表达出来，你们的关系也会变得更加亲密、真挚。正如罗伯特·艾蒙斯所说的，当你真正意识到朋友和家人的价值时，你就会对他们更好，这种状态将呈现出一种螺旋式上升的趋势，形成一种良性循环。在这个循环中，良好牢固的人际关系会加强你们之间的联系。另外，懂得感恩的人大都积极乐观，这样的人更受欢迎，也更容易结交到朋友。当我们感恩好事，好事一定会增多，当我们感激身边的人，身边的人也会越来越感激你，当我们感恩，关注他人的潜力，他人也会变得越来越好。当人们感恩时，就会从坏事中看到好事，好事就会升值，就会越变越好。这样感恩就形成了一个良性循环。

例如，早上遇到一位朋友，他很值得你信任，你朋友看到你后说了一些赞扬你的话，这时候你会有什么感觉？你会觉得很高兴、很得意。然后又有其他的朋友看到你之后也说了一些类似的话，这时你会有什么感觉？你会更精神、更得意……往复循环，你这一天就会越过越好。现在假设另一种情境，你信任的一位朋友，看到你后跟你说“你今天看起来有点糟糕”，本来你没事的，但现在有事了，你会感觉更糟了。然后你又遇到了其他人，其他人说了同样的话，这时你的感觉跌到低谷了，恶性循环，越来越糟。感激能形成良性循环。我们知道有时候，一日之始听到的一句话一个词，能让你过上愉快的一天，甚至一周。这个例子表明，一句话可以影响一生，一句感激之言可以让我们有力量支撑下去。

当美好的事物发生，你只有心中充满感激之情，美好的事物才能变得更具价值（更加美好）。但这有一个关键：感恩一定要出自真心诚意，虚假的感恩，带给人的伤害是巨大的。

第六，心怀感恩会让人们成为生活的积极者。对他人表达感恩之情，实质上就是在消除负面情绪，让自己成为积极者。正如一位精神科医生所认为的："感恩化解了消极情绪，愤怒和嫉妒在他的怀抱中消融，恐惧和防御之心也会减弱。"实际上，当心怀感恩时，人们很难会感觉到愧疚、憎恨或者愤怒。积极者明白，人们会有痛苦的情绪、会有失败的时候，但失败会过去的。做积极者有很多好处，第一个好处就是幸福感多了。如这些人有过心脏病发，有些人把病发看成大灾难、世界末日。另一些人当然不会为病发而感到高兴，但他们会说"这是一个警钟""心脏病发也有好的一面""因为它告诉我要好好照顾自己的身体""因为患了这个病，现在我更懂得感激一些事""因为患了这个病，我更关心那些真正重要的事""因为这个病，我和一些人更亲近了"，等等。积极者从坏事中找出好事，而不是把坏事看成好事，但他们会尽力从坏事中看到好的一面，这种心态甚至会影响到他们的寿命水平。

第七，也是最重要的一点，因为人有很强的适应性，所以间接会让人对生活中美好的事物习以为常，驱动、吸引人们的是那些不平常的事情，是反常的事物，而不是常态。这就是每个人都具备的非凡能力，即享乐适应，这种能力可以让人们迅速适应新环境和新事物。例如当你在生活或工作中遇到好事时——如提职加薪、较好的人际关系、从战胜病魔中得到康复、购买了大房子，等等，你的幸福感和满足感会立刻得到提升。但因为享乐适应的存在，这种提升通常都是非常短暂的。因为世界上很多美好的事情是一种常态，美好的事情太平常了，所以人们再也看不到所谓美好的事物了。

因此不要认为生命中的一切好事都是理所应当的，珍惜你拥有的一切美好并心怀感恩，这样才能直接消除享受适应带来的影响。所以我们要"重新发现生活之美"，这是一种体验，而非经验。

学会感恩，人们的心境变了，变得更加平和积极；人们的状态也变了，变得更加勤奋而有力量。学会感恩，人们就好像是一棵树，不经意间从寒冬走到了春天，生机在人们体内肆意奔腾。学会感恩，生活中、工作中的困难，将再也不是困难，而是上天的恩赐。在感恩之心的引领下，我们会自然而然地发现，一切都是如此美好。我们的生活，必然会更加顺畅。

刚从乡下来到城里的时候，崔娟娟惊诧于城市的繁华。她是个地道的山里姑娘，从来没有到过比镇里更繁华的地方。她曾经以为，离家几十公里之外的小镇，已经是一个很繁华的地方。可是，到了城市之后，她才发现自己的想法是多么幼稚。

她是来投奔表姐的，表姐在这座城市里打工，过年回家的时候告诉她，城市里的钱很好挣。于是，她就来了。

可是，等到真正来到城市之后，她才发现：钱并不像自己想象得那么好挣。她只有初中学历，但那已经是她们村子里最高的学历。可是，这样的学历在这座大城市里，却根本连像样一点儿的工作也无法找到。几经辗转，表姐朋友的朋友，才给她介绍了一份工作，让她在一家大型企业做清洁工。

虽然并不是正式雇员，可是她还是很开心。在整栋办公楼里，她是工作最辛苦、薪水最少的人，但同时，她也是最快乐的人。

无论什么时候见到她，她都在快乐地工作。每一个从她身边走过的人，她都会笑脸相迎。有人需要帮忙的时候，她会快乐地给予帮助，却不会有半句怨言。对此，有员工说她傻：拿那么少的工资，做那么多的工作，累不累啊！她听到了，没有丝毫的不快，依旧快乐地做着自己该做的事情。

她从来没有想到过，自己的热情会“传染”给其他人。一段时间以后，无论是底层的员工，还是上层的高管，只要是能够与她接触的人，无不被她的热情“传染”。很多人成为她的好朋友，就连公司里那些平时冰冷待人的高层管理者，在见到她的时候，也会露出快乐的笑容。人们似乎忘记了，她只是一个清洁工。

一栋楼都快乐起来的现象，是非常罕见的。总裁发现了这一现象，不明白到底发生了什么事。当他知道，这个女清洁工就是整栋楼快乐的“罪魁祸首”时，不禁呆住了。他从来没有想过一个清洁工可以有如此大的影响力。

于是，他找到她，问道：“介不介意告诉我，到底是什么让你可以如此快乐地面对每一天吗?”

她有些发蒙，但却自豪地对他说：“因为我在这么大的一个企业上班啊！我没有什么知识，也没有什么技术，但是公司却给了我这样一份工作，让我可以有足够的钱补贴家里，以及供弟弟念大学。所以，我很感谢公司，给了我这样一个机会。我要回报公司，当然就要尽自己最大努力，做好自己的工作啊！还有，公司里的每个人都对我很好，给了我很多的照顾，能给他们帮忙，我也很开心！”

总裁震惊了，他被女清洁工深深的感恩情绪所打动。他忽然发现：自己其实也应该心怀感恩，感恩生活，给自己带来了一名如此优秀的员工。于是，这位女清洁工成了公司里学历最低的正式员工。

可是，一个懂得感恩的人，又怎么会永远落在后面呢？这位女清洁工，在成为公司正式员工之后，开始利用空闲时间上夜大学习。毕业之后，她在公司担任了重要职位。她一直这样告诉自己的下属："感谢生活让我们拥有了一切！"

感恩是一种积极健康的心态，当这位叫崔娟娟的小姑娘带着感恩之心投入工作的时候，她的快乐打动了每一个人。她之所以可以如此快乐的工作，只是因为，她想要感谢公司，感谢所有的人。是感恩之心，让她可以以最饱满的精神，来做好一份清洁工的工作；是感恩之心，让她忘记了工作的辛苦，燃烧出无尽的动力。可以说，是感恩让她工作起来更加顺利，也让她的工作完成得更加漂亮。

第三节　如何培养感恩

一、把感恩当成一种生活习惯

人们有的时候不太在意身边的事情，缺少时时的感恩。健康的时候，我们习以为常，当疫情来临的时候，才感恩生命，感恩维护我们健康的人们。要学会及时感恩。我们什么时候开始感激生活？当我们体会到生命的美好，要感恩父母的艰辛；欣赏大自然的美景，要感恩自然的造化；品尝美味的食物，要感恩劳动人民的付出；享受着万家灯火的生活，要感恩守护者的牺牲；学习进步了，要感谢老师的教诲；事业成功了，要感谢大家的帮助。学会感恩，并且把感恩当成一种习惯。珍惜美好的事物，不要等待失去的时候才知道它的珍贵。培养感恩情怀，多加练习，把它内化到心里，变成我们特有的一个良好的品质。

二、每天或至少每周找出一两件事，去关注于事物好的一面

世界上有很多美好的事，好事太平常了，慢慢地我们就习惯了，这样我们往往是适应了或忽视了很多习以为常的事。驱动我们、吸引我们注意力的

往往是不平常的事，是反常的事，所以我们就不太容易感受到好事，这是为什么呢？因为大自然把我们造就成变化探测器，当有变化发生时，有些不同的事就发生了，不管是我们看见的，还是听见的，我们的头脑就马上专注于变化上。

如果有什么不太美好的事情发生，你可能就会很消极，而且经常有一些悲观的想法，会问自己一些问题。例如，“我真愚蠢，给同事提供了错误的建议，那么，他以后就不会信任我了，也不会邀请我一起做项目了”。或者“我这次比赛没有取得名次，是不是别人会认为我很笨”。又或者“我为什么总是这么不走运”。如果只是问消极的问题，那么你的脑海里想的都是不那么美好的事情，你的优点和长处好像不存在一样。

因此，我们要看到事情光明的一面、看到生活中的美好，对自己的前途和未来充满信心，培养关注事物好的一面。当我们感激时，副交感神经系统功能增强，从而增强免疫系统。这种方法也特别适用于对孩子的教育上，当你和你的孩子互动时，你要问一些积极的问题，例如：“你今天有什么开心事？”这样，他马上会回忆一下今天美好的事情来回答你，然后，他会模仿你提问的问题来问你“你今天有什么开心事？”这样，我们家长就能引导、帮助孩子关注事物好的一面。要用心生活，去发现生活中那些最容易让你专注的事情，我们要细心品味生活。

感激也可以通过集中考虑过去发生的好事来起作用。如果你花时间考虑你需要对什么事情感恩，那就意味着你将花较少的时间去考虑过去发生的坏事。想象一下，有善恶两种力量一直在交战，都试图占领你的思想，在一个时候只能有一方占得优势，你在某一个方面花的时间越多，就意味着，你在另一个方面花的时间越少。如果你奉献更多的时间去考虑感激和表达感激，你就会让善的力量和随之而来的积极活力占得上风。

三、睡觉之前写下令你感恩的 3~5 件事

睡觉前写下令你感恩的 3~5 件事，对身体和心理都有好处。这 3~5 件事不一定要惊天动地，但每件事都请写清楚“为什么会发生”。例如，今天你的朋友约你一起吃饭，因为今天是你的生日；感谢每晚睡之前可以做瑜伽，每天都在感恩中入睡就是幸福。这个练习一定要坚持下来，一般来说，几个月后你会更减少焦虑、更幸福，并会喜欢上这个练习。

表达感激的时刻，是最让我们感到幸福的时候。我们进一步思考会发现，

它是双赢的，因为显然我们从中得益。表达感激时我们感觉很好，对方也会感觉很好，他们的获益良多，于是你创造了一个双赢的局面，一个上升的螺旋，因为对方也更可能向他人表达感激。你不仅在你和对方之间启动了一个上行螺旋，对方和他人之间也可以承接下去，传递出去。感激的表达会使帮助你的人感觉美好，也会使你自己卸下重担，轻松前进。这样的话，帮助你的人会变成你的朋友，也会在今后你遇到困难的时候继续伸出援助之手，感激使得你的可信度增值。但是如果别人帮助了你，你却认为是理所当然，就很容易伤了别人的心，会导致关系疏远。所以我们要学会珍惜，学会感恩。有关资料表明，沉浸在美好的事物当中，学会欣赏与感激，有助于良好的人脉关系形成，产生愉悦心里，从而更加自信地生活。

四、保持表达方式的新鲜感

如何保持幸福感的峰值？它的关键点就是经常去做，每周做一次，两周做一次或一月做一次，而且要经常更换表达方式，如每天写个感恩日记，一周写一封感谢信或一周打一次感激电话，再下一周感激拜访，等等，以此类推。研究表明，形式的变化就如同生活的调味剂，是很有帮助的。如果每天都用相同的方式表达感恩，那么很快就会厌烦了，这项行动也不会有太大的意义了。因为人有很强的适应性，已经把感恩当成例行公事了，时间久了，我们的感恩估计也是草草了事。怎么办呢？就是要不断地变化形式，同一件事情，变换不同的角度去解读。要用心体会生活，把感恩作为一种仪式经常去做。不断地变换表达方式有助于让感恩行动变得有意义，提升幸福感。

以下是表示感谢的不同方式，供参考：

给某人写一封感谢信并拜访他。像你父母教你的那样，不仅要说声“谢谢你”，而且还要落实到行动上，这不仅仅是礼貌的问题。把你的感激记录在纸上，并且亲自把它送给你所感激的人，这样的一个过程可以长时间地促进你的幸福感。有项研究就是让一些参加者把感激之情写下来，然后亲自将感谢信送给那些对他们特别善良，但却一直没有得到正式感谢的人。在做完这件事情一周之后，研究者发现，参加者变得更加愉快，而不那么消沉了。这个结果被认为可以从表达感谢的拜访那天起延续一个月之久。研究者现在试图弄清的是，是否一个月重复一次这个做法，就是获取更长时间幸福的最好方法。

下面是一位学生写给老师的一封信：

亲爱的王老师：

您好！

人，应该常常怀着一颗感恩的心，古人说得好：“滴水之恩，当涌泉相报。”感恩是一种生活态度，是一种品德，是一种思想境界，我最感恩的老师是您，我的班主任王老师！

王老师，在我有问题不懂时您会耐心地给我讲解，所以我要用优异的成绩来报答您。当我成绩不理想时，迎来的不是老师的责骂，而是老师帮我找出错误的根源；当我取得好成绩时，迎来的是王老师慈祥的微笑和表扬；当我做错事时，您会用严厉的目光看着我。这些我都要用努力和进取来报答您。

记得有一次，我回家的时候因为没有和妈妈说清楚，自己回到了李平爸爸的家（爸爸妈妈离婚了），妈妈很着急给您打了电话，当时您正在医院看病，也非常着急，一边安慰我的妈妈不要着急，一边往其他同学家里打电话，并且每隔半个小时就向我妈妈询问，问找到我没有。

最后您抱着试试看的心理给我的李平爸爸打了一个电话，知道我在那里的时候，才放心，并且嘱咐我周一上学时注意安全。然后又急忙给我的妈妈打电话告诉她找到我了，让妈妈放心，并对妈妈说不要批评我。周一早上我向您说对不起，您微笑着摸着我的头告诉我，周五回哪儿要先告诉妈妈，不要让妈妈担心。我使劲点了点头。当我回到家时，妈妈真的没有批评我，还夸您真是一个好老师。这件事更让我从心里感谢王老师。

回想往事，老师对我的关怀与爱比冬天的阳光还要温暖，老师就像蜡烛燃烧了自己照亮了我们，老师就像园丁，用知识和汗水培育滋养着我们，老师像慈祥母亲一样细心地关爱和教导我们。老师，请您相信，我一定会好好学习，做一名优秀的学生。

从以往的经验来看，像这样的感谢信基本百分之百是会起作用的，收信人往往很感动，甚至会感动得流泪，寄信的人也很满足。这些信有寄给父母、朋友或者配偶的，也有寄给老师、领导、老板或者兄弟姐妹的。证据表明，寄出一封感谢信确实会令人产生美好的感受（幸福）。尽管如此，这种由感谢信带来的幸福感，在几周之后很快就会消失，当你想到它的时候既不惊讶也不失望。寄一封感谢信绝非是一件可以改变人生的事，当然，除非你坚持每周寄出一封，那样你就改变了自己的生活，说不定还会期待永远的改变直到你没有人可以寄了。习惯感激的人一定比不这样做的人更开心，因为持续地行动会产生持续的效果。

制作卡片。不购买卡片，自己制作卡片，在上面写上简短的文字，表达你真诚的谢意。

记住并庆祝他们的生日、结婚周年纪念日或者生活中其他的里程碑般的日子，以此给他们送去惊喜。

送给他们一个与他们喜好相关的小礼物，比如，送一联可收藏的邮票给一位集邮者。

无论你收到了什么，和它一起照一张相，然后通过邮局把照片寄给赠予人。

在他的一群同辈人面前向他表示谢意，使感谢成为一种在公众面前开放的形式。

在一年里为他们订阅一份他们所喜欢的杂志，这样，每次他们收到新的一期杂志时都会想起你对他们的感谢。

烹饪一些美食给他们送去，家里制作的东西总是会受到珍视的，因为这意味着在创造你的感谢的时候，你还付出了自己的心血。

制作一份表达谢意的录像，将你的感谢录制下来，然后送给他。

给某人送一份小小的盆栽花比买的花束更好，那植物会随着时间慢慢地生长，也就会不断地将他们的善举以及你对善举的感谢提醒给他们。

感恩、仁爱、宽容、信任等善良的品德都能感动别人，同时也让自己感到幸福。有研究发现，美国的服务生如果在账单上写下“谢谢你”这几个字，比不写时会多收11%的小费。再如许多志愿者，他们不图名、不图利，图的是感恩，如果活动的组织者给志愿者写一封感谢信，他们的回头率达到80%，如果不理他们，下一次还帮你工作的只有45%；宽恕也非常重要，因为我们确实有很多问题，有很多冲突，这些冲突都需要宽恕。

为什么表达感谢会增加幸福感呢？有作用呢？表达感谢可以加深有关过去的美好记忆，与你过去重要的朋友建立起坚实的纽带。感谢别人所做的善事已经变得日常化了，这种感谢更多地成为一种反射作用，而不是对别人或大或小的慷慨行为，所展示出来的是由衷的谢意。花一些时间，写一封感谢信并亲自把信送去，你就可以感受到感谢的真正力量，这种力量能够因你承认别人的善举而给你带来十分美好的感受。

英国作家萨克雷说：“生活就是一面镜子，你笑，它也笑；你哭，它也哭。”所以，我们感恩生活，那么生活将赐予我们灿烂的阳光。不知感恩，只知一味地怨天尤人，那么阳光将会离我们远去，我们最终可能一无所成。

感恩其实是一个美丽的天使，只要虔诚地祈祷，它就会降临到我们身上，给予我们最温柔的关怀。常怀感恩之心，是一种积极的心态。成功时，我们要常怀感恩之心，把热情洋溢的情感送给身边的每一个人；失败时，我们要常怀感恩之心，感恩使我们看到失败的差距，从而更快走向成功；幸福时，我们要常怀感恩之心，感谢生活赐予我们一切；不幸时，我们也要常怀感恩之心，感恩使我们得到慰藉，获得温暖，激发起挑战困难的勇气，从而获取前进的动力。

因此，无论什么时候，我们都要常怀一颗感恩之心，让感恩这个美丽的天使，带着我们越过坎坷，走向成功。西方人把每年十一月最后一个星期四定为感恩节，以感恩生活。其实，何止是每年的这一天，只要心怀感恩，任何时候都是我们的感恩节。我们生活在这个世界上，本身就是一种恩赐，那么我们又有什么理由不去感恩呢？

感恩不仅是一种发自肺腑的生活态度，更是一种崇高的精神。无论是在生活中，还是在工作中，我们都要这样做。因为只有一个懂得感恩的人，才能成为一个真诚的人；只有一个懂得感恩的人，才能告别抱怨，以一种宽容之心投入生活或工作。你是一个懂得感恩的人吗？因为只有懂得感恩，我们的人生才会更美好。

反思：这两天发生了哪些开心的事？你应该对哪些人或事表达感谢（事情不论大小）？

第四节　常怀感恩不抱怨

俗话说：“人生不如意事十之八九。”人生在世不可能会事事顺利，这其中会遇到很多的不如意，如果事事都抱怨，那么我们的人生也就没有多少快乐的时光了。抱怨是一种非常消极的人生态度，它会在无意间催生出很多的消极情绪，这些消极情绪悄无声息地就影响到了我们的生活。有些人生活中出现了阻碍、挫折就开始怨天尤人，抱怨不停，也因此他们终日郁郁寡欢、失魂落魄而不求上进，在抱怨中持续那些困难和阻碍。而有些人在遇到困难和挫折时，能够保持平静、理性分析，不抱怨、不焦躁，直面现实，勇于挑战，因此他们的人生就充满了希望与欢乐。

在我们的生活中，身边充满了各种各样的抱怨：孩子不听话、不学习会抱怨，家人不体谅自己会抱怨，领导不公平要抱怨，单位制度不合理要抱怨，人生不如意也要抱怨……抱怨就像思维的一种慢性毒药，不仅会毒害我们的大脑，同时它的毒性还会强烈地感染到我们的人生态度和行动。在生活中，抱怨就像可以“溃千里之堤”的蚂蚁穴一样，使我们的意志不断受到消磨，瞬间将我们精神的城墙淹没。

抱怨犹如麻醉剂，虽然可以帮助我们将压抑的情绪暂时释放，却同时也侵蚀了我们幸福的生活。幸福，不是收获的多，而是抱怨的少。于人不苛求，遇事不抱怨。善于自我调节，做自己情绪和心态的主人，才能获得平静，感受到幸福的味道。因此，生活的强者从来不会抱怨，他们只会把时间利用在努力学习并提升自己身上。面对人生的坎坷、生活的不如意，他们努力增加自身智慧，让自己变得更加强大，创造属于自己的幸福生活。因为，只有走出抱怨的牢笼，开阔自己的心胸，不断地修炼自己、提升自己，才能给自己创造一个完美世界。

有这样一个故事：

在一个偏远的小村庄，有一家三口，因为穷，三个人好几天都没吃东西了。儿子瘦得皮包骨，爸爸妈妈只好带着孩子去街上乞讨，然而乞讨了一整天，没人愿意给他们吃的东西。眼看儿子饿得快不行了，爸爸妈妈非常着急，于是他们虔诚地跪在地上乞求上帝来救救他们的儿子，后来上帝派遣使者来到人间，使者对他们说道，他可以满足他们每个人一个愿望，但是这家人都有些不相信。孩子的妈妈首先便说出了自己的愿望：“我想要一车的面包，我要让我们的儿子吃得饱饱的。”刚说完，眼前就真的出现了一车的面包。孩子的爸爸起初感到不可思议，而后就开始生气了。不停地抱怨自己的妻子是笨蛋，没头脑，浪费这么好的机会只换来一车廉价的面包。当使者问他想要什么的时候，他非常愤怒地指着自己的妻子说道：“我不要这些廉价的面包，请将这个蠢女人变成一头大笨猪。”刚说完，面包神奇地消失了，而孩子的妈妈也消失了，取而代之的是一头猪。这可把孩子吓坏了，他边看着眼前的“猪”伤心哭泣，边对使者说：“我不要猪，我要妈妈，求求您了，求求您了。”孩子的话音刚落，妈妈就真的变了回来。使者挥了挥手，有些无奈地对他们说道：“我已经给了你们希望，但因你们的抱怨，将机会全部浪费了。”说完使者不见了。这样一来，一家三口什么都没改变，依旧在街上乞讨，孩子依旧饿得直哭。

那些终日怨天尤人的人，他们永远不会想到去改变现状，总是在等待上天的安排。怨天尤人的人，总是在不停地抱怨，而不愿意在自身上找毛病，痛骂社会上的种种不公，殊不知他的行为在别人眼里就是不恰当的，暴露了个人、社会的阴暗面，让人敬而远之。真正心怀感恩的人，是勇敢的人，凭借他们的努力和智慧，总是能把握住困难中隐藏的机会，将人生过得绚烂精彩。

有时候机会就在抱怨中远去，等你后悔的时候，已经来不及了。

山里住着一位大师，大师有两个弟子，都和他住在一起。其中，大弟子这个人非常喜欢抱怨。

一天晚上，大师亲自下厨做了一桌饭菜。准备停当，师徒三人围着桌子坐下来就要开始吃饭。

就在此时，饭一开桌，大弟子又开始滔滔不绝地抱怨起来，先是抱怨下山的路崎岖难行，然后抱怨由于天旱要走很远的路去挑水，接着抱怨化缘时常遭别人白眼，就连庙里的香火没有其他大庙里的香火旺盛也抱怨了一番……

大师什么都没有说，静静地听着大弟子发牢骚。等大弟子抱怨完之后，大师突然问弟子："今晚的菜味道如何？"

大弟子一愣，说："我刚才一心都在说话上，忘记品味菜的味道了。"

大师又转向小弟子，问了他同样的问题。

小弟子也摇摇头，说："刚才我一心都在大师兄身上，还没来得及品尝。"

大师说："那你们现在细细地品尝一下。"

两位弟子分别将桌子上的菜肴一一尝遍，然后异口同声地说："师父，您今晚做的菜真的非常好吃！"

大师微笑着教导他们说："当你们一个在不停地抱怨，一个在专心地听别人抱怨时，即使生活的乐趣摆在你们面前，你们也不知道享受。"

在这个故事中，大弟子一通抱怨之后，他得到了什么呢？也许，他得到的，只是一堆发泄后的无奈和一摊子的烦心事，而他的生活和所处的环境依然如此，没有丝毫的改变。如果真的有什么变化的话，也许只有心情变得越来越烦躁，本来平静的天空，多了一片阴霾。

因为将时间和精力都用在抱怨上，大弟子差点错过了一顿美味佳肴，甚至还影响了小弟子，让他也差点忘记了品尝眼前的美食。生活中，我们又何尝不像故事中的大弟子一样，一味沉浸在抱怨之中，不仅自己错过了身边的美好，也给别人的生活带去了烦恼。因此，如果生活为你设置了一些磨难，无须抱怨。如果不能做到不抱怨，也应该尽可能将抱怨的次数控制到最少，多用积极的态度看待世界。抱怨就像搬起石头砸自己的脚，于人无益，于己不利，于事无补。

有时候我们少一些抱怨，少一些埋怨，多一些努力和行动，那么，幸运之神就会给我们带来更多成功的机会。

刚毕业不久的小王带着自己精心制作的作品到一个知名的广告公司去面试。小王抽的面试号是最后一个，漫长的等待过程让小王越来越紧张，为缓解疲劳，她向广告公司的人要了一杯温水。那个公司的接待员在给小王拿水的时候，一不小心将水打翻了，水全都洒到了那张作品上，作品被水打湿了，变得皱巴巴的，那些线条也变得模糊不清。小王一下子愣住了，该怎么办，这可是等会儿面试要用到的作品啊，没有作品她怎么向面试官解释她的创意和构思呢？小王知道现在抱怨接待人员没有用，埋怨自己的运气不好更没用，稍微整理了一下思绪，她赶紧向接待人员要了一张纸和一支笔。在有限的时间里，她认真地将自己的作品在白纸上再次描述了一遍，用另一张白纸将原作品被淋湿的事情大概地叙述了一下。在接下来的面试中，小王从众多的面试者中脱颖而出，成为录用者中最后一位幸运者。主考官后来跟她说："广告注重创意和变通，你的作品做得很简单，但是创意却很明确。更难能可贵的是，遇到事情的时候，你首先想的是如何解决，而不是抱怨，这正是我们公司需要的。"

停止一味地抱怨，尝试着改变自己，适应环境。生活境遇不会因为抱怨而改变。如果要改变命运，就要改变心态，不要抱怨，而去欣赏、去感恩，从改变自己开始，改变自己的心境和心态。自己改变了，那么环境也会随着你而更改，也许一切都会跟着变好了。因此，在失意的时候，不要浪费时间去抱怨这个世界不公平，因为世界从来都不会因为你的抱怨而改变丝毫。

人生道路是漫长的，是起伏跌宕的。人生不如意的事情十有八九，但是不如意的事情可以转化，塞翁失马，焉知非福；世界并不是完美的，生活的答卷不能随意填写，要认认真真，一笔一画；人生的道路并不都是坦途，要有面对困难的决心和信心；人生不完全是把酒临风，月有阴晴圆缺，人有离别情愁。就是这不一样的人生，才令人向往，令人追求。

一位长寿的老人说，想要拥有一个幸福的人生并不是件十分困难的事情，做到三点就可以了：一是不要拿自己的错误惩罚自己；二是不要拿自己的错误惩罚别人；三是不要拿别人的错误惩罚自己。除非你能将仇恨和不满从你的人生中剔除出去，否则你就永远无法获得真正的快乐。在《飞鸟集》中，泰戈尔曾说："如果你因失去了太阳而流泪，那么你也将失去群星了。"漫漫人生长路上，错误和失败都是不可避免的，宽恕自己，宽恕他人，幸福的大门才会为你敞开。

远离抱怨的世界，我们才能在自己生活的原点改变自我，发现一个全新的自己，从而改变自己的命运，收获成功的喜悦和幸福的生活。

反思：在生活或工作中你有没有抱怨过？你的抱怨解决问题了吗？

第五节　宽恕

何谓"宽恕"？在当代心理学研究语境中，一般认为"宽恕"是英文"Forgiveness"最公认的译文。"Forgiveness"在词义上来源希腊文，表示释怀，放弃使用惩罚，最初"Forgiveness"具有强烈的宗教色彩，后来因其本身的道德意味被哲学界所关注。直到 20 世纪后期，心理学研究者开始将"Forgiveness"这一具有道德意义的心理现象从宗教中剥离出来，进行系统的研究。心理学家最关心人际关系中的宽恕，即受伤害一方对于伤害一方做出的无条件的接纳和给予爱心。在心理学研究中使用最广泛的对"Forgiveness"的定义有两种：一是罗伯特·恩赖特（Robert Enright）等给出的具有较强操作性的定义，即受害者在受到不公正的伤害之后，其对冒犯者的消极、负面的认知、情感和行为反应逐渐消失，并出现正面、积极的认知、情感和行为反应的过程。二是麦卡洛（McCullough）等提出了宽恕的利他、共情、迁就等成分。他指出，宽恕的本质就是受害者对冒犯者的报复和回避动机的降低以及善意动机提高的改变过程，这种改变削弱了受害者仇视和报复的内在动机，同时增强了受害者善待伤害者的正性动机，有利于二者和解。该过程是人类进化出的有效地促进有益的人际关系在人际伤害后进行恢复的功能系统。他特别强调，宽恕并不是单个人的动机变化的结果，而是一个亲社会动机的互动变化的结果。

这两种定义都强调了心理学概念上的宽恕：是发生于人际伤害之后；是心理状态由消极向积极方向转变的过程；该过程是受害者一方的主动的内部过程，而非第三方驱使的结果。这也是宽恕具有积极的心理健康价值的基本条件。可以看出，在心理学研究中的宽恕是完全有别于《圣经》中所指的上帝对于忏悔者的宽恕。因此，宽恕是一种积极的心理资本、一种优势力量、一种亲社会的利他行为，也是个体的一种重要的、积极的人格，能够让我们转化过去的负性体验，恢复内心的宁静和谐。

第六节　学会宽恕

我们的宽恕指导针对三个侵犯源——他人、自己以及一个情境或事件。

一、宽恕他人

宽恕他人是一种最典型的宽恕，我们不妨想象一首忧伤的歌曲，歌词中讲述另一半“做了错事”（如另一半有了外遇）。在我们对婚姻不忠的夫妻治疗经验中，当涉及宽恕时，我们发现戈登、鲍康姆和斯奈德的模型颇为有用。这个理论模型把宽恕作为目标，第一步是对两个人的关系促成一种公正的、不歪曲的、实事求是的评价。第二步是试图消除对侵害（出轨）方固执的负性情感联结。第三步是帮助受害方降低她或他想要惩罚对方的愿望。随着时间的推移，宽恕会使创伤和痛苦、难过的感受慢慢减少，对受害者来说尤其如此。同样，这种疗法提高了对侵害一方的同理心，治疗师尽力让双方对自己的感觉都变好。

宽恕和从心理创伤中恢复的阶段是并行的。随着时间的流逝，夫妻双方从最初的冲突阶段，进展到寻求理解在他们身上发生事件的意义。最后，夫妻双方进入恢复阶段，他们会继续过他们以前的生活。在冲突阶段，典型的情况会出现负性情绪的爆发——伤害、恐惧和愤怒。这时，夫妻双方可能在麻木和非常糟糕的感受之间摇摆。然后，在意义阶段，夫妻双方拼命地去想为什么会发生这样的事情。当然，夫妻双方也推断在这个让关系动摇的事件中必定有某些意义。最后夫妻双方慢慢地开始重新找到对生活的控制感；这个阶段的主要目标是，夫妻双方不再每天一醒来就想着这件事。宽恕未必意味着夫妻双方决定继续在一起，但是至少，宽恕这个过程使他们对下一步要做什么有了一个更明智的决定。

帮助夫妻双方处理婚姻不忠问题的另一个建设性的方法是弗吉尼亚州立联邦大学的埃弗里特·沃辛顿的宽恕模型。这个理论模型通过五个步骤帮助夫妻双方：回忆伤害造成的痛苦和伤害的本质；促进夫妻双方的同理心；夫妻之间利他性的宽恕；在口头上承诺宽恕对方；尽力保持对彼此的宽恕。

反思：你是如何对待曾经伤害过你的人呢？

二、宽恕自己

当来访者感觉到非常羞愧或内疚时，治疗师就要警觉起来，来访者可能会需要有宽恕自己的潜在需要。在这点上，羞愧主要体现在“我是一个坏人”“我是一个无能的人”“我是一个总给别人带来麻烦的人”的感觉上。因此，羞愧可以跨越特定的情境，它反映了一种无所不包地认为自己无能无用的观点。与之相对，内疚则是一种与当时的情境有关的谴责自己的消极观点，例如“我做了一件坏事”“我当时不说这句话就好了”“我不带他或不建议他去就好了”。感到内疚的人会有一种悔恨感、自责感，通常来说是为了他所做的一件事而后悔。那么，为了消除这种内疚感，治疗师通常会建议让来访者做一些补偿性行为，来弥补他们的过失，如坦白或道歉。通常来说，如何来帮助人们克服羞愧的过程比治疗他们内疚的过程更困难。因为羞愧能跨越更多的、具体的情境，而内疚往往局限于单一的情境。

自我宽恕就是人们要消灭一种因为觉得（或认为）自己做了错事或违反规则而产生的自我悔恨的过程。因为人们要想生活在世上，所有人就必须要自己接受自己，所以不能宽恕自己的结果要比不能宽恕他人给人们带来的伤害更严重。降低自我批评反作用的干预手段，目的就是在帮助人们对自己的错误行为负责，然后让这件事过去，不要总是沉浸在自责当中，这样人们才能顺利地进行生活中的其他事项。实际上，任何人对于只专注于非常负面或非常正面都会有让人“身陷其中”的感觉。因此，治疗师要试图帮助他们的来访者理解，他们这些专注自我的想法和感受是如何干扰他们积极生活的。霍姆格伦有以下观点：

不停地想着自己过去的道德记录，或产生一种自我怨恨感和自卑感，或产生一种优越感。不论怎样，这都是一种过度自我关注的和没有任何真正道德价值的表现。如果来访者把他的焦点从他做了错事这个事实移开，转而关注他能为别人做点什么，关注他在道德和非道德领域中的成长的话，那么来访者的这种道德实践就会更加可靠。

三、宽恕情境

这里要介绍另一位学者汤普森和她的同事对宽恕的定义——宽恕是指受害者从对侵犯源的负性情感联结中解脱出来。这个理论对侵犯源的看法是最具综合性的，因此，宽恕的对象可以是他人，可以是自己，也可以是一个情境。

斯奈德在20年前的一个心理治疗案例，说明了宽恕是如何被应用于一个情境的。他在书中写道："我们住在堪萨斯州的劳伦斯市，龙卷风偶尔会袭击我们的居民区。在这个特殊的例子中，龙卷风毁坏了房屋和伤害了当地居民。这次龙卷风过后，我在治疗中遇到了一位男性来访者，龙卷风毁坏了他的家，给他造成心理上的创伤，他对龙卷风怀有极度的愤怒和怨恨想法。在治疗过程中，我的目标是帮助他停止反复地想龙卷风的事，停止责怪龙卷风毁灭了他的生活。因此，要教会这个男人放弃对龙卷风的怨恨。这只是更大的治疗目标的一部分，而这个更大的治疗目标是要教会这个人释放他对生命中一系列'倒霉事'的怨恨情绪。而且，他开始明白，龙卷风也损坏了其他的房屋和家庭，但那些人重新振作起来，继续他们的新生活。对这个来访者来说，不停地想龙卷风让他深陷在过去，意识到放手是前进的一步，这使得他重新燃起了对生活的希望。"

对于那些做过大量心理治疗的专业人士来说，这个案例似乎是很平常的，因为来访的这些人经常把生活中发生的不好的事情作为他们出现问题的原因（即他们埋怨生活中发生的某些事情）。因此，对这样的来访者来说，治疗的关键是引导他们不再去想以前的那些给他们带来消极生活的事件，这样他们才能继续奔向美好的生活。

第七节　宽恕的益处

宽恕能够让受伤的人从负面情绪中解放出来，从而产生情绪上和行为上的积极效应，包括降低焦虑、减少负面情绪、较少的心血管疾病和较好的免疫系统功能。

宽恕让人更健康。已有临床研究结果表明，宽恕和健康具有因果关系，宽恕干预疗法还可以通过降低敌意提升健康。宽恕能够降低人们的压力，增加人们的健康。以癌症患者为例：我们都知道癌症患者由于身体的不适，普遍存在抑郁、焦虑等负性情绪，严重影响了他们的身心健康。对癌症患者进行宽恕干预后，发现研究对象的宽恕水平、希望、生活质量均有所提高，愤怒的水平有所下降，4 周后进行随访，这些改善的效果也得到维持。因此，通过提升人们的宽恕水平，是可以改善相关的心理健康指标的，如愤怒、焦虑、抑郁、希望、自尊、社会功能等。

由此可见，宽恕干预可以改善人们的消极情绪，提高生活质量。如果放不下自己的怒火，不能够学会宽恕，不能够化解仇恨，这种心态容易让人们产生强烈的消极情绪反应，会增加人们的心理负担，同时面由心生，面部表情也会变得紧张僵硬，不会放松。这也会刺激自己的神经系统，加剧心脑血管疾病的产生、打乱神经系统的平衡。愤怒、仇恨、不宽恕所带来的负面影响是巨大的。

研究者邀请了 70 多名美国密歇根州霍普学院的本科生，让他们回忆曾经被伤害和被其他人不公正对待的经历，然后将这些参与者随机分成两组，一组回忆宽恕对方的体验，另一组回忆不宽恕对方的体验。所有参与者都能够回忆起自己曾经经历过的伤害事件，包括被拒绝、被欺骗，以及被朋友、情侣、家庭成员侮辱或背叛。实验历时两小时，参与者的所有心身反应、口头报告、行为表现、情绪活动，以及面部表情都被记录下来。结果非常明显：在不宽恕的条件下，参与者更多体验到的是负面的和强烈的愤怒和悲伤，他们的皮电、肌电显示出更多的不规则，测量出的紧张程度也更加明显，眼睛和面部也显示出很多负面情绪。相对而言，在宽恕条件下，皮电和肌电的活动水平都相对较低，交感神经活动的唤醒也较少，同时，血压的水平也明显降低。让人不安的是，这些生理指标的变化一直可以延续到实验结束之后的恢复期。这个研究充分证明，长期的不宽恕对心身健康非常不利。

宽恕让人们更幸福，因为学会宽恕的人总是生活在轻松的环境之中。原谅他人，厚待自己，那么幸福感就会爆棚。研究成果表明，宽恕行为与幸福感、人与人之间的和谐相处成正比。宽恕他人、善待他人、学会幸福都是预测美好生活的要素。

麦卡洛等采用他们自己发展出的模式对被试进行了干预，并比较了不同的干预目的在促进宽恕方面的效果。被试为主修心理学的 86 名本科生，被随机分成三组：控制组 21 人、人际关系干预组 30 人、自我提升干预组 35 人。

人际关系干预组以恢复被试同侵犯者的关系为目的来鼓励被试宽恕，自我提升组除了人际关系干预组的目的之外，还强调宽恕对他们的身体和情感也有益。在完成干预后，对三组被试都做了宽恕的测量。结果发现，同控制组相比，两个干预组的被试都体验到了报复愿望的降低、正面情感与和解愿望的增加且关注自我提升比关注人际关系的干预效果要好得多。

根据这些研究，我们可以确定宽恕对主观幸福感有着积极的作用，宽恕是预测主观幸福感的重要因素。宽恕连接着人生意义与主观幸福感，起到了桥梁的作用。高姿态的宽恕能够增加个体的社会认可度，得到人们的认同，形成自己的优势，从而促进生活的幸福感与满足感，感觉生活在一个令人满意的环境，心态端正。

宽恕别人的同时，也会使自己快乐。宽恕的对立面是仇恨与报复行为，它是指被伤害的人，采用极端的手段和方式，比如说惩罚、打击和伤害，报复那些曾经带给自己伤害、痛苦的人。古语说得好，冤冤相报何时了？要学会放弃、学会宽恕，而不是毫无理智地宣泄不满与愤怒。

例如，我们所熟知的“以牙还牙，以血还血”“有仇必报”“以其人之道还治其人之身”“君子报仇，十年不晚”等都是用来形容报复的句子。

在一项研究中，研究对象是65岁以上的女性，她们都曾被过往的消极人际关系伤害过。按照要求，参与者被随机分配到宽恕组，或者控制组。两组中的参与者要连续8周见面，每周1天。那些被分配到宽恕组的女性获得了有关如何原谅他人的培训，而那些控制组的女性则没有获得相关培训。最终结果显示，宽恕组中的女性的焦虑水平有所下降，自尊水平显著提高。

报复行为很可能会形成一种恶性循环，最终会伤害到自己。因此，不管从哪个角度看（无论是仅仅心存怨念，还是最终付诸实践），受害的最终都是自己。或者，反过来说，只有放下怨恨的思想，才能让自己最终受益（包括精神上和身体上）。

在另一项研究中，研究对象是遭遇过恋人出轨的人，参与者也被分为两组，一组人接受了宽恕培训，而另一组人则没有。最终结果显示，与没有接受培训的人相比，接受宽恕培训的人思想负担更少。

研究显示，报复思想对人有着极大的伤害。当然，如果最终真的付诸实践，那不仅伤了自己，也会伤害到别人。报复心理的存在，只会使受害者更加沉浸在痛苦的旋涡中无法解脱，更无法获得真正的轻松和快乐。

在我国的传统文化中，有一种精神叫“以德报怨”，这是一个非常优秀的价值理念。仇恨是生活中最主要的毒化剂之一，而宽恕则是让它逐渐稀释的药品。真正的宽恕，受益者是我们自己，它让我们更加健康、快乐和幸福。

由此看来，宽恕是一种生命的智慧。认识宽恕、懂得宽恕、学会宽恕、选择宽恕，应该是超越伤害、愤怒、痛苦、悲伤与仇恨的不二法门。诚然，宽恕是有"度"的，对于违背法律的行为，理应依法办事。这里所说的宽恕，是人与人和平相处、互相体谅的一种延伸，是一种积极的正能量。宽恕的力量是强大的，强大到可以影响到被宽恕的人，放弃自己的错误行为，改邪归正，做对社会有用的人。宽恕会使我们变得更强大、更快乐，也会让我们的社会充满正气。

宽恕的力量

六尺巷的故事

清朝时，在安徽桐城有一个著名的家族，父子两代为相，权势显赫，这就是张英、张廷玉父子。

清康熙年间，张英在朝廷担任文华殿大学士、礼部尚书。老家桐城的老宅与吴家（当时官拜安庆州知府，钦定五品）为邻，两家府邸之间有个空地，供双方来往交通使用。后来邻居吴家建房，要占用这个通道，张家不同意，双方将官司打到县衙门。县官考虑纠纷双方都是官位显赫的名门望族，一个是朝廷一品大员，一个是他的顶头上司——州知府，都不能得罪，不敢轻易了断，甚至想辞官不做，以免带来杀身之祸。

在这期间，张家人写了一封信，让人捎给在北京当京官的张英，要求张英出面，干涉此事。张英收到信件后，认为应该谦让邻里，给家里的回信中写了四句话：

千里来书只为墙，
让他三尺又何妨？
万里长城今犹在，
不见当年秦始皇。

遂交给来人，命速带回老家。家里人一见书信回来，喜不自禁，以为张英一定有一个强硬的办法，或者有一条锦囊妙计，但家人看到的是一首打油诗，败兴得很。后来一合计，确实也只有"让"是唯一的办法，房地产是很可贵的家产，但争之不来，不如让三尺看看。于是立即动员将垣墙拆让三尺，大家交口称赞张英和他家人的旷达态度。

宰相一家的忍让行为，感动得邻居一家人热泪盈眶，“他家宰相肚里能撑船，咱们也不能太落后”。全家一致同意也把围墙向后退三尺。

两家人的争端很快平息了，两家之间，空了一条巷子，有六尺宽，有张家的一半，也有吴家的一半，这条几十丈长的巷子虽短，留给人们的思索却很长。于是两家的院墙之间有条宽六尺的巷子。两家礼让之举和张家不势压人的做法传为美谈。六尺巷由此而来。

在建立和谐社会的进程中，这种谦和礼让的传统就更需要发扬光大。“六尺巷”典故，已远远超出其本意，成为彰显中华民族和睦谦让美德的见证。

测试 1

感恩测验

我们从最好的“感恩测验”开始，这个测验是麦卡洛和埃蒙斯（Robert Emmons）这两位专门研究感恩和宽恕的大师所设计的。

我们以 1224 个成人样本的平均值为基准，来看一下你的成绩。假如你的分数在 35 分以下，你的感恩指标就落在后 1/4；如果分数为 36~38 分，就落在样本群的后 1/2；分数为 39~41 分，则落在前 1/4 以内；如果你得到 42 分，你就进入前 1/8 的行列了。女性的分数略比男性高一点，年长者的分数略比年轻人高一点。

（自我测试）

请用下面的数字表达出你对每一个句子的赞同程度：1 = 非常不同意；2 = 不同意；3 = 有一点儿不同意；4 = 中立；5 = 有一点儿同意；6 = 同意；7 = 非常同意。

（　　）1. 我生命中有许多值得感谢的事情。

（　　）2. 如果要我列出值得感谢的每件事，这张单子会很长。

（　　）3. 我看不到这世界有什么值得感谢的事情。

（　　）4. 我对很多人都很感激。

（　　）5. 我年纪越大，越感到生命中有许多人、事、物对我有帮助，他们都成为我生命历程的一部分。

（　　）6. 要经过很长一段时间，我才会对某人或某事产生感激之情。

计分方式：

1. 请将第 1 题、第 2 题、第 4 题、第 5 题的分数加起来。

2. 颠倒第3题和第6题的分数，也就是如果你填7就把它改成1，如果你填6就改成2，以此类推。

3. 把改后的第3题和第6题的分数加到第1步的总和中，这就是你的感恩测验分数。你的分数应为6~42分。

测试2

测量宽恕

汤普森等制定了18道题目的测量宽恕特质的心灵宽恕量表（Heartland Forgiveness Scale，HFS）。三个宽恕类型——自我、他人或情境，各由6道题目来测量，采用7点量表（1=我几乎从来不这样，7=我几乎总是这样）。HFS上的得分与其他宽恕测量的分数存在正相关；HFS得分高的人也表现出更高的灵活性和更高的信任，表现出更低的敌意、沉思默想和抑郁。

心灵宽恕量表（HFS）

在我们的生活中，因为我们自己的行为、他人的行为或我们不能控制的情境，可能会出现消极事件。在这些事情过去后的一段时间里，我们可能对我们自己、他人或情境有一些负面的想法或感受。思考一下，你对这样的消极事件的典型反应。在每道题目前面的空白处，用数字表明你同意或不同意的程度，请用数字（使用下面的7点量表）标明你对这类消极事件的典型反应。答案没有对错之分。请诚实作答。

1	2	3	4	5	6	7
几乎完全不符合我		较不符合我		较符合我		几乎完全符合我

________1. 当陷入困境时，我虽然一开始会感觉很糟，但随着时间的流逝，我能放得下。

________2. 我对我做得不好的事情一直都耿耿于怀。

________3. 从我做的错事中吸取教训，有助于让我从中恢复。

________4. 对我来说，我真的很难接受我曾经做的错事。

________5. 随着时间的流逝，我能理解我曾经犯的错误。

________6. 我不能停止为我曾有过的不好感受、错误的想法、说过的错话以及做错的事而自责。

________7. 我继续去惩罚我认为曾做错事的人。

________8. 随着时间的流逝，我渐渐理解那些曾做过错事的人。

________9. 我还是严厉对待那些曾伤害过我的人。

________10. 虽然有人曾经伤害过我，但我最终还是会把他们看作好人。

________11. 如果有人对我很苛刻，我对他们的印象会一直很不好。

________12. 若有人令我失望，我最终会忘却他。

________13. 当情况因不可控的原因而变得糟糕时，我会陷入对这些事情的消极想法中。

________14. 随着时间的流逝，我能理解我生活中的倒霉事。

________15. 如果我因不可控的情况而失望，我一直会消极地看待它们。

________16. 最终我能平和地看待生活中的糟糕境遇。

________17. 我真的很难接受消极情况，虽然它并不是任何人的过错。

________18. 最终，我会放弃对不可控的糟糕情况的消极想法。

反向计分题目

第 2 题、第 4 题、第 6 题、第 7 题、第 9 题、第 11 题、第 13 题、第 15 题、第 17 题为反向计分题目。

HFS 的计分方法

宽恕的总分计算：将第 1 题到第 18 题的分数相加（第 2 题、第 4 题、第 6 题、第 7 题、第 9 题、第 11 题、第 13 题、第 15 题和第 17 题为反向计分题）。

分量表

自我：题目 1 到题目 6 为宽恕自我的分量表。

他人：题目 7 到题目 12 为宽恕他人的分量表。

情境：题目 13 到题目 18 为宽恕情境的分量表。

练习 1

列出三件今天进展良好的事情以及其中的原因

我们一天的注意力太多地集中在发生的坏事或者我们想要它发生、期盼它发生却又没有发生的事情上面，这经常导致失望、失败和消极的感情。但是，由马丁·塞利格曼领衔的一群心理学家所进行的研究表明，识别你生活中每天发生的好事，是可以提升你的幸福快乐水平的。

在这项突破性的研究中，研究者要求 400 名参加者在为期数月的一段时间里进行幸福水平的干预活动。其中的一项干预活动的内容是，要你们用几分钟时间回想，在脑子里记下来你所感激的事物，生命中美好的事物。每天晚上写出每天进展良好的三件事以及其中的理由，并持续一周。这是表现出最大效果的两个练习当中的一个，可以连续六个月增加幸福感并减少抑郁的症状。

这种感恩的方法是完成下面的句子：

我感恩__________________________因为__________________________。

在第一个空内，列出你感恩的人、事件或东西，第二个空内，写出你感恩的每件事情的原因。练习一周后，和他人讨论这样做的效果，再根据你的期望调整这个练习。

这个练习大概就是这样的情形：

（1）我被我前三个志愿当中的一所大学录取了。

这对我来说是特大的喜讯，因为我喜欢这所大学的校园环境和课程设置，而且学校还提供给我一份奖学金来帮助我减少上学的费用。

（2）我今天在图书馆给一群蹒跚学步的小孩念一本书。

我读得很好，所以图书馆管理员邀请我回去念另一本书。

（3）我和因为争论而几个星期都不说话的一个朋友说话了。

我们谈到了争论的好处，我们不同的观点，以及我们相互间不说话的糟糕感受。我们同意将分歧搁置身后，将我们两个人都很享受的友谊继续下去。

练习 2

一封宽恕的信

放下仇恨，给曾经伤害过你的人写一封信，这封信主要是表达你已经宽恕他了，但不要发送出去。

这个练习的难度可能要大一些，因为当遭遇不公正的对待时，我们大多数人都很难放下心中的愤怒。不过，多项研究已经表明，如果紧紧抓住愤怒和怨恨不放，那么最受伤的是我们自己，而不是他人。所以，即使你不情愿，这个练习还是值得好好完成的（注意：请尽可能把这个练习看成是一个纯粹利己的练习，它能够让你的情绪变好，做到既往不咎。千万不要把这个练习看作是为做错事的那个人而做的）。

步骤：

第一步，回忆曾经给你带来伤害或痛苦的事情，然后写下来（不要花太多时间沉浸在过去的负面情绪中。尽量本着实事求是的态度，写下事情发生时的具体细节，你当时的感觉，以及为什么会有那样的感觉。如果这件事到现在还在对你造成伤害，想想原因，并写下你希望这件事的始作俑者怎么做）。

第二步，在信中试着解释一下都有哪些因素可能使伤害你的人不得已而做出当初的行为（财务危机、听信谣言、失业等），尽可能想出能够促使他做出当时行为的所有因素。你的最终目的就是为伤害你的人找理由来解释他的行为，并认为当时他别无选择。

第三步，实现心理的完成，也就是这件事情在你的心里已经结束了的标记。心理完成作用的确可以帮助人们放下过去，不再沉浸在以往受伤的阴影中。

第十章 职场中的幸福

工作中快乐的秘诀包含在一个词里面——卓越。知道怎样把一件事情做好就是在享受这件事情。

——珀尔·S. 巴克

（1）你对你目前的工作满意吗？快乐吗？

（2）如果不满意，没有快乐，这是为什么？

（3）如果不想辞职，有什么办法可以使我现在的工作更快乐？

我们周围的很多人从周一开始上班就盼着周末，好像上班的过程对他来说就是一种煎熬，工作的目的就是每个月的薪酬，至于说想从工作中找到乐趣，会让很多人产生质疑或者不屑一顾，会不相信地摇摇头，这怎么可能呢？很多人都在质疑能从工作中找到幸福。从工作中能找到幸福快乐，这个想法不过是白日做梦而已，更糟的呢，它总会残酷地提醒很多人：我们在工作的地方有多么的不快乐！根据最近一次盖洛普民意调查的结果，对工作满意的成年人还不到半数。这当中就存在着这样一种状况，有些人没有从事自己喜欢的工作，而是选择了自己不喜欢的工作，就是因为这个工作给的薪水比自己喜欢的工作高。其实，生活中这样的人并不少见。然而，我们发现，这些人之所以不快乐，并不是因为真的别无选择，而是在他们的头脑当中把物质和财富放在快乐和意义之上，致使他们很不快乐。还有的单位经常加班，工作时间过长，占据了人们每天大多数富有创造力的时刻，在这段时间里，大多数人是没有机会变得更加幸福或者去提高生活品质的。那么，我们该怎么办？什么因素可以使员工服务于他的单位？采用什么样的方法可以让员工在工作中感到愉悦？人的一生，除去求学与退休的时间，大部分的时光还是在工作中度过的，因此，提升职场幸福感对提升人生的幸福感尤为重要。

第一节　工作的三个阶梯

有些人生活是为了工作，而有些人工作是为了生活。这看似很简单的一句话，却包含了很深刻的含义，说出了目前人们的工作状态。我们从小受到的教育就是：积极的工作态度是一个伟大的爱国的标志。我们正是通过抗争和辛苦的劳作才建立起我们伟大国家的。我们用双手和原始的工具把落后的农业国建设成全世界先进的工业化程度最高的国家之一。我们完成这一切所用的时间几乎是创纪录的，尤其是当你考虑到其他工业化国家完成这个转变所走过的漫长道路的时候你就会更加认识到这一点。或许现在不那么普遍了，但是在不久之前，大多数人做同一份工作还能做上二三十年或者更长的时间，直到退休为止。几十年忠诚服务的故事并不是什么罕见的事情。这就是过去人们的工作方式。现在，社会正快速地从金钱经济转型到满意经济，当然这个趋势是起起伏伏的：当经济不景气、失业率高时，个人的满意度就没有那么重要了，那时如何保住工作占上风；当经济繁荣、工作机会很多时，个人满意度就很重要，很多企业为招不到、留不住优秀的人才而苦恼。最近 20 年的趋势是偏向满意度的。现在的年轻人追求的是生活满意，他们问自己："我的工作真的这么令人不满意吗？我可以做些什么来改变它呢？"笔者的回答是，只要能在工作上经常地发挥你突出的优势，你就会使你的工作更满意。

本章的目的就是教你如何在工作中获得最大的满意，提升你的职场幸福感。重新安排你的工作，使你的优势得到展现，这不仅会使你更喜欢你的工作，还会将例行公事、被动执行的枯燥工作变得有生气。当你真心愿意去做这件事时，它就能为你带来很大的满足，因为你在为这个工作的意义而不是为了它所带来的物质报酬而工作。你很快就会从工作中体验到心流，能够给员工带来心流体验的单位定会打垮只以金钱作为报酬的单位。

请用一句话写下你对现在工作状态的描述：

A：我每天不得不去上班，我要养家糊口。

B：我尽心尽责地做好每天的工作，这是我收获的来源，这是我晋升的希望。

C：我对每天上班都充满了期待，我迫不及待地投入工作中，我在工作中找到了人生的意义。

ABC 三种描述，哪种描述更像你当下的状态？你如何定位你的工作与自己后半生的关系？

从学术意义上说，工作有三种不同的层次：工作、职业及事业。你为了薪水做这份工作，并不期待从中得到其他的东西，工作只是达到目的的手段（你要养家糊口），没有薪水你肯定就不干了。职业表示你对这份工作有更深的投入，你不仅通过金钱来显示你的成就，也通过升迁来彰显成功。职业上的每次升迁，或带来更大的权力，或带来可观的收入。从普通职员到主任科员，从讲师提升为终身教授，从助理到经理，职位的提升给你带来了满足感。但没有机会再提升的时候，你开始寻找新的工作。

事业相对来讲脱离了一些世俗的东西。以事业为导向的人认为他们的工作有价值，这是一种理念、一种奉献。这种工作本身就能带来满足感，跟薪水或升迁无关，当没有薪水、不再升迁时，工作仍然能进行。传统意义上，事业是非常有地位的工作，如工程师、大学教授、科研人员等。但最近研究发现，任何工作都可以成为事业，而任何事业也都可以变成工作。一名地矿勘探师可以把地质勘探看成是工作，只对赚钱有兴趣；而一名淘粪工可以把他的工作看成是宁脏一个人，洁净千万家的对社会有益的事业。

瑞兹奈斯基（Amy Wrzesniewski）是纽约大学商学院的教授，她和同事研究了 28 名医院清洁工，每个人的工作内容都一样。观察发现，把清洁工作看成事业的人使工作变得更有意义，他们把自己的工作看成是治疗患者的重要一环，要求自己工作有效率，并能预见到医生和护士的需求，使医护人员有更多的精力医治患者，而且他们会主动增加自己的工作；相反，把清洁只当作工作的人仅会完成分内工作。我曾看过这样一个把工作看成事业的报道：

肝胆外科专家吴孟超

吴孟超，中国科学院院士，国家最高科学技术奖获得者，中国肝脏外科的开拓者和主要创始人之一，被誉为“中国肝胆外科之父”。2019 年，这位 97 岁的老人才退休，从医 70 多年，在他退休之前始终没有放下过手术刀，每周做 3 台复杂手术。他见证了中国肝胆外科从无到有、从有到精的历程，他用一把柳叶刀，挑战了一个又一个“医学禁区”，创造了一个又一个医学奇迹。2010 年，我国将一颗小行星命名为“吴孟超星。”

他有一双神奇的手。这双手灵巧有力，唯有右手食指指尖微微向内弯曲，那是他多年握手术刀、止血钳的结果。他的手术刀，常常在纵横交错、险象环生的血管间游走，“逢山开路，遇水搭桥”。他清楚每条血管的走向，如同将军了解战场上的每一道河流山川。他说：“手比脸重要。脸老了无所谓，但是手的感觉要保护好。我有时候开刀，眼睛一边看，手一边操作，需要很好的手感。”有人说，他有双“长了眼睛的手”，能“看见”肿瘤的位置，熟知各种复杂的解剖关系。他的手变形了，脚也变形了，但他的初心始终未变。

他有一双温暖的手。冬天的时候，他会先把手焐热，再去触碰患者的腹部。给患者做完检查，他会帮他们把衣服拉好，弯下腰把鞋子放到他们最容易穿的地方。每个大年初一，他会准时出现在病房，一个不落地和患者握手。面对千里迢迢前来求医的患者，他总是会先跟患者聊聊家常，让患者消除紧张的情绪。“一个人得了肝癌，整个家庭往往都垮了。跟患者多说句话，握一握手，就能给他和全家人信心。”吴孟超说。

在《朗读者》节目现场，一位名叫甜甜的姑娘站在了吴孟超面前。14 年前，她曾是一名被多家医院拒绝收治的重症肝病患者。2004 年，她的中肝叶上长了个巨大的海绵状血管瘤，稍有不慎，就会因血管破裂大出血而死亡。抱着最后一线希望，这个女孩来到上海东方肝胆外科医院，求助于吴孟超。当年，吴孟超已经 82 岁。要进手术室了，父母抓住甜甜的手不肯放，甜甜也意识到，这恐怕是今生最后一面了！吴孟超弯下腰轻声说：“不要紧张，当你醒来的时候，我们都在你身边。”两天后，甜甜从昏迷中苏醒，看到的第一个人是吴孟超，听到的第一句话是“你没事了”。手术做了整整 10 小时，瘤被切下来了，重达 9 斤，足足有排球那么大。在国外的文献中，直径 4 厘米的血管瘤就被定义为“巨大”。然而，吴孟超面对的，几乎都是“超级巨大”的肿瘤。当时，有些年轻同事劝他：这么大的瘤子，人家都不敢做。你做了，万一出了事，你的名誉就毁了。吴孟超答：“名誉算什么，我不过就是一个吴孟超嘛！”

吴孟超一生救了很多人的命，却没能挽救自己的父亲。一位与吴孟超合作了 30 多年的护士长说，她看到过这个传奇医生的另一面，“手术后靠在椅子上，胸前的手术衣都湿透了，两只胳膊支在扶手上，掌心向上的双手在微微颤抖。”吴孟超曾对她说：“如果哪一天，我真的在手术室里倒下了，你知道我是爱干净的，记住给我擦干净，不要让别人看见我一脸汗的样子。”

医者仁心，大医精诚。吴孟超用一把有温度、有情怀的柳叶刀，铸就了新时代的医魂，彰显了医者的大爱。

吴孟超就是把平凡的工作转化成了高尚的事业，心存责任感、使命感。他能将它作为事业，是因为运用到了他的突出优势。在生活中，关键不在找到对的工作，而在于如何找到一份你可以把它转化成事业的工作。如果你可以找到一个方式，常常在你的工作中施展你的突出优势，你会发现工作慢慢变成事业。

反思：一直以来，你的工作态度是什么？（详细描述）

第二节　工作中的心流

心灵的充实会将工作的重任转化成满意，也就是前面所说的心流体验——在工作时感到自如自在，好像在一个非常舒适的环境里。心流是此时此刻的积极情绪，它不包含任何有意识的思考或有意识的情绪。希斯赞特米哈伊发现某些人有很多的心流体验，某些人则很少，他找出了内在原因，发现这跟工作满意度有关。工作满意度不高，个人工作就不幸福，大致有以下几点原因：其一，这个人本身就是个悲观的人，会把坏事情归因到永久的和普遍的因素上。本身悲观的人，常常将生活中的悲观情绪带入工作中，使工作也常常处于不幸福的状态。其二，工作有责无权，工作上的选择权很少，而压力却非常大。笔者的同学服务过一家企业，该企业外聘一高管，而该高管下面的人全是老板的“皇亲国戚”，很多时候，下面的人越过高管，直达老板那里。老板给了职位，给了责任，不给相应的资源和权利，这样的高管很难做出业绩，也很难获得工作的幸福感。还有一些岗位本身责任大，但是相关选择权少，创新少，如护士、文秘等岗位。其三，找不到工作的意义。工作没有成就感，个人不能从工作中找到满足感。企业没有愿景，没有使命，唯利是图。工作背离了本身内在的好目标，而只顾赚钱获利，甚至不惜做一些国家明令禁止的事情。

人们在工作的时候，不可能一天 8 小时的上班时间都有心流体验，而是只会有比较短的时间，当然因人而异。譬如面对一个困难的挑战时，你应该用自己的优势漂亮地解决它，当你发现自己的这些能力不仅包含你的天赋，还包含你的优势和美德时，你就清楚了该怎么选择工作或是如何去转化你现在的工作了。

工作可以是体验心流的最好场所，因为它符合心流出现的许多条件。通常工作都有清晰的目标和要求，你会不断收到表现优或劣的反馈信息。工作通常要求你专心，尽量减少无关刺激，很多时候，工作的要求与你的天赋或优势旗鼓相当，因此，人们通常会觉得在工作中比在家中投入更多的精力。

杰出的历史学家约翰·富兰克林说过："你可以说我这一生每一分钟都在工作，你也可以说我这一生一天都没有工作过。我常常说感谢上帝今天是星期五，因为对我来说，星期五表示可以连续两天一直工作而不被打断。"如果你认为富兰克林教授是个工作狂的话，那你就错了，他所说的其实是学术界或商业界最高的精神状态。他星期一到星期五是位教授，我们有很多理由相信他是位好教授，教书、行政、学术、人际关系都非常好，因为这些都用到了他的优势——仁慈与领导力。但是这些没有用到他的突出优势——热爱学习及创造性。在周末时他才能应用到这两个优势，所以，他周末在家中能体验到比工作时更多的心流，阅读和写作带给他极大的快乐。对于我们每个人来说也可以把平淡无味的工作转换成有意义的、让自己更常体验到心流的事业。

通过经验取样方法，希斯赞特米哈伊发现，人们在工作时所体验到的心流远比休闲时多。当受测者在工作中接到讯号（这种情形只占 3/4，因为剩下 1/4 的上班时间，一般员工往往在做白日梦、闲聊或处理私事）时，心流的反应高达 54%。换言之，约半数的人在工作时觉得面临水准以上的挑战，运用到水准以上的技巧。相对于阅读、看电视、招待朋友、下馆子时，只有 18%的反应达到心流的水准。休闲产生的反应是很典型的（无动于衷），低于平常水准的挑战与技巧运用是其主要特征。在这种情形下，很多人都觉得被动、软弱、迟钝、不满足。工作时 28%的反应属于无动于衷的范畴，而休闲时却超过一半（52%）。

由此可见，一个人每周中处于心流状态的时间越长，反映的整体体验品质就越高。经常感受心流的人较易感觉坚强、活跃、专注、进取、更有创造力、更满足。

在经济繁荣、失业率低的时候，影响一个人工作选择的是他能从工作中得到多少心流体验，而不是他能得到多少薪水。如何去选择及如何转化工作以产生最多的心流并没有什么神秘，当挑战与你的能力旗鼓相当时心流就会产生。笔者的方式如下：

（1）找出你的优势。

（2）选择可以每天让你使用到这些优势的工作。

（3）转化你目前的工作，使你的优势更可以发挥出来。

如果你是老板，请选择个人优势与工作需求相配合的人，如果工作压力无法改变，那请尽可能设计出能使员工有更多选择权的情境。如“海底捞饭店”的员工有很多标准的服务动作，但是饭店同时鼓励员工自主创新服务，为客户提供令人感动的服务。在工作中发现员工的优势所在，做到人尽其能。老板一项最重要的职责便是识人用人，用人所长。同样的人，放在不同的岗位，可能大放异彩。简单关系，结果导向。研究发现融洽的人际关系能够显著提升职场幸福感。公司建立一个结果导向、简单人际关系的公司氛围，员工不用为纷繁复杂的人际关系而劳心，不用彼此钩心斗角，层层防范，而只需要关注工作本身。还有一点需要注意，即使在竞争很激烈的状态下，也不要过于急功近利，双赢是正道。

如果你是经理，给你的员工空间，不限定工作的具体方式，并允许下属犯错误，那么下属就会有创新空间，会积极主动工作，并敏锐地察觉各种问题。在为这种上司工作的时候，员工就不会不懂装懂，或掩饰自己的错误，组织内部的隐患就能够及时暴露。员工会想，既然上司能够容忍不确定性，那么员工就没有必要每次都保证不出错，进行一些有风险的尝试看起来也就没有那么大风险了。于是，员工更加愿意对工作流程或产品提出合理化建议。因此，这类管理者往往能获得更多有用的信息，这意味着他们会有更多的选择，让他们可以在你的目标范围内自己做决定。要鼓励员工提出自己的想法和问题，而且不要因为他们犯了一点小错就炒他们的鱿鱼。

如果你是员工，可以通过以下方法提高工作的满意度：如果你的工作需要悲观的特质，那么你可以练习在个人生活上多运用乐观，而在职场上保持悲观的态度。悲观特质占有优势的工作，如法务、风控等，需要严谨务实、风险防范。如果你恰巧从事这方面的工作，可以尽量把工作和生活分开，在生活上多运用乐观向上的态度，增加生活的情趣。还有，你应该从事能发挥自己突出优势的工作，做自己擅长的事才能有积极的情绪。此外，在工作中寻找挑战自我的任务。在工作中精益求精，高标准要求自己。适当的挑战自我，能够提高你的斗志，包括尝试改进现有的工作、尝试一些你未曾涉及过的领域工作、多参加公司内部的项目组、寻找有挑战性的工作目标，等等。这些能够让你的工作更具多样性，让你的工作更有趣，你也因此可能得到老板或上级的青睐，从而获得更多的职业机会。

不管是作为老板、管理者（经理），还是员工，都需要寻找工作的意义，要时常思考：“公司创立的使命是什么？我们的工作是为了什么？”经常思考这些问题能赋予我们每天成就及更多的意义。在工作中修炼，把工作变成修炼的道场，把工作当成自己的事业，从而提升职场幸福感，找到人生的意义。

反思：请你认真想一想，当你工作的时候，在什么样的情况下有心流体验？

第三节　积极应对工作环境中的消极行为

对工作场所幸福感的最大威胁之一就是消极因素，这种消极因素就像病毒一样的传播。这种情况常常是很难发现的，它悄悄地传播，就像化脓之后还要过一段时间才会开始造成危害。关键是，当同事或周围环境蒙上了一层消极因素的阴影的时候，你要高度地警觉。这并不是说，你在工作中的每分每秒都得保持微笑，那也是不现实的，但是你必须做出一定程度的建设性努力，确保尽可能多地用积极的力量来包围你自己。

有一些工作场所，一到那里，就会立刻感到那里的紧张气氛。无论是管理层和雇员之间的不和，还是因迫在眉睫的新一轮的解雇所造成的焦虑，那种消极的氛围是浓重而又令人窒息的。你并不是一个可以解决种种不同问题的人，只要一走进一个场合，就能奇迹般地把事情调整得更好。但是如果你能够以某种谦虚的方式帮着缓解局势，那么你应该在不越权的情况下做出这种努力。工作场所的和睦，包括同事之间的和睦，对你的幸福是有积极影响的，所以和睦应该是每个人的责任，从收入最低的人到职位最高的人，都是如此。不管你是否喜欢你的同事，你一天的1/3的时间都是要和他们一起度过的，而且他们也开始承担起了第二家庭的动态关系。就像在家里一样，如果一个家庭成员心烦或者情绪不好，那么很可能其他的家庭成员都会受到影响。

“麻烦事儿喜欢找人堆儿。”我的母亲总是这样说。随着我的成长和生活经历的丰富，我对这句话当中所蕴含的智慧比以往任何时候都更加深信不疑了。不幸的是，成功和在工作中找到幸福快乐，从一定意义上讲，就是要能够理解你所处部门中的办公室政治，在避免带来消极后果的时候能够变得有技巧。我们都有过同办公室里的长舌妇和煽动家共事的经历，这种人总是深陷于争端之中，他们最喜欢做的事情就是戴着消极的眼镜来看待事物。他们专门从事发牢骚的行当，无论是他们的工资、工作的条件、假期太少还是管理不够人性化，等等，他们好像有说不完的苦衷。尽管你可能认同和赞成其中的一些抱怨，你也要尽力避免和这颗核弹接触，因为它最终会使你的积极性趋于枯竭。正确的做法是，要把时间主要花在做好事情上面，要创造性地工作，通过意见一致和紧密合作来改善事物，而不是通过煽动来达到这个目的。

我们希望从工作中找到一定水平的幸福，这是一件要紧的事情吗？绝对是的！首先来看看我们的时间分配。做全职工作的人一般每周至少要工作 40 小时，在许多情况下还可能更久。这意味着，从周一到周五，除了那些上夜班的人之外，我们当中的许多人每天至少要把 1/3 的时间花在工作上面。这通常也意味着，在一天里最具创造力的时段中，外面阳光明媚，博物馆正在举办有吸引力的展览，我们却被拴在了办公室的桌子上或者工厂的生产线上了。为什么人人都要把 1/3 甚至更多的时间不快乐地花在他们不喜欢的工作上面呢？让我们换一种方式来看待这个问题。8 小时工作、8 小时娱乐、8 小时睡觉的传统时间分配法意味着我们每天有 16 个小时是醒着的。醒着的时间有一半之多花在了工作上面。所以，我们当中的大多数人把一周当中一半清醒的时间都花在了工作上，而远离了我们的家人、朋友、宠物、住所和爱好。我们失去了和我们所爱的人和事物在一起的时间，这已经是够不幸的了，但是如果这段时间里还过得不快活的话，那就更加令人遗憾了。

从工作中获取幸福的另一个重要原因在于生产力。堪萨斯州立大学的托马斯·赖特（Thomas Wright）就反复地指出：如果工人更加幸福快乐，那么他们就会生产出更多的产品，也会展现出其他的积极工作行为，更有可能建立起充实积极的人际关系，拥有健壮的身体和更高的出勤率，倾向于获得更好的业绩评估和更高的薪酬。有些研究显示，一个工人与老板的关系有 1%的积极上升，就等于工资有 30%的增加。许多经理和公司的领导层都听到和读到，快乐的员工具有更加优异业绩的相关报道，于是他们在招募新员工的时候，会把“快乐天性”当成他们寻找的一种品质。

第四节　在工作中获得幸福的简单方法

我告诉你在工作中获得幸福有方法，你可能对我说的话持有怀疑的态度。

因为许多人认为在工作中找到幸福快乐是不可能的，原因很简单：他们非常地讨厌他们的老板；他们一点儿也不喜欢他们所做的工作；或者工作压力巨大。但是，积极心理学家和其他的研究者对一个人如何能够在工作中获取更大的幸福快乐进行了更加深入的研究。下面就是能够给你带来更多快乐和更好工作业绩的五种简单的策略，教你如何在工作中获得最大的满意。有些人对我说的方法可能持有怀疑的态度，先不要质疑，要先去做，做了之后，对你个人工作的满意度就会有一个提升。重新安排你的工作，使你的优势得到展现，这不仅会使你更喜欢你的工作，还会将例行公事、被动执行的枯燥工作变得有生气。当你真心愿意去做这件事时，它就能为你带来很大的满足，因为你会在工作时感觉到是有意义的，而不是为了薪水而工作。你很快就会从工作中体验到心流，体验到工作给你带来的快乐，让你充满能量地沉浸在工作之中。

第一，设定目标。为什么设定目标很重要？目标使我们专注，从而让我们找到自己的方向。没有目标，没有明确的方向是一种不舒服的状态。比如说找工作的时候，有很长时间都不知道自己以后要去哪里，这时心里七上八下的，直到找到工作以后我们才会安下心来享受生活。在茫茫大海上，如果我们不知道该往哪个方向走，那么船永远也不会到达目的地。人也是一样，专注才能找到人生的方向。比如说我想买一台电脑，突然就会发现周围很多电脑的广告，之前都没看见过。想买一辆什么款型的车，突然就会发现大街上跑着很多辆这样的车，之前都没看见过。设下一个目标，有了一个方向，关注的焦点会造就我们的现实世界。有了目标，内心的力量才会找到方向，漫无目标地飘荡终归会迷路。一个人无论他现在有多大的年龄，真正的人生是从设定目标开始的，以前只不过在绕圈子而已。要想做一个幸福的人，必须要有一个明确的可以带来快乐和意义的目标。

没有目标就是人们在工作中并不快乐的主要原因之一，这既令人沮丧，同时又使人胆寒。有时候你的上级领导会给你制定一年中需要完成的一些目标。富有工作经验、敬业的领导会和你探讨为什么设定这些目标，如何去实现？但是情况经常却是这样的：员工做一项分配给他的工作时，并没有人坐下来与他全面地讨论一项行动计划。行动计划不仅应该包括长期、短期目标，而且还应该包括员工在单位里成长和找到成功的一些方法。如果你是缺少沟通所导致的受害者，那么你是可以采取一些措施来改善你的境遇的。如用一种非对抗、非指责式的方式和你的主管或者经理谈话，解释一下你十分希望有面对面会晤的机会，以便你们能够讨论制定目标和制定你在单位里个人的发展计划。

一定要设定你自己的工作计划，即便管理层没有帮助你，或者对你提出的帮助制定个人发展计划的要求没有回应，也要设定一些较小的目标，如高出勤率、准时，或者在截止日期前完成分配给自己的工作，等等，只要有一些方向，就能够使你的工作变得更有意义和更加充实，并且让你走得很远。朝着这些自定的目标努力并且达到它们，这意味着，你并不是一个“当一天和尚撞一天钟”的人，而是一个有目标的人，这就会使你通向极大的幸福。你为自己制定的目标在规模、价值和难度上应该逐渐攀升，不要一开始就定出担任公司总裁的目标。并不是说你不能有这样的最终目标，但是认为一夜间就能进入最高管理层，这是不现实的。一开始要制定一些既有挑战性又可能实现的目标，然后一步步地推进你的工作。

当你从一个目标走向另一个目标的时候，争取让管理层和同事看见。要具有创造性，打破陈规去思考问题，试图解决工作项目流程中那些有利于单位整体的问题。

大量研究表明，有效的沟通，尤其是来自管理层的有效沟通，对于一个员工的快乐而言至关重要。有些经理倾向于把自己关在办公室里面，或者总是太忙了，没有时间和别人聊天，但是你得富有进攻性，确保抓住每一个一对一的谈话机会，即便只有几分钟也行。这会让你的经理知道，你对于自己的工作很认真，你渴望成功。这也会让管理层在考虑人事变动的时候首先想到你。如果你的主管不与你沟通，那么你就要主动出击，迈出第一步。不要始终在深水里游着，等待奇迹般地救援。有时你不得不靠自己创新，看能不能促使某种事情发生。

第二，获得乐趣。谁说工作只能完全涉及商业呢？那些一天工作 8 小时甚至更长时间而没有获得一点儿乐趣的人，说在工作中一点儿快乐都没有，这是毫不奇怪的。但获得乐趣并不是说管理层需要举办联欢会之类的，而是要创造这样一种氛围，使员工既能够认真地对待工作，也能够找出一些乐趣来，这是一种平衡，这种平衡可以使工作中的幸福感全面地增加。

各种研究显示，在娱乐和生产力之间，有一种直接的联系。当员工在获得乐趣的时候，他们的精力更显充沛。用一些时间去获得乐趣，这会使邻近的人们更加友好，更可能多走几步到对方那里去，对于一个团队尤其如此。例如，你和你的团队做一项有挑战性的工作，你们团队的工作时间很长，也很艰苦，而且还到处出差，经常使团队成员错失家庭活动或缩短假期，每个人都不辞辛劳地做工作要求之外的事情。团队中从没有人抱怨他们在工作上所花费的时间以及他们个人所失去的时间，尽管时间漫长而乏味，为什么会这样呢？道理很简单，那就是虽然他们工作很辛苦，但更是乐在其中。

那一定是在这个团队中，人们是相互沟通与交流的，当他们有点时间无须工作时，他们并不跑去把自己关在旅馆的房间里。相反，他们却希望在一起度过更多的时间，要么一起去饭店吃饭，要么一起散步、游览城市的一些景点，或者在咖啡厅聊天、打扑克等。出差在外，也使人精疲力竭，但是无论什么时候都有可能存在小小的乐趣，只要不影响我们工作的质量和数量，就能使每一个人都更加幸福快乐，使大家为我们必须要做的工作感到满意。

找几个同事，想出一些大家工作时或者下班后可以获得更多乐趣的办法。有些公司组织午餐时间的活动，如下棋比赛、书画展、歌咏比赛、诗朗诵等；或组建一支篮球队，打一场比赛；组织家庭成员可以参加和相互见面并获得乐趣的郊游。这些都不需要花费大量资金，还能增加乐趣，因此，可以尽可能发挥你的创造力来提升工作中的乐趣。

第三，找出你的乐趣所在。你可能不喜欢你工作的很多方面，但是至少应该有一样东西，你喜欢它是胜过其他东西的。要把这样的东西辨别出来，作为你兴趣的中心。你可能不喜欢你需要付出的漫长工作时间，但是你却可能非常欣赏某一个与你一起工作的同事。假设你是一个在市中心工作的文员，需要坐很久的公交车才能到达办公室，你对交通所感到的沮丧，可以用你整天与新人见面、交流所得到的乐趣来抵消。如果你把大量的时间主要用在你不喜欢的事情上面，那么你就会被淹没在消极的空间而不是积极的洪流之中。

即便是微小的，也要辨别出一点可以给你带来一定程度快乐的东西来，这意味着：即便你对自己的工作不会感到十分满意，也可以有一点你盼望的东西。找到这一线希望可以完全改变你的前途，否则你只能获得彻底不快乐的经历。你可能认为，需要巨大的变化才能带来一片新天地，但是有些小事是你可以做的，这些小事会使你的工作环境变得更加友好和令人愉快。用富有感情色彩的东西，如家人或者宠物的照片来使你的空间变得个性化，无论这个空间是一间办公室还是一个小隔间；把你的区域装饰一下，摆上你喜欢的东西，使它表现出你的特征；放上一罐水果糖或者薄荷糖，当别人经过或者找你的时候就可以吃一点；贴上与当下的假日有关的一些积极的口号或纪念品；等等。

第四，你自己比你的工作更重要。当一个有创造力和可靠的雇员肯定是一件值得称赞的事情，你为自己的工作而骄傲也绝对没有什么过错。但是就像生活中的任何其他事情一样，工作也有边界，而这些界限是应该受到尊重的。然而令人遗憾的是，有些人把工作带得太远了。

无论从字面意义还是象征意义上讲都是这样，把工作带回家、带到假期中、带到任何中间地带的地方。就像生活中的其他事情一样，你必须要有更大的眼光接受工作只是生活这块蛋糕中的一块，而不是整个蛋糕。千万不要过成“工作就是你生活的全部，同事就是你的家人”。如果一个人过着这样一种单调的生活，该有多么的孤寂呀！

享受工作的一种方法，就是要确定你在享受生活。当工作对你已经变成了完全消耗的性质的时候，通常令人激动和值得期待的时刻和任务，就会突然变得平淡乏味，丧失鼓舞的力量。享受工作的很大一部分在于保持工作的新鲜感。如果不能保持工作某些方面的趣味性和变化，那么日复一日，你就会发现你只是在打卡上班和走过场。工作是重要的，也是不可或缺的，但它必须始终与生活其他方面的馈赠保持平衡才行。

这对于那些一时失业而正在寻找新工作的人来说也是非常重要的。要么是修改简历，要么是出席研讨会或者在互联网上寻找机会，对于许多人来说，寻找工作已经成了他们的全职工作。当账单需要支付，收入需要稳定的时候，保持适当的生活平衡仍然是很重要的。花在寻找工作上的漫长而且有时是令人失望的时光，能够给消沉和焦虑火上浇油。面对一个充满困难的人才市场，保持期望和乐观，对于维持总体上的幸福是至关重要的。

第五，注意休息。每个人在某种时刻都是需要休息一下的。无论你是保安人员还是办公室经理，在一天的工作过程中，你需要一些停工的时间，防止过度疲劳。当然，你能够享受的时间的多少取决于你的工作性质和工作要求，不过至少要安排 3~4 次 15 分钟的休息，来摆脱一下每天的辛苦工作，这是必不可少的。

这一点为什么如此重要呢？因为不休息，那么疲劳增加的速度非常快。美国陆军曾经做过多次实验，证明即使是经过多年军事训练的坚强的年轻人，如果不带背包，但若每一小时休息 10 分钟的话，他们的行军速度就会加快，也更持久，所以陆军总是强行要求他们这样做。

你的心脏和美国陆军士兵的做法是一样聪明的。从你的心脏每天流出来穿过你全身的血液，足够装满一节火车车厢；每 24 小时所供应的能力，也足够一个20吨的平台所需的能量。你的心脏能完成这么多令人难以相信的工作量，而且可以持续50~70年，甚至可能达90年。你的心脏怎么可能承受得了呢？哈佛医院的华特·坎农博士解释说：“绝大多数人都认为，人的心脏整天都在不停地跳动。事实上，在每一次收缩之后，它有一段完全静止的时间。当心脏以正常速度每分钟跳动70次的时候，一天24小时里它的实际工作时间只有9小时。也就是说，心脏每天休息了整整15小时。”

在“二战”期间，丘吉尔已经快70岁了，却能够每天工作16小时，长年坚持指挥英国军队作战，这实在是太了不起了。他的秘诀在哪里？工作的时候要注意休息。他每天早晨在床上工作到上午11点，看报告、口述命令、打电话，甚至在床上开很重要的会议。吃完午饭后，他再上床睡1小时。到了晚上8点钟吃晚饭以前，他要再上床休息2小时。由于他经常休息，所以可以精力充沛地一直工作到半夜之后。

由此可见，如果想保持充沛的活力，就要在工作的时候注意休息，不要过度疲劳。

可是，生活中有些人到了办公室就一直坐在桌子跟前，离开时也只是因为要到楼里的另一个地方去开会，或者是为了上厕所。他们甚至吃午饭时也坐在电脑跟前，一边吃着方便面，一边回复着电子邮件。尽管这种残酷无情的节奏在短期内可以使某人充满创造力，但是许多研究表明，长时间这样会导致员工对工作的不满。从办公桌前站起来，或者离开工厂场地中的机器，尽最大努力改变你的工作环境，以便你可以从日常工作中得到一种不仅是心理上的而且是生理上的休息。

午饭时是休息的理想时间，但关键是要离开你工作的大环境，“打破常规气氛”。即便是在外面吃饭或者花点时间散散步也会产生很大的不同。这是清爽头脑、把工作扔在一边的绝佳机会。有些人甚至创建了午饭时间的散步俱乐部，人们在一起度过很大一部分空闲时间，通过一些轻微的体育运动摆脱压力，重新振作起来，带着开放的头脑和积极的态度，回到工作之中。我的朋友小张和我讲过这样一个故事：

小张曾经和一家非常著名的企业高级主管合作过，这位高级主管是我听过的被事业驱使得最为厉害的人之一了。她聪明，雄心勃勃，在工作上也极其成功。她工作的钟点又长又艰辛，经常有冗长乏味的会议和连续不断的旅行。有一天小张给她的办公室打电话，要通报她们之间的一个合作项目的最新进展。她的秘书接了电话，并核查她那天的日程，看有没有 5 分钟的空闲时间以便她们可以谈谈。当小张听到她的秘书复述她的日程的时候，小张感到十分震惊。从一大早八点半她就开始被死死地钉在一系列的会议上了，直到下午五点才结束。当小张敦促秘书看能不能帮她挤进去几分钟，以便可以问几个问题时，小张才知道她日程的实际情况比小张最初想象得还要糟。这些会议不仅仅是一个接一个的，许多实际上是部分重叠的。所以在有些会议实际上还没有举行的时候，她就已经迟到了。

后来小张见到她之后，跟她建议稍稍改变一下她日常的时间安排。小张说："让你的助手预定会议时不要把间隔时间安排得小于 10 分钟。然后让她确保你每天的日程中至少有 15 分钟的空闲时间，当然要除去午饭时间，在这段时间里不要开会，不要接电话。用这 15 分钟来做点完全不同的、与工作毫无关系的事情。"让她有些休息时间，哪怕只有 10 分钟。

她花了一个月的时间来实施小张给她的建议，从行动上做出改变。最终她反馈说，她十分渴望这 15 分钟，所以她指示她的秘书将一天一次的休息改成了一天两次。她声称，日程中这令人愉快的中断改变了她对职场生活的看法，有助于减少一天中所积累起来的压力。

我们时常发现，我们被手头的任务所占据，以至我们失去了对周围有趣的人和环境的关注。其实，我们时不时地降低挡速，就可以充分地释放我们的头脑，给我们带来探索和发现的机会，让我们去关注之前忽视的那些会给我们带来巨大愉悦的事物。

反思：工作在你的生活中有多重要？（详细描述）

第五节 工作与休闲

在工作中难免会有紧张与压力，紧张与压力完全是一种亲身体验，由人们工作的客观状况直接引起。相同分量的压力可能使一个人喘不过气，而对另一个人来说就是期待已久的挑战。消除压力的途径不下数百种，有时靠较好的组织、分工或与同事、上司做较好的沟通就能解决；有时则需依赖工作以外的因素，诸如改善家庭生活、休闲模式或静坐之类的心灵修炼。

这些零零散散的方法或许有帮助，但真正能解决工作压力的方法就是把它当作改善体验品质的策略。现在要谈的是休闲对于人们的工作、生活品质有什么贡献，或为什么没有贡献。

每个人都很期待临近下班的那一刻，放下手头的工作，回到家中，享受一下工作之余的休闲快乐。可是并不是所有的人都能够很好地利用这 8 小时以外的时光。有的人反而恰恰相反，上班的时候目标明确，激情满满，工作步骤像是上满了发条的时钟，持续地、有规律地前行，业绩、汇报、提升、挑战，这些都会使人全身心地投入到工作中去；工作之余却失去了前进的动力，失去了目标，还得花大气力重新找回制造乐趣的方式。在闲暇时更需要生活技巧、个人兴趣爱好、设定目标与范畴的习惯，以及内心的自我控制力，这些都有助于闲暇发挥它真正的作用以提升人们的幸福感。但大致而言，一般人在闲暇时错失享受乐趣机会的情况，比工作时更严重。

不断兴起的娱乐行业，都是以用富于乐趣的体验填满空间、时间为宗旨的。然而大多数人不但没有善用生理与心理资源体会心流，反而花许多时间在智能手机上，玩游戏、上网聊天、看视频，如此一般，休闲的时间瞬间流逝。这种打发时间的方法，使人暂时忘记了烦恼，但是回过头来看，确实感到相当的空虚。但是如果尝试着从技巧运用而产生的心流体验，会产生意想不到的效果；要主动谋划好自己的休闲时间。全人类加起来，我们每年浪费了数以百万年计的人类意识（心流），这么大的能量本来可以用来完成更复杂的目标，带动乐趣横生的成长，现在却浪费在模拟现实的网络追剧、游戏、盲目购物等刺激追求上。脱离炫耀财富、权利的怪圈与从众心理，扼杀消极注意力，祛除“啃老族”“寄生虫”的生活方式。啃老一族、“寄生虫”类，他们吸食他人的能量，却没有丝毫的贡献与回馈，到头来只会变得更加麻木、疲倦、失去创造的动力而变得整天浑浑噩噩、无所事事。

只有能够控制、平衡、协调工作时间与休闲时间的人，才不会感觉到空虚和失望。绝大部分的线上、线下休闲娱乐活动，它们的设计意图有明显的赚钱、盈利的痕迹，而没有从人本主义的角度出发，沦为了某些利益集团的赚钱工具。工作与闲暇的时间也是我们生命中的一部分，要学会掌控好、利用好。那些能够兼顾工作和休闲的人，既能全身心地投入工作，又能利用休闲时光放松自我，因而做事果断坚决、充满自信心和正能量，未来发展不可限量。由此可见，美好的未来完全取决于你对时间的规划和计算，包括你的休闲时光。

测 试

工作幸福指数

说明：本测试目的旨在帮助大家分析自己当前的职业满意状态，并帮助大家找出原因，以期及时调整。做题时需要大家抱着对自己负责的态度，诚实作答即可。

题目	选项	
1. 我很热爱现在的工作。	是	否
2. 在工作中我很有成就感。	是	否
3. 上司能及时了解我的需求。	是	否
4. 我与同事间的关系很融洽。	是	否
5. 公司在工作时间安排和任务分配方式上很人性化。	是	否
6. 我每天过得都很充实。	是	否
7. 公司有良好的激励机制。	是	否
8. 我所从事的工作与自己的期望值和能力相匹配。	是	否
9. 公司有很灿烂的远景，让我觉得工作有目标。	是	否
10. 我对公司有一种家的感觉。	是	否

得分方法：答“是”得2分；“?”得1分；“否”得0分。将各题得分累加，算出自己的总得分。

得分为0~3分者：你的工作满意度极差，在工作中你无法获得幸福感，你很有必要找个职业规划专家或比较有资质的职场人士为自己把把脉，重新勾画和设计一下自己的职业规划，调整一下自己的生活方式，以期让日子过得感觉好起来。

得分为4~7分者：你的工作幸福感较差，工作状态不怎么样，这让你容易沮丧，情绪低落。你不妨检讨一下自己的状态，看看是不是目标太高，过分追求完美，或是自卑感什么的，让你工作难以开展。变变想法，也许感觉会有改变。

得分为8~17分者：你的生活状态一般，有喜有忧的日子使得你和多数人一样。

得分为18~20分者：你有相当高的职业满意度。你不一定就是富人或有地位的人，但你的心态很好，一个人能感到幸福是件不容易的事，在这里我们只能向你表示祝贺，并希望你永远幸福。

练习

幸福工作计划

A. 为自己设定来年要完成的3个目标。并在一年中根据实际进行情况对目标进行必要的修正。

____

B. 想出可以让你的工作地点变得更加友好和令人愉快的三种活动。与你的同事和管理层分享，并建议他们也这样做。

____

C. 工作的时候，每天至少花20分钟，让你的身心都离开工作。

____

第十一章 体育运动与幸福

意志力是幸福的源泉，幸福来源于自我约束。

——乔治·桑塔耶那

为什么要运动？体育运动有什么好处？为什么很多人明知体育运动有用，却还是迈不开腿呢？那是因为你知道的好处还太少。体育运动的最大魅力就在于能让大脑处于最佳状态，体育运动能平衡大脑，失衡的大脑会引发抑郁、强迫症。现在大多数改善精神状态的药物都是以调节这些神经物质为目标的。体育运动能提高团队协作能力、解决问题的能力、抗风险的能力。使你的自尊显著提升，你会更加自信，更加自信你在社会上的地位，甚至能使你变得更聪明、更吸引人，也会散发出更大的魅力。

第一节 缺乏体育运动的高昂代价：抑郁等心理疾病高发

当今社会普遍缺乏运动，现在越来越多的人似乎享有无须进行辛苦体力劳动的“特权”。出门坐汽车、上楼坐电梯、回家躺在沙发上。绝大多数人是坐着的时间比站立或者走路的时间长。我们每天依赖于电脑、智能手机的时间太长了，有的人站没有站样，坐没有坐样，甚至学起了“葛优躺。”这样从身体上来说我们付出了非常高昂的代价。根据世界卫生组织的不完全统计，每年因为不参加体育运动而死亡的人数多达两三百万人。长期不运动对人最直接的影响、最明显的改变就是身体上的变化，人们会变得越来越肥胖，不仅仅会令人变得肥胖，还会使皮肤变得松弛、失去弹性。另一个明显的改变就是使身体的免疫能力下降，某些疾病和病毒细菌就会找上门来，很容易染上疾病，而且得病以后治愈速度很慢。还有一个重要的情况，如果儿童不进行足够多的体育运动的话，或多或少都会影响到他们身体的灵活性，甚至会影响到智力的发育，从而失去竞争的先天优势。

当然，除此之外还有心理上的代价。从 20 世纪 60 年代起，患有抑郁症的人数逐年增加，到目前为止已经累计增加了十多倍，而且患者逐渐年轻化，当今抑郁症的平均发生年龄只有 15 岁，而在 20 世纪 60 年代，抑郁症的平均发生年龄是在三十而立的年纪。最近一项调查表明，50%左右的大学生因抑郁而影响到正常的社会生活。这都是因为我们停止了体育运动，停止了发挥自身的力量导致的结果。这绝不是巧合，缺乏体育运动导致注意力缺陷、多动症的病例指数上升，这些都是不运动的生活方式引发的后果。人们生存需要氧气、适当的环境。植物生长需要光合作用。体育运动身体对我们来说也是必不可少的。我们需要体育运动，就像需要吃饭、睡觉一样，所以要养成坚持锻炼身体的好习惯。我们每天不是必须要坐在电脑前，我们可以摆脱手机依赖症。有的人做过一个实验，关闭电脑一整天，结果发现生活并没有缺少什么，反而是增加了与家人、朋友沟通、互动的时间。我们有被人需要、被人承认的需求，就像我们需要食物吸取能量一样，我们也有身体运动的需求，如果这种需求长时间得不到满足，身体的平衡就会被破坏。这种代价既包括生理上的代价，也包括心理上的代价。如果你现在懒的动了，你的身体就会缺乏灵活性、适应性，最后可能导致你也不愿意动脑筋了，封闭了、孤独了，与社会现实渐行渐远。现在开电视、空调都用遥控器，汽车直接开到电梯下，坐电梯上楼，使用清洁机器人打扫卫生，智能电饭锅煮饭。技术越来越先进了，各种替代人工的软件层出不穷，这是好事，但同时也占据了我们运动的机会，导致我们很随意，甚至都不愿意动脑来进行思考。可见，体育运动是多么重要，不仅对身体有影响，更重要的还有心理的影响。现代人需要运动，体力劳动减少，焦虑就会上升。有规律的运动是保持健康身体和心态的要求，如果不运动，身体的健康分值就要被清零了，也有可能记录为负分。财富再多会有什么用，没有前面的健康，一切都是零分值，一切都得重新来过。

有这样一个非常著名的药物干预治疗和长期体育运动对比的研究：运动改善抑郁症的实验。

这是由 Michael Babyak 以及他在杜克大学医学院的同事共同完成的。这是非常重要的一项研究，做了很多次的实验来说明锻炼有多么重要，不仅是对于抑郁症，还有其他方面。Michael Babyak 做的实验是：找来经临床诊断患有抑郁症的患者 156 人，这些患者中有各种各样的抑郁症状，包括失眠、饮食不规律、无精打采、不愿动弹、情绪低落，其中有很多人有自杀的想法或者倾向等。他将他们带到实验室，随机分成三组，每组 52 人，第一组是运动组，第二组是服药组，第三组是既服药又运动组。他们所服用的药就是治疗抑郁症的药：左洛复、百忧解等。所做的运动是半个小时中等难度的有氧运动，都不会太难，可能是慢跑或者竞走，也可能是游泳、骑单车等运动。一周三次，每次半小时到 45 分钟。之后跟踪调查这三组人，跟踪调查了 4 个月，都有所好转，他们的心态也变好了，幸福感和自信心都有所提升。那么，有多少人治好了抑郁症？得到的结果是：这三组中的每一组，4 个月后都有超过 60%的人情况有所好转，他们不再出现抑郁症的症状。其实，他们各组之间没有显著的区别，只有一个区别，就是那个只运动的组，需要更长一点的时间来治好抑郁症。在服药的情况下，一般要花上约一到两个星期，差不多 10 天左右就能治好 60%受试者的抑郁症。对于只运动的那组，他们花了差不多一个月的时间，但在一个月后，一旦他们好一些以后，就没有什么区别了。三个组都出现了好转，但注意很重要的一点是，这不代表我们就要取消抗抑郁药，或者抗焦躁的药物，或者治疗多动症的哌甲酯等。我们首先要问的是体育运动或者缺乏体育运动是不是其潜在的原因。

实验结束，对他们不再做强制性要求。半年后进行回访，他们发现这样的结果：服药组的复发率是 38%，这些人又有了抑郁症的症状；既服药又运动组的复发率为 31%；运动组的复发率为 9%。这是个十分令人惊讶的结果，体育运动居然有这么强大的力量！为什么？研究证明，体育运动治疗抑郁症的效果明显强于抗抑郁的药物，而且不易反弹。如果我是心理治疗师，最好的建议就是体育运动。运动是心理治疗中的无名英雄，通过坚持不懈地运动锻炼，最终定会打败抑郁症的。

调查研究结果显示，大量的随机干预实验都证实了体育运动可能是最有效、最迅速的提升幸福感的方法。运动能让人心情好转，减轻压力和焦躁感，这还不足以让你行动起来吗？

另一种开始被研究的运动得出可喜的结果，那就是间歇性运动。间歇性运动就是运动不是连续不断的或直线式的，运动的强度有强有弱，运动的速度时快时慢，或者时而活动时而停滞，这种性质称为间歇性运动。如慢跑与快跑相结合、散步与快走相结合、散步与慢跑相结合等。在专业训练里归类于高强度的综合体能训练，用以强化身体的综合素质，增强心肺功能，改善身体的协调性，增加力量、速度、身体的柔韧性等。这是一种由不同的动作组合的运动，以往多用于专业运动员、军人，配合力量训练以改善运动耐力的训练方式。可根据个人情况、自身情况灵活安排，调节动作。动作的选择和强度的调整灵活度很高，训练很全面。这种运动对于想减肥或大部分糖尿病患者来说效果比较好，但年龄比较大的人就不建议做这种运动了。

关于运动要记住的很重要的一点是，它不是万能的，对于有的人来说，医学治疗，比如说中医的调理，也是一个纠正身体亏欠，协调平衡的手段。科学研究和实际经验都表明，体育运动对一个人的身体和心智成长都有益处。就算不是它本身的直接作用，但是结合其他的调理手段，锻炼身体会大大增强身体的免疫力，平衡、协调身体的各个部分，使人更有精气神。

第二节　为什么体育运动让人感觉更幸福

心理学家认为体育运动能提高幸福感，主要有以下几种解释：

第一，健康、生命在于运动，运动产生能量。我国早在《吕氏春秋》就有记载，“流水不腐、户枢不蠹，形不动精不流，精不动则气郁”。反观希腊、罗马古文明，那时候的人们就崇尚运动。一些大型体育场所的遗迹，向世人说明了一切。体育运动是伴随着人类的文明而发展起来的，它帮助了人类的向前发展并形成了一道特有的文化线。体育传承着一种更高、更强的精神，它从一开始，就与人类的生命相融合，体现了身体、心智的和谐统一。通过合理、适当地体育运动，让人们找到一种回归的幸福感。

进行体育运动或者健体养生，让我们感到自己有能力掌控健康，这会让我们感到浑身充满了力量，从而提升自我价值。运动使你不仅会因为完成一个动作而心情舒畅，而且会改善人们的身体素质，减少患上各种疾病的风险（糖尿病、结肠癌、高血压等），还能强健骨骼、肌肉和关节，延长生命（降低因心脏病或者癌症去世的概率），提高生活质量，改善睡眠，防止认知能力下降，控制体重。调查发现，对于老年人来说，一个低强度的训练项目（走路或者抗阻力与柔软度训练）便可以减轻抑郁，增强他们的自信心，并且其效果能够保持 5 年之久。能搬动更重的物体、走得更快，而且随着年龄的增长，身体也更不容易出现问题，这本身难道不就是一种巨大的幸福吗？

第二，体育运动容易让人体验到心流状态，远离焦虑，不致胡思乱想。体育运动是忙碌生活的“暂停”时间，而且运动后几个小时你依然可以保持好心情。此外，体育运动的效果和冥想非常相似。实际上，很多专家已经对体育运动和冥想进行了直接比较，他们发现这两项练习有很多共同的作用，包括减轻焦虑感、促进提升积极情绪激素的分泌。当然体育运动和冥想是两种不同的体验，体育运动通常会产生高度唤醒情绪（激情、活力），而冥想则会产生低度唤醒情绪（平静、安详、冷静），但它们都能让人们产生积极的情绪，都会让人感觉很舒服，远离烦恼和焦虑。

体育运动可以改善人们的情绪。我们知道有企业家、作家、歌星自杀的，但你听说过哪个奥运金牌的获得者自杀吗？研究证明，体育运动能够提高血清素的分泌水平，这种激素的作用类似于百忧解（一种治疗精神抑郁的药物）。运动产生多巴胺和内啡肽，多巴胺是一种神经传导物质，这种物质主要负责大脑的情欲和感觉信息的传递，并且使人思维更加积极、正面，心态更加乐观。多巴胺对快乐和奖励有关键作用，或直接影响人类智力，同时也被认为在认知和行为方面具有重要意义，如工作记忆、推理论证、反思探究行为以及整体智力。多巴胺异常指数与许多疾病相关，如自闭症、精神分裂症和帕金森综合征。内啡肽，它可以改变一个人的负面情绪，让人充满活力，改变人对自我的认知并变得积极向上，甚至可以改变人的外表，影响周围的人和环境，使人疼痛减轻并能激发快乐感的天然激素的分泌，让人产生兴奋感，并使人快乐。跑步的愉悦感就来自内啡肽。

第三，当你和他人结伴同行时，体育运动能够提供更多与他人交往的机会，这样你就有可能得到更多的社会支持，加深与他人的友谊。而且，体育运动甚至能够消除孤独感。

马克思指出，“人是最名副其实的动物，不仅是一种合群动物，而且是只有在社会中才能独立的动物”，“人的本质不是单个人所固有的抽象物，在其现实性上，它是一切社会关系的总和”。良好的人际关系能够使人感到幸福和愉悦。人们在体育运动中，通过与他人愉快的社会合作与交往，改善情绪，获得积极的情感。Palinkas 在研究中发现，在体育运动中，由于参加了活动组织，人们的心情得到了愉悦，在抑郁量表上的得分就低，Iso-Ahola 和 Palinkas 的研究表明，体育运动中建立起来的友谊能够缓解由应激所导致的抑郁。体育运动中所建立起来的交往比其他方面建立起的社会支持更为重要，体育运动中的友谊之所以能对运动者产生心理支持，是因为在体育运动中，人们更能深刻地体会到相互支持的重要性。此外，由于经常参加体育活动，个体的人格特征逐渐表现出外倾趋势。而人格与快乐关系的研究表明，外倾人格能导致较高水平的快乐感。参与集体活动没有任何功利色彩，每个人在共同兴趣爱好的平台上产生共鸣，加强相互信任，进而导致幸福感不断增加。这种人际需要是一种精神需要，也是人的心理需要，这就是人际幸福。

当我感到心情特别糟糕时，我就会去健身房的跑步机上跑步，或者做瑜伽、游泳等。因为这时，无须证明自己是谁，也不用解释自己做过什么，更不用担心自己糟糕的情绪。

最后，必须指出体育运动有两个实际的好处：第一，体育运动会带给你瞬时的激励，这在第一次活动中你就能够体会到。第二，如果持续坚持体育运动，你在各方面都会得到长期的改善。例如，在体育运动的过程中，你可能会感到精疲力竭，但在体育运动过后，你的焦虑和烦恼也会一扫而空，整体幸福感也增加了。也许长时间体育运动以后，运动带来的持久影响才会显现出来（如增强自控力、身材变好等）。此外，经常参加体育运动的人性生活会更美好，很多研究也都证实了这一点。

我曾经读到一本跑步指南，它介绍的跑步计划需要坚持 11 周才能见效。11 周的漫长等待让很多人都中途放弃了，可一旦你坚持下去，跑步就会变成你日常生活中的一种习惯性行为。你会自然而然地去做，当闹钟响起时，你习惯性地就会起床去跑步。显然，这个运动计划非常值得一试。

反思：你运动了吗？运动给你带来哪些改变？

第三节　体育运动的障碍

不管哪种体育运动，强度过大都有可能让你感觉痛苦。这说明你无法进行体育运动吗？当然不是，但这可能意味着你需要改变自己的运动计划了。

首先，找一种适合你的运动方式。如果你住的地方经常下雨，而你又讨厌潮湿，那就不要慢跑；如果你经济紧张，就不要去健身房；如果你生性平和，就不要参加竞技类的活动；如果你更喜欢无氧运动，就不要做有氧运动；如果你善于社交，就找一个人一起运动；如果你需要空出更多的时间陪你的孩子，就买一辆慢跑童车，带着孩子一起跑；如果你热爱大自然，就去远足或者滑雪；如果你喜爱水，就选择一种水上或水下运动；如果你每天只有零散的时间，就进行 1 分钟的不间断锻炼，或者尽量选择爬楼梯，在办公室里做健美操。

其次，如果运动让你感觉非常糟糕，那么你很可能是运动过度了，切记："运动勿过量。" Dienstbier 和 Zillig 在《积极心理学手册》中，对研究者这样写道："重复的过于密集的训练以至于没法及时恢复，可能会导致运动员感觉到'泄气'，典型的症状为更高的焦虑水平，更高的神经紧张度，更高的儿茶酚胺和皮质激素水平。"也就是说，运动虽好，但不要过度。单纯地为了运动而运动的做法是不可取的。另外，锻炼身体要有个度，根据自身条件做好规划，切记完美主义，拘泥于细节。研究表明，过度的运动和缺乏运动一样，都是不可取的。过分关注在运动这一件事情上，也会导致过分的焦虑，最终可能事倍功半，失去对运动的信心，也有可能导致颓废、抑郁等症状。

要学会测量自己的最大心率。在刚开始运动时，运动强度不要超过最大心率的 60%。对一些人来说，这意味着只是快走或散步的强度。以后随着运动时间的增长，可以保持最大心率的 70%左右，来获得运动的最温和的效果。记住数量确实会影响质量。有些人一开始就进行强度过大的运动，这只会让他们感觉失望、沮丧，最后不得不放弃。如果过度运动，没有得到足够的恢复，就一定会为此付出代价的，不仅身体上受了伤，而且心理上也受了伤。关于每周运动的次数，我建议每周至少保证 3~4 次，每次半小时到一小时，关键是要听从你身体的需要。如果你的身体很痛苦，超出了正常的舒适范围，就赶快停止；如果肌肉开始酸痛，就停下来。做到宁可少做也不要过度。

在一项研究中，参加者在骑自行车运动时，需要将心率保持在最大限度的 60%。30 分钟后，一半的参加者称他们的感觉越来越好，另一半人则说自己越来越难受。研究人员到现在还无法解释，为什么一些人在运动时能体验到快乐，而另一些人却感觉不快乐。但是，你可以根据自己的实际情况找出最适合你的运动。

为了将定期运动引入我们的生活，需跨越怎样的障碍？

1. 克服运动的痛

人们在刚开始运动时会感到很酸痛，显然没有坐在电视机前或者玩游戏舒服。那该怎么办呢？我们要做的第一件事就是把目标分割，各个攻破。如果运动开始就强度过大，时间过长，就会感到全身酸痛，甚至几个星期之后你就会受伤。或者即使没有受伤，在你脑海中关于运动的概念是这样的：运动就等于痛苦。我们的意识是拒绝痛苦的，也总是极力避免痛苦。锻炼身体要做到持之以恒。如果中断了一段时间，再要捡起来就会很难。这时候人们会存在一种侥幸心理，认为不锻炼、晚锻炼几天也可以。你的下意识可能会告诉你，到此为止吧，已经做得很不错了，比那些还没起步的人强多了。抑或另一种社交活动占据了你原来锻炼的时间，使得你放弃了锻炼。更加合理的锻炼方式是逐渐地加大运动量。年轻人可以先散步、慢跑、然后做一点剧烈运动，比如说打篮球、踢足球等等。年纪大的人可以适当增加走步的时间，从几分钟到十几分钟，慢慢地加大运动量。逐步地适应与加量，你会喜欢这种感觉和挑战，甚至会锻炼上瘾，一不锻炼浑身就会不舒服，久而久之，就会养成每天锻炼的良好习惯。

2. 克服时间不足

我们可能经常会以“我没有时间或我有很多事要做……”等为借口，不去运动或不坚持运动。尤其在考试期间，时间比较紧张，大家首先也就选择放弃运动，因为压力太大了、有太多事要做了……其实我们最不该放弃的就是运动。为什么？因为它是一项很有价值的投资，虽然你失去了运动的 45 分钟，但你获得了更多。为什么？因为做运动，你的注意力提高、活力提高、记忆力提高，所以你更能充分利用你的学习时间。但在我国的很多学校的初、高中，为了提高成绩，只专注于“脖子以上的运动”，把体育课和艺术课都取消了，而不是提倡做更多运动。这样做的结果是很可悲的，因此我们付出了代价——肥胖、焦虑、抑郁、暴躁的人数增多。其实，特别是现在的高中生，学习压力很大，更应该加强运动。因为运动使我们平静，使我们的身体处于自然状态，而不是苦闷愤怒，运动让你的创造力提高了，注意力更集中，会有更好的成绩。

克服时间不足这个问题，不能单靠自律，因为人的自律是有限的。我们要形成自己的运动规律、养成习惯。最开始被塑造的习惯最终反过来会塑造我们自身。

事实上，要获得幸福，脑袋的作用是有限的。很大程度上，运动是心理治疗中的“无名英雄”。它在很多方面都发挥了作用。哈佛医学院教授、精神病医生说：“某种程度上，运动可以说是精神医生的理想药物，它会对焦虑症、恐慌症、普通的压力有缓解作用。”压力和抑郁症有莫大关联，运动能释放甲肾上腺素、血清素、多巴胺，这些物质与重要精神类药物相似，做一轮运动就像吃了一点百忧解或哌甲酯，针对性很强。克服现实中的障碍首先从克服头脑中的障碍开始。

3. 找人陪伴做运动，让你更能坚持长久

能成功坚持长期运动的最好方法就是，找其他人一起做，寻求他人的支持。比如说在健身房锻炼的初期，可以找一个健身教练加以指导，掌握正确的锻炼方法。在锻炼的过程中，学会与人沟通，找到志同道合的朋友，一起鼓励、一起锻炼。有的人也喜欢独处，看着视频、听着音乐来锻炼，但是大部分人还是喜欢互相学习、互相分享，结伴一起锻炼。

还有个研究是由 Wing 和 Jerry 两名心理学家完成的。他们所做的是让人参与一个为期四个月的项目，包括行为改变、饮食改变和锻炼上的改变。分为两种情况：一种是有其他人支持；另一种是没有其他人支持。那些没有其他人支持，自己完成的人中有 76% 的人完成了这个为期四个月的项目，有 24% 的人还坚持到了六个月，也就是说能够坚持行为上的、锻炼上的以及饮食上的改变。有他人支持的一组中有 95% 的人完成了四个月的项目，同时有 67% 的人坚持了这个计划，坚持到了六个月以后。实验证明，他人的支持确实能帮助你长期坚持运动。

反思：你是如何克服运动障碍的？

第四节 如何进行体育运动

体育活动的定义是“能量消耗高于静止状态”，因此这个范围其实非常广，也给了我们很多的选择。研究人员斥责那些把“体育运动”和“体育锻炼”两个术语混用的人，后者仅是前者的一个小分支——锻炼是一种具体的、有计划的、有条理的体育运动，其目的通常是增强体力，促进身体健康。不过我并不打算在本书中对此进行区分。

运动专家通常会建议，先测量你自己的最大心率（最简单的方法就是用 220 减去你的年龄），然后在运动时努力控制心率以保持在最大值的 65% ~ 80%。因此，如果你今年 32 岁，你最大的心率就是 188bpm，运动时的心率就应该在 122~150bpm。当然，你也不要盲从，这只是一个大概的参考值，这个数值是根据一般人的情况得出的，而那些在西方的文化环境中成长起来的人就不太适合这个数值。

大家都比较清楚如何开始实施一项运动计划，但看看下面的建议也无妨：

缓慢开始运动，让心率保持在最大心率的65%~80%。

事先安排运动的具体日期、次数以及时间长度，用笔记录下来。

在一天当中选一个自己感觉精力最充沛的时段进行锻炼。

每天坚持30分钟的适度体育运动。即使只有10分钟也比不运动强，最重要的是坚持你的计划。

如果你已经在定期进行体育运动，那么就加大运动量。

偶尔没有坚持也没关系，但尽量不要放弃。

由此可见，体育运动与人的主观幸福感有着密不可分的关系，对人的身心健康起着重要的调节作用。学习的压力、工作的重担常常压得让人喘不过气来，人们的身体和心理负担过重。体育运动这种古老的运动方式在现代社会被赋予了新的内涵，它能够缓解压力、调节身体、心理的平衡，分散人们的注意力，转而投向积极的活动中去，减轻焦虑和挫败感，促进大脑的恢复与发展。这种对注意力的有效集中或转移，可以达到调节情绪的目的。坚持体育运动，能够全面增进人的健康，扩大人的社交范围，展示能力、增强自信，使人充满生命活力，从而获得满满的幸福。

练习

制订运动计划

用手机记录每天自己走了多少步（给自己定个目标）。

一日之计在于晨，早上锻炼20~30分钟左右（强度没必要太大）。

成立一个锻炼小组，大家一起在早上或者晚上锻炼一下，散步、慢跑、登山、骑自行车（或者其他运动）都可以。

在短时间内做高强度运动（强度达到你感到说话困难为止），此项目适用于年轻人。

尽量减少坐着的时间（比方说坐公交时，可以选择站着）。

制定一个规则，如果你要去的地方不超过多少千米（具体多少千米，你自己定），就走着去。

利用双休日的时间，分段自主安排，如踢毽子，打羽毛球、乒乓球、篮球等。

注意：你可以选择上述的各项活动，或者你对上述的活动都不感兴趣，你可以另外选择三件自己想做的事情，只要能够符合加强运动的原则即可。

第十二章 用冥想、拥抱来增强幸福

幸福对于每个人都有很强的感染力，每个人对幸福的定义不同，获得幸福的途径自然也就有千万条。

——泰勒·本·沙哈尔

学会冥想，是获得更多快乐、幸福的一种有效途径。如果你是初学者，可以向那些冥想者多多学习。冥想会使你获得内心的宁静与安宁，激发你潜在的能量，从而获得智慧的思想。

冥想是有着很长时间的历史的，只不过最近越来越引发关注。千百年来，传统的冥想方法帮助人们深入大脑深处，让大脑宁静深沉，足以听清楚默默低语，并以精细的方法对大脑加以优化。就如同显微镜的发明带来了生物学革命一样，使人们能更加深入地了解大脑及其意识的活动方式。结果就是人们现在可以使用很多方法优化大脑，让人们在日常生活中变得更加快乐。

任何事情都是经过学习而得来的。庖丁解牛，熟能生巧。如果想学习冥想的方法，应该向有经验的人请教。这就好比一个木匠学徒，要虚心跟着师傅学习，然后出徒单干一样。因此，如果想获得更多的幸福快乐、内在力量、智慧思想和内心安宁，当然应该向那些冥想修行者取经。

尽管“冥想”这个词很难解释清楚，但是只要你认真地祈祷过，或者怀着好奇的心情仰望苍穹，探讨无尽星空的奥秘，那你就已经经历过冥想了。世界上有很多的冥想形式，其中大部分都和宗教派别有关，比如我们比较熟知的佛教，就有闭关、坐禅、苦思冥想的安静心灵、参悟奥义的方法。基督教、伊斯兰教等也有相类似的做法。当然，其中和科学体系最接近的是佛教。现有的宗教研究有很多局限性，几乎所有的研究都集中在犹太教和基督教。东方的宗教（印度教、佛教、道教）为我们提供了完全不同的视角，这些宗教修行的核心显然都是有关于冥想的。在佛教中，僧人通过冥想进行修行，他们认为冥想可以帮助人们接受生活中“不可辩驳的真理”——人们不能够控制自然的变化，要学会适应大自然，学会与周围环境和平相处。不断变化的生活需要我们经常进行冥想修行，以帮助人们进入觉悟和超然的状态，找到幸福的真谛。

事实上，冥想包含很多不同的技巧和种类，如参禅，超觉冥想、内观冥想、集中冥想、正念冥想、沉思冥想、慈心冥想等。冥想的核心是培养专注力。集中注意力的方式有很多种，如不做分析、排除一切情绪干扰、集中注意力在某件单一的事物上（火焰、呼吸、一个声音或者一个单词），这类冥想被称为集中冥想。你也可以毫无偏见地把注意力放在自己所有的想法上，对看到的所有东西或听到的声音不做分析判断，这类冥想被称为正念冥想。或者，进一步敞开心扉，思考人生，这类冥想称为沉思冥想。

人类学的研究者、冥想的指导者和修炼者对大脑的构造、运行以及健康都做了很多研究，掌握了一定的知识。对于如何激活大脑的健康状态也做过很多有益的尝试。这些重大的发现和经验可以帮助自己了解大脑、优化大脑。人们可以运用这种方式缓解痛苦，减缓各类生理功能紊乱，增强人们的幸福感。这其实就是佛教修行中所说的“觉醒之路”的核心，没有什么书能让人们读完之后就直接成佛，但是如果能让人们对佛陀的大脑和意识有更深入的理解，借助佛陀在这条“觉醒之路”上留下的种种经验和教训，人们就可以充分发掘自己大脑的潜能，充满快乐和关怀，具备更敏锐的洞察力。

第一节　冥想，就是大脑的觉醒

对于那些每天日常疲于工作，没有空余时间来进行冥想和锻炼的白领和蓝领工作一族，更要学会冥想，充分调动大脑的功能。人的意识也一样，只要产生过想法和感觉，即便已经遗忘了，它们也会在大脑里留下印记。心理学家认为，当很多神经元同时启动时，它们之间会建立某种联系，精神行为就是通过这种联系来传递信息的。

意识是大脑的活动的一种体现，因此，冥想其实就是大脑的觉醒。纵观整个人类历史，无数默默无闻的男男女女和先贤大师一起，以非凡的大脑状态培养了非凡的精神状态。比如，西藏的修行者进入深度冥想状态时，会极其罕见地扩散出强烈的伽马脑电波（人的脑电波按频率可分为三种：贝塔波、伽马波和阿尔法波。伽马波是由脑部额叶和顶叶联合皮质区引起的，而这些区域是负责人类情绪以及快乐的），在其影响范围内，各神经系统会产生每秒30~80次同步脉冲信号。

同儿童身体成长一样，人类的大脑也是在儿童时期逐渐发展起来的。随着大脑的发育成熟，人们的意识也在发育成长。如果人的脑组织受到伤害，那么由此产生的意识也会因此受到损害。大脑在化学成分上的微小变化都会引起人类情绪、记忆、思维、想象、逻辑、判断、推理的变化。脑科学的研究表明，大脑是人类意识的载体。各种意念、思维、想法不断地塑造着大脑。因此，人类才可以使用意识来控制大脑、掌握大脑、发出行动的命令。这样做会让你有一种一切尽在掌控的感觉，同时也能够造福你周边的人。

当然，人的大脑还有许多奥秘没有被发现。目前还没有任何人知道大脑是怎样被意识塑造的。在这里，不需要经受过专业训练，也不需要去实验室，只要直接观察、体验自己和这个世界，你就会变得更加快乐、更加友善、更加健康。当然，如果知晓大脑是如何运作的，肯定会更有帮助。特别是对于那些根本没时间进行有意识的精神锻炼的上班族来说意义更加重大。每天疲于工作，每个星期都不间断，对于他们来说，更加需要缓冲的时间，更需要学会冥想、优化大脑结构，让大脑意识运转起来。

如何来做到真正地掌控大脑、优化大脑结构？涉及具体的训练方法就是冥想。你会知晓，当你享受幸福、爱和智慧的时候，你的大脑是怎么样的状态。然后通过冥想锻炼来掌握技巧，懂得如何激活大脑的这种状态，并强化这种感觉。冥想将使你获得一种逐渐改变大脑内部神经的能力，从而由内而外获得更大的幸福感和丰富的人际关系，使你身心安静。

反思：你是否在疲惫不堪时，也强迫自己打起精神、集中注意力，去完成一个又一个目标？

第二节 冥想的益处

坦率地说，当笔者发现有这么多研究调查一直以来都在探索冥想的效果时，感到非常吃惊。众多的研究成果表明，冥想对于人的身体发展和心智成长都是至关重要的。比如说，冥想可以增强人们的愉悦感、满意度，从而感知幸福，产生积极的情绪，以此来减轻压力，提高人们的认知能力，还可以对自我价值的体现程度和道德水平的发展产生积极的影响。冥想既能作用于积极情绪的提高，又能作用于消极情绪的缓解。这其中有什么魔力呢？

众所周知，态度会影响我们的行为。当精力集中时，就会做出我们感到幸福时所表现的行为。要想理解我所说的话，你可以想一下幸福的人都会做出什么样的行为。有关心流的研究结果所显示，幸福的人都活在当下。具体来说，心流的一个显著特征就是活在当下，正如笔者在第六章中所说的，心流会提高人的幸福水平。接下来，让我们考虑一下，冥想的显著特征也是活在当下。因此，我们可以得出结论，冥想会让人幸福。

冥想能够提高幸福水平的其中一个原因是，它可以改变人的大脑结构，从而让人拥有一个更加幸福的大脑。具体来说，正如笔者在前文简单提到的，快乐的人通常更活跃的地方，是左前额皮层；不快乐的人更活跃的地方是右前额皮层，所以左前额皮层与右前额皮层的比例就显得尤为重要，因为它是测量快乐的一个“客观”手段。冥想练习可以使大脑的左前额叶增厚，而大脑的这一部分与较高水平的幸福感有关。同时，人在专注时可以降低与忧虑和压力相关的杏仁核活性。换句话说，冥想可以增厚与积极情绪相关的大脑分区，同时降低与压力、忧虑相关的大脑分区的活性，从而提高人的幸福水平。一些研究人员发现，冥想者的身体能够进入深层的休息状态（呼吸变缓），甚至会进入一种更高境界的意识和觉知状态。有一个关于冥想的研究让笔者印象非常深刻，研究对象是一群身体健康的工人，他们接受了为期 8 周的正念冥想训练。在训练结束的时候，冥想者大脑左前额叶的活动明显增加了（和右前额叶相比），快乐的程度很高，他们很容易感染积极情绪，对痛苦情绪的抵抗力很强。研究者发现那些生活幸福、以方法为导向的人，其左脑的活动明显比右脑更活跃。这一发现也很好地验证了其他研究的发现结果，即定期冥想能够提升幸福感，减轻焦虑和抑郁的症状。这个研究还发现，冥想者对流感疫苗也表现出很强的免疫反应，他们左右脑的活动越不对称，免疫反应就越强烈。令人惊讶的是，即使是短期冥想也能够给大脑活动及免疫系统带来影响。

另一个研究就是关于惊吓反应的研究。这个惊吓反应很重要，因为你越容易受到惊吓，通常来说你的焦虑程度就越高，或者说至少容易产生焦虑。

有人做过这样的一个实验，测试冥想者的受惊吓程度。首先，让这些冥想者进入状态，保持高水平的冷静，然后制造惊吓来看他们的反应。结果发现，这种惊吓对冥想者的影响很小。这是有研究以来第一次，出现有人能够压制住惊吓的现象。Goleman Writes 在他的著作中是这样描述的：一个人受到的惊吓越大，反应越强烈，说明他将要出现的负面情绪也就越大……而抵消这种消极情绪的方法就是冥想，因为冥想会使人镇静，这种镇静的感染力消除人的怒气，从而变得心平气和。大家都可以冥想，因为这个过程对所有人来说都很简单。安静的时候对疾病的免疫力就会增强，当我们焦虑的时候，免疫力就会降低，疾病就会很容易找上门来。所以冥想不仅能增强心理免疫系统，增强心理抵抗力，而且还能改善身体免疫系统。我们要记住的是，大脑是发展的、不是一成不变的。完善大脑的方法之一就是冥想，所以我们一定要把冥想运用到实际生活当中。

冥想能够帮助我们找到通往内在幸福源泉的渠道，这可能是让我们感到幸福的最大原因之一，但不是唯一的原因。冥想能够让我们更加关注当下，从而体验一种类似心流的状态。因此，即使是最无聊的事情，也能够散发出独特的光芒，甚至可以说是非同凡响。那些已经练习一段时间冥想的人可做证，如果能够做到连续好几个小时集中精力，即使像观察自己呼吸这样枯燥的事情，也能够充满乐趣。在练习冥想时，我们学到的第一件事情就是，根本上来说，没有什么事情是无聊的，事实上，感到无聊只是因为你没有集中精力罢了。只要投入足够的关注，即使是呼吸这样简单的事情也值得你花几个月，甚至几年的时间去观察，而且这还会稳步提高你的警觉性。

冥想可以帮助人们提升积极情绪，减轻过度思虑的偏向。研究表明，如果一个人冥想八周，平均每天 45 分钟，那么这个人的焦虑程度就会大大降低。他们的快乐程度、积极的情绪也会有所提高。他们比以前更快乐了，心情更好了。而且他们大脑的左前额皮层和右前额皮层的比例，发生了显著的变化，这是一个惊人的结果。因为在 1998 年之前，研究者都坚信人的大脑在三岁以后就会塑造成型而达到一种相应的僵化状态，从而保持不变。但是通过对冥想者的研究表明，经过仅仅八周的训练，每天有规律地冥想 45 分钟，他们大脑的机能就发生了改变，他们更容易感染积极情绪，对痛苦的抵抗力也大大地加强了，极大地改善了情绪健康和身体健康。

练习冥想可以让人们更能注意到身体上十分细微却又影响深远的感官变化，其中就包括与情绪和直觉相关的感官变化。这种自我意识，不仅能够帮助人们做到更高程度的自我坦诚，还能帮助人们在面对不同情境时更好地随机应变，这都对获得幸福起着至关重要的作用，能够帮助人们克服过度思考的倾向。

冥想提升幸福感的另一个间接方式是提高人的身体健康水平。之前已经提过，冥想可以增厚人的左前额叶，因此人们会感觉更加幸福。左前额叶皮质增厚还有另一个重要的积极影响：可以减慢脑衰老的速度，从而提升人的精神敏锐度。冥想带来的另一个积极的生理变化是，可以抑制引发身体炎症的基因表达。这样一来，人们就可以更加有效地面对压力。一项研究结果显示，当被要求在一群人面前做演讲或心算时，那些练习冥想的人往往不会感到太大压力。练习冥想对身体还有一个益处，就是可以使心脏更加健康。研究显示，在练习冥想的人群中，迷走神经紧张会有所改善。血压、心律失常（心跳不规律）以及其他心脏不良的症状都是受到迷走神经紧张的影响的。

冥想干预实验表明，冥想在治疗疾病方面表现出很好的疗效，例如心脏病：冥想直接影响着心脏健康。同时，迷走神经紧张的改善还能提高人的心理健康程度，使人更富有同情心，也对像慢性疼痛、皮肤病等生理疾病，以及各种各样的心理疾病，包括抑郁、焦虑、恐慌，药物滥用等都有很好的治疗效果。冥想除了能够对生理产生直接的影响，还能帮助冥想者减轻压力，产生积极的情绪，增强自信心，加强自控力。冥想可以激发积极情绪，而积极情绪又可以为人们带来很多好处，如更懂得享受当下的生活，人际关系也更加顺畅，社会支持增多，身体的病痛也会减少。

冥想给人体健康带来的益处是，可以防止染色体端粒缩短，从而保护染色体末端，预防癌症等疾病的发生，同时还能延缓衰老。很多研究证实，冥想能够提高老年人的智力、创造力和认知灵活性。还有研究发现，受过冥想训练的大学生在随后的智力测验中，和控制组的学生相比，其智商有了很大的提高，考试成绩也有了提高。另一项研究发现，和控制组相比，那些练习冥想的医学院学生拥有更崇高的精神信仰，他们更富有同情心，也很少感到焦虑和抑郁，甚至在压力很大的时候也能保持良好的心态。既然冥想能够给人体健康带来这么多的好处，那么再说冥想能帮助治愈皮肤病等身体疾病，你应该也不会太吃惊。一项针对牛皮癣患者的研究揭示，与没有接受冥想练习的对比组患者相比，接受冥想练习的患者的牛皮癣治愈速度会更快些。

冥想除了能够以间接、直接的方式提高幸福水平外，还能提高人在职场上获得成功的机会，这主要是因为冥想可以提高人的反应灵活性，即三思而后行的能力。也就是说，冥想可以培养人以一种更加有意识的方式对待发生的一切，从而提高在事业上取得成功的概率。因此，练习冥想的人不会以本能的、既定的方式对待发生的事情，而是以一种更加审慎的方式做出反应。假设你刚刚收到了客户发来的一封言辞激烈的邮件，或者，假设你刚刚被他人冤枉，在这类情况下，人的本能反应可能是以牙还牙，从而形成恶性循环，最后双方剑拔弩张。然而在经过冥想练习后，人们就可以学会退后一步，审时度势，再选择适合自己的反应方式。研究发现，反应灵活性在处理人际关系方面会有很大的作用，尤其是在涉及比较棘手的问题的时候。

根据以上的研究结果，冥想似乎成了一剂包治百病的灵丹妙药，冥想的确蕴含着某种强大的力量，只要坚持不懈地练习，就一定能找到这股力量。对成功的冥想者来说，冥想就像体育运动，已成为他们日常生活中的一部分。一位女性朋友坚信冥想是她的幸福秘诀，她说："我每天早上冥想 20 分钟。在这段时间内，我什么都不做、什么都不想，只是冥想。接下来的一整天我都感到精力集中、平静愉悦，不会过于激动，也不会易怒或者感到紧张，内心充满幸福感。如果哪天我没有冥想，那么一整天都会感到莫名其妙的郁闷。"

冥想者的动机五花八门：有人希望获得内心平静，有人为了拥有更清晰的知觉，有人为了治疗疾病，有人为了挖掘自己的创造力和洞察力，有人则为了得到醍醐灌顶的顿悟——当然，还有很多人是为了获得幸福。

第三节 冥想入门法

冥想训练需要一个相对安全、安静的地方，避免太多的干扰。训练的时候，可以盘腿坐在地上，明确自己处于舒适的姿势，但背部和颈部要挺直。然后闭上双眼，注意深呼吸。试着让心态保持宁静，每次吸气都要吸到腹底，在呼气时，要通过口或鼻缓慢地、平稳地呼出。当呼气的时候，默念一个音节或者一个单词，也可以集中精力在具体的物体、声音或者一件事上（一根蜡烛、一块石头，或者你的呼吸）。用意念扫描你的全身。如果身体的某些部位感到紧绷，就将你的呼吸带到那里，并努力让这个部位松缓下来。至少保持 5 分钟（最长 20 分钟），把注意力放在你深缓的呼吸上。如果你的思想游离了，不要紧张，只需要把它简单而自然地带回到你的呼吸上即可继续深呼吸，让积极情绪包围自己。可以想象自己在一个非常开心的状态中，比如和孩子一起做手工或是在工作上游刃有余、驾轻就熟的时候。用 30 秒到 5 分钟的时间，让这种积极情绪延伸全身并在体内自由地流动。如果经常做这个练习，甚至不需要再去想象什么情景，只是想着“平和”“安宁”或是“喜悦”这样的词，就能引发积极的力量将注意力拉回到自己的呼吸上来。要关注内心，清除思想中的杂念，不要让念头、幻想以及记忆操控。当然，这需要不断地练习才能做到，初学者一开始练习时通常只能够保持几秒钟的“平静”。最常见的感受就是刚清除完杂念，它们又出现了。

把冥想变成规律。每天早上起来、午餐时间或是午后，用 10 分钟到 1 小时的时间来冥想。给自己规定一个冥想的时间，然后坚持每天练习。安排一个可以进行冥想的地方，这个地方一定要舒适，并尽可能远离一切外界干扰。在冥想成为日常规律后，可能只需要一两分钟的时间就够了。每当感到有压力愤怒或是想开心一点的时候，只需要做几次深呼吸，就可以释放出积极的情绪。安静的地方是最理想的，不过坐火车、坐出租车或是在办公室里，其实也都可以。

反思：你冥想了吗？体会到冥想给你带来的好处了吗？

第四节　冥想练习的阻碍

由此可见，无论是生理上，还是心理上，练习冥想都会为我们带来一系列好处。但对此，大多数人，尤其是聪明成功的人，却并不擅长。为什么会这样呢？

人们反对冥想的一个理由是，很多人本身有抵触情绪，固执地认为，冥想是一件神神道道的事情，或者觉得缺乏科学依据。不过，之前已经探讨过，冥想只不过是试着感知现实世界罢了，并不做任何的判断、评论，也不会执着于一点不放。如果说具体些的话，冥想就是以一种既感兴趣又客观公正的态度，试着观察现实世界。

人们反对冥想的另一个理由是，冥想会让人变得软弱。冥想的确会激发人的同情心。不过，这并不意味着冥想会让人变得软弱，除非我们把有同情心和软弱看作同一件事情，然而不幸的是，许多人的确是这样觉得的。实际上，很多在全世界备受尊重的领导者都是力量和同情心的化身，像毛泽东、邓小平、甘地、曼德拉等。大量数据显示，那些为人友善、富有同情心的领导者（具体来说，那些“付出者”）更有可能上升到组织上层。现在很多的部队也正让士兵练习冥想，如果冥想真的让人变得软弱，海军陆战队是绝不会冒这个险的。

关于冥想，许多人还有一个相关的顾忌，就是担心需要练习很长时间、坚持很长时间才能有效果。当今社会，许多人的生活节奏都特别快，以至没有足够的时间轻松地吃个午餐，或者跟孩子玩耍一下。因此，每天花 30 分钟，即使只有 20 分钟，练习冥想也是困难重重。笔者的建议是，开始的时候可以先练习比较短的时间，就是一天练习两三分钟就可以了。而且，不仅仅是大家都能拿出两分钟时间这么简单，这种做法的另一个考虑是，这样大家受挫的情绪会弱一些，因此也就不那么容易放弃了。相反，如果一开始就练习 20 分钟，到练习的后半段就有可能会坐立难安，这样很可能会感觉受挫，进而放弃练习。相比之下，如果只花 2 分钟的时间，那么受挫的可能性就会大大降低。实际上，只要能够连续坚持 5 周，哪怕每天只有 5 分钟的练习时间，也足以促进左侧额叶皮层（之前探讨过该大脑区域，与人的积极情绪有关）的基线活动。

冥想是一项非常个人化的活动，冥想中应注意的重要事项：

做到客观、无偏见。不做任何主观的评判。每一次的练习都是不一样的，不可随便比较。例如：不要说今天做了一个很好的练习，昨天做了一个很差的练习等。不管练习的结果怎么样，我们都完全无条件地接受。在练习的过程中，一旦发现自己偏离了原来的目标（要知道每次练习这种情况要发生好几次），就心平气和地让自己的注意力重新回到原来的目标上。不要想“天啊，我连在 1 分钟内集中自己的关注点都办不到”，等等。告诉自己、激励自己进行下一次练习。记住“没有所谓的失败的冥想练习”。

不要强迫自己进入冥想状态，让它自然而然地发生。

冥想有很多好处，但并不是每个人都可以掌握它，不然，思想家布莱士·帕斯卡也不会认为“人类遇到的所有问题都源于他们无法在一个地方独自静坐沉思”。要想提高冥想技巧，你可以参加一个培训班，登录与冥想有关的网站查找信息，或者购买光盘或书籍进行学习。

第五节 睡眠、触摸

爱默生说，“世界属于充满活力的人”，但精力充沛的人也需要充分的休息。不管人们在清醒的时候多么活跃、多么精力充沛，如果得不到充足的睡眠，人们的情绪、精力、警觉性、寿命以及健康都会受到损害。一位著名的睡眠研究专家认为，如果每个人每天晚上都能多睡 1 小时，那么这个“缺乏睡眠”的社会将变得更幸福、更健康，因为人们可以在睡眠中获得更多的幸福。

在爱迪生发明电灯泡之前，人们每 24 小时的平均睡眠时间是 10 小时，大多是在夜里睡觉的，但有时也在白天睡。现今每人在工作日期间有 6~7 小时的睡眠时间，周末人们的睡眠时间是 7.5~8 小时，这是全国的平均数据。18~29 岁的人中大约有 25%的人有 8 小时睡眠时间，75%的人没有足够的睡眠时间。如果人们的健康睡眠时间足够 8 小时，那是一项非常不错的投资，会有很高的回报率。

良好的睡眠是指每晚保证至少 7 个小时的高质量睡眠。如果你觉得每晚睡 7 小时太多了，超出了你的需要，那应该看看下面这项研究。在该项研究中，参与者被关在一个房间里，没有钟表，不见阳光，没有人打扰，也没有其他影响睡眠时间的外在因素。这么做的目的在于，观察人们在没有外在因素压迫时需要多长时间的睡眠。研究发现，95%的人每晚需要 7~9 小时的睡眠才能保证精力充沛，只有 2.5%的参与者，在睡眠时间不足 7 小时的情况下，依然精力充沛。因此，如果你感觉自己在每晚睡眠时间不到 6 小时的情况下也能应对自如，那是因为你不知道，如果睡眠时间更长些的话，自己的状态会更好。

多项研究也证实，人们在睡眠不足时做出的决定更差。举个例子，在必要睡眠时间的基础上减少 1.5 小时，那白天的反应速度就会慢 1/3。你可能也已经意识到了，睡眠不足会影响人的心情。其中一个原因是充足的睡眠可以减弱糟糕回忆的负面影响。因此，如果睡眠时间不足，人们就很容易变得焦虑、易怒。

可见，充足的睡眠对于每一个人都是非常重要的。

首先，充足的睡眠显著增强身体的免疫系统。德国图宾根大学斯托恩·迪米特洛夫博士的实验证明，充足的睡眠可以协助免疫系统。他表明，T 细胞是免疫系统里的一种抗击病毒感染细胞的细胞，而 T 细胞需要整合蛋白的黏性附着在病毒感染细胞并杀死病毒感染细胞。而这种整合蛋白的黏性会被肾上腺素、去甲肾上腺素与前列腺素压抑。睡眠时，体内肾上腺素、去甲肾上腺素与前列腺素含量较低，整合蛋白黏性增强，从而促进 T 细胞直接附着于病毒感染细胞上并杀死病毒感染细胞。

我们都知道，当时睡眠不足时，而且还要紧张的工作、学习等就更容易让人不舒服，当然这和压力也有关。但从睡眠本身讲，充足的睡眠能增强免疫系统，提高精力水平。有一些理论认为睡5小时比睡7小时好，这个观点笔者并不是很认同。普遍来说，睡眠时间多一些会更好。美国睡眠医学学会和睡眠研究学会建议，18~60岁的成年人每晚至少保证7小时睡眠，以促进最佳的健康状况。每天少于7小时的睡眠会增加肥胖、糖尿病、高血压、心脏病和中风等慢性疾病的患病风险。如果一天睡眠时间超过10小时或11小时，有时可能是因为生活上碰到困难，有时可能是太累，或者对某些人来说他就需要这么长的睡眠时间，这意味着你需要，而不是说你有毛病。因人而异，看你平均需要多少睡眠时间。从某种程度上说越多的睡眠通常越好。我们研究过身体运动，当不运动时，我们的体重就会超出基准水平，超出基因所决定的自然状态。这就是为什么越来越多不配合运动的节食减肥失败，对于睡眠也是同样的道理。如果睡眠不充足，我们会超出基准体重，睡眠与体重是有关联的，不仅是关联的关系，而且是因果关系。实际上，缺乏睡眠会导致体重增加。看看吧，仅仅充足的睡眠时间就能有效地改善我们的体重控制。从交通事故来看，中国每年因交通事故死亡的人数均超过10万人，居世界第一。统计数据表明，每5分钟就有一人因交通事故而丧生，每1分钟都会有1人因为交通事故而伤残。每年因交通事故造成的经济损失达数百亿元。每年有平均几万起交通事故是由于缺乏睡眠引起的。受害人中有的是缺乏睡眠的司机，有的是被缺乏睡眠的司机所害。在工作场所，日复一日，由缺乏睡眠引起的事故估计造成了1000亿美元的经济损失。我们的认知功能、创造力、生产力、记忆力，都会在缺乏睡眠时受损，这就是为什么睡眠是如此重要的一项投资。

有时，在已经很累的前提下，我们经常说“让我再熬2小时学习”，然而实际上不如把这2小时投资到睡眠上，这样你会完成更多的学习，会把学习材料记得更好，更有创造性，也能在一定程度上恢复你的认知和情绪能力。对待睡眠正确的态度应该是把它当作一种投资，优先考虑睡眠。这就像是生意人需要100万元的投资，如果说这个投资每年会为你带来20%的收益，那么你会想方设法凑齐这100万元。睡眠也如此，这8小时的投资会有很多的回报。

我们能从婴儿身上学到很多东西，原因是婴儿从不克制自己的情绪。当婴儿没有得到充足的睡眠会怎么样？他们会哭，会变得烦躁，会很难受，会恐慌不安等。其实成年人也是一样的，如果没有得到充足的睡眠，我们忍受痛苦和困难的能力就会减弱，也很难控制情绪，引爆情绪的导火线缩短了。我们会感到有压力，焦虑过大，脾气也变得更大了，这样一来，身体上、心理上不健康的因素占据了上风，人们常常处于亚健康状态，对人的身心影响都是很大的。

其次，睡眠对抑郁的影响很大。有两方面的原因：第一，缺乏睡眠容易导致抑郁，是因为从生理水平来说，正如你看到的婴儿，他累了的时候就变得暴躁，我们在累了的时候也会变得暴躁，这只是纯生理层面上对睡眠的需要。第二，大脑晚上要处理很多白天经历的事情，它经常解决我们白天经历过的未解决的问题，这就是为什么当你带着一个思考的问题入睡，经常会在早上醒来时得到解答。当然不只是你思考的问题在晚上得到解答，还有其他人际问题、心理的问题等都要在整个晚上来解决。因此，为了生理的睡眠需要睡觉，同样也为了心理的睡眠更需要睡觉。现在大家都谈论美容觉，为什么？因为那是被证明的，那是显而易见的。如果一个人 24 小时或 36 小时没有睡觉，你能看得出眼睛周围是有黑眼圈或眼袋的，通过化妆技术，黑眼圈是可以掩藏起来，但你仍然可以看出一个人是否疲惫。睡觉不只是为了美容，更是为了幸福，为了智力。因为我们知道没有睡觉的人，比如说 24 小时没睡，24 小时后他们的智商降低 10 个百分点甚至更甚，所以毫无疑问睡觉不仅仅能保持美丽，睡觉还能保持幸福和智力，不管从哪个层面来讲睡觉都是个很好的投资。

一、拯救你的睡眠最好做到以下几点

第一，每天保证 8 小时左右的睡眠时间。但如果你一天没有 8 小时睡眠的话，有些时候确实没法做到，比如考试周、超负荷工作期，夜里照顾孩子，或者有其他压力时，那怎么办？那就要小睡。

第二，小睡。小睡实际上被证明是极其有效的，白天打个瞌睡，如睡 15 ~20 分钟，虽没有晚上多睡 2 小时的效果好，但也比白天不睡要强得多，所以小睡也是非常好的投资，而且在一定程度上恢复了某些认知和情绪能力。

约翰·洛克菲勒赚到了当时全世界最庞大的财富，也活到了 98 岁高龄。他如何做到这两点的呢？最主要的原因是他家里的人都很长寿，有长寿基因；而另一个原因则是他每天中午要在办公室睡半个小时的午觉。他会躺在办公室的大沙发上休息。此时，即使是美国总统打来电话，他都不会接。

在《为什么会疲倦》中，丹尼尔·柯西林说："休息并不是说不干任何事；休息就是修补。"在短短的一点儿休息时间里，能使人具备很强的修补能力，哪怕只打5分钟的盹儿，也有助于防止疲劳。

可见，每天午睡一会儿，就会让人们保持充沛的精力。

第三，睡前2小时收起所有电子设备。手机、电视、平板电脑等电子设备会使你的大脑很难休息，并可能干扰你的生物钟。如必须使用电子设备，请开启设备的夜间模式或使用减少屏幕蓝光的程序。晚上把手机放在离床远的地方（或者卧室外面）充电，避免晚上长时间玩手机。最好选一两本自己想看的纸质书放在床头。入睡前看书，不看电子屏幕。

第四，每天在同一时间起床。定时起床可确保你不会因为睡眠过量而影响晚上正常入睡时间，同时稳定生物钟。

第五，运用放松技巧帮助入眠。如果你感到困倦，但是大脑却忙于思考，就很难入睡。你可以使用一些放松技巧，如慢呼吸、听轻音乐或练瑜伽等方式，帮助实现精神上的放松。尽量创造一个黑暗、安静、舒适的睡眠环境。

注意：有些人晚上入睡有困难，有一种情况是他们吃得太晚了或者运动得太晚了，因为血液依然流得很快，心脏依然跳得很快，他们依旧很精神。所以要注意自己的饮食和运动时间的安排，养成白天进行运动的习惯，这样晚上更容易入眠（睡前2小时不要做剧烈运动）。还有一种可能就是——有一个事件让你不得不早睡，于是你产生压力（现在就要睡觉），越是这么想，就越会导致失眠。在这种情况下，你需要做一件事，那就是不要强自己所难！

睡眠剥夺对健康和幸福的影响已被研究证明，睡眠剥夺会使认知能力和生理机能受到损害，对心情的影响则更甚。哈佛医学院医学副教授、布莱根妇女医院睡眠研究专家珍妮·达菲在接受哈佛 Gazette 杂志采访中提道："睡眠不足会使免疫系统降低。在睡眠不足的状态下，如果你暴露于病毒存在的环境中，感染该病毒的概率更大，或者更易患上感冒等疾病。"缺乏睡眠的人易于感觉不快乐、更紧张、身体虚弱；精神上、身体上越发疲劳，充足的睡眠让我们感觉更好、更快乐、更有精力和活力。

二、制订睡眠计划

作息时间规律（如每晚10：30上床，早上6：30起床）。

睡前洗个热水澡。

在卧室里放一个助眠机或睡前放一些舒缓的音乐。

避免在睡前给自己增加压力（如晚 8 点以后不查看邮件、不在微信的工作群谈工作、不和伴侣争吵）。

尽量减少卧室中的人造光源（如 iPad、手机发出的光）。

晚饭 18：30 之前吃完（晚饭不要吃太多，8 分饱就好）。

尽量做一些锻炼（运动有助于提高睡眠质量）。

反思：你是如何来增加你的睡眠质量的？

三、触摸

触摸是人的一种感觉。“触摸”在《朗文中阶英汉双解词典》中的定义，是一个动作或一种用手或身体触碰的行为；但是《柯林斯高阶英汉双解词典》对“触摸”一词赋予了情感的意义，触摸作为动词来讲，在身体的接触之外还有建立关系、表达友好或者亲情和给予对方愉悦感的意味；《汉语词典》中与“触摸”表达相同的动作包括碰触、抚摸和接触。牛顿第三定律也指出，作为触觉交流的触摸是相互作用的，人既是触摸的主体，也是触摸的客体。Weiss 对触摸进行概念分析认为，积极的触觉刺激集成有助于个体积极地适应并“唤醒身体的认知和情感认知”；相反，缺乏触觉刺激会导致不良的适应状态，大脑会缺乏相关的信息而做出不完整的判断。

人类的沟通和交流有言语交际，还有非言语交际，触摸就是一种典型的非言语交际，是人们表达情感的一种方式，它意味着建立相互的联系、表示善意和给予对方信任感，用以强化其他的语言和非语言沟通。20 世纪 50 年代以来，欧美发达国家将触摸应用于生活、医疗等各方面的研究，并充分验证了触摸可减少人的烦躁、惶恐不安的程度，让人的身心处在较好的自然状态。心理学文献资料表明，适当的触摸和拥抱有利于心理健康。那些经常被触摸和拥抱的人的心理要比缺乏触摸和拥抱的人更懂得爱、身心更健康，在英语的谚语里也有“每天需要 3 个拥抱才能活下去，另外 3 个拥抱才能神采焕发”的说法。可惜在我们的生活当中，都尽量避免过多的身体接触，因此，当你看完以下的内容，知道拥抱的好处后，希望你能把拥抱带到你的生活中。

科学家认为生命的三要素是阳光、空气和水，缺少了它们，人的生命难以维系。积极心理学家认为触摸、睡眠和爱情也同样是人类赖以生存的重要元素。

四、触摸的心理效应

触摸就如同睡眠、体育运动，以及人际关系一样，是身体的需要，是人际交往中重要的一部分。

对于儿童群体而言，触感和嗅觉是婴儿的两个主要的感觉，一个婴儿可以识别出父母的接触。自打出生之时起，家庭成员对我们的抚摸暗示了一个事实，那就是我们是独一无二的，并且是被深深爱护着的。抚摸和拥抱孩子是在向他们传达，父母对他们有着怎样的感觉。当父母和照料者表达爱和欣喜时，婴儿就知道他们是被爱着的。反过来说，如果父母是害怕的、迟疑的和不舒服的，婴儿似乎也能感觉到他们不太好。这些早年的有关感觉和身体的信息或许会持续人们的终生。一个小孩的大脑在成长和发展过程中需要很多刺激。其中肢体接触是促进儿童成长的最重要的刺激之一，儿童在受到触摸时会成长得更好。由此，心理学家提出这样的理论，儿时的爱抚为成年后亲密关系的建立奠定了基础。

相信他人、增加相互的信任感，减少相互的猜忌，是成年人的心理健康（包括性健康）的一个重要基础。发展心理学家埃里克森认为，在人们成长的八个不同阶段都有不同的成长任务，每一个阶段都会着重解决一些问题。从出生到 2 岁是人生的第一个阶段，这个阶段的主要任务就是解决“基本信任 VS 基本不信任”的问题。根据埃里克森的学说，儿童从出生到 18 个月之间，会了解到他们的意愿是不是能够得到满足，他们身边的人和周围的世界是否值得信任。如果他们的需要得到了满足，他们就会做出建立亲密关系的行动、产生出希冀的感觉。埃里克森写道，哺乳方式是婴儿尝试解答某些问题的主要方式，如“当我饿了的时候，我可以相信他们就会来喂我吗”？

很多其他的心理学家也认为爱抚和搂抱孩子与哺育他们一样重要。当他们哭的时候，他们会被轻轻地抱起来、轻轻地安抚。这是父母向他们表示关爱的一种方式，回应婴儿父母就在他们身边，正在告诉他们，父母爱着他们，这个世界是一个可以信赖的、安全的地方。这些会增加孩子们的自信心和激发他们生命的力量，使他们相信，当他们需要帮助和支持时，就能得到它们。通过触摸，婴儿了解他们的世界和身体。实际上，在一些极端个案中，不被触摸的宝宝可能会发展一种叫作“发育停滞”的疾病，也可能会死去。他们实际上在日渐枯萎：他们不吃，不吸收营养，逐渐离开这个世界（当然，并不是所有“发育停滞”都与缺乏触摸有关，有的宝宝真的不能获取营养就要咨询医生）。

有这样一个关于医院早产婴儿病发的故事：早产婴儿病房有一个区域的成功水平要远远高于同病房其他区域，换言之，就是婴儿的身体好得更快，他们更健康了。在后续对他们的长期跟踪中，这个区域的孩子显示出了更好的认知能力和生理发育，医生对此感到很奇怪，因为这些婴儿治疗的方式方法都是一样的，包括吃的食物都是一样的。后来，得知就是因为这个区域病房的护士给予了这些婴儿轻轻的抚摸与讲话。这件事情就衍生了一些对婴儿触摸的重要性的研究，特别是对早产婴儿。

心理学家弗尔德（Tiffany Fields）对早产儿进行过每天 45 分钟的非常轻的抚摸实验。一般认为，早产儿应该生活在一个隔离的环境，犹如子宫般的环境中，抚摸只会给他们压力感，会有碍于他们的生长。然而他对 20 个早产儿每天做 3 次、每次 15 分钟舒缓而有力的抚摸。10 天中，接受抚摸的婴儿比没有得到抚摸的婴儿平均重 47%，而且睡眠和灵敏性也都有很大改善。到第 8 个月末，他们的体质和智力有明显提高。最值得注意的是，接受抚摸的婴儿离开保育箱的时间比其他婴儿平均提前了 6 天。他们出院回家后，对其进行跟踪研究发现，他们在认知能力上和运动技能上有了更好的发展，只是因为被更多的触摸了，我们需要触摸，这是先天本能的需求。

心理学家弗尔德告诉了我们触摸的重要性：触摸能有规律地刺激生长激素的分泌，进而促进消化吸收功能；有助于伤口愈合，它会使我们的免疫系统更加强大；儿童在受触摸时成长得更好，他们的认知发展受到触摸的影响也会发展得更好……同样，由缺乏触摸或者触摸不足导致心境障碍和抑郁焦虑情绪的产生，可以通过加强触摸得到克服。

笔者记得看到过这样一个视频，一位博主在救助站领养了一个得了皮肤病，且前腿有一点残疾的小狗。起初，刚到新环境的小狗非常恐惧，经常会做出一些伤人的举动，但是博主每天都会抱着它，轻轻地抚摸它。渐渐地，小狗收起了戒备心，开始慢慢地进食，后来小狗变得活泼开朗，之前斑驳的皮毛也逐渐丰润起来。虽然前腿仍然残疾，走路不利索，但是小狗每天都会快乐地跟在主人后边。触摸和爱抚加深了人和动物之间的牵绊，让二者感受到了信任和联结。

那么，如果触摸被剥夺了是一种什么样的状况呢？有关于触摸被剥夺的研究，并不是在人类身上进行的，而是在猴子身上进行的。这就是著名的哈洛幼猴实验。

20 世纪 50 年代末，美国威斯康星大学动物心理学家哈利·哈洛（Harry Harlow）做了一个实验，他使用恒河猴做实验。他把一只刚出生的幼猴放进一个隔离的笼子中养育，并用两个假猴子替代真母猴。这两个代母猴分别是用铁丝和绒布做的，实验者在“铁丝母猴”胸前特别安置了一个可以提供奶水的橡皮奶头。按哈洛的说法就是“一个是柔软、温暖的母亲，一个是有着无限耐心、可以 24 小时提供奶水的母亲”。刚开始，幼猴多围着“铁丝母猴”，但没过几天，令人惊讶的事情就发生了：幼猴只有在饥饿的时候才到“铁丝母猴”那里喝几口奶水，其他更多的时候都是与“绒布母猴”待在一起；换句话说，幼猴宁愿选择柔软的触摸，也不愿选择不舒服的喂养。幼猴在遭到不熟悉的物体，如一只木制的大蜘蛛的威胁时，会跑到“绒布母猴”身边并紧紧抱住它，似乎“绒布母猴”会给幼猴更多的安全感。结果这只幼猴长大之后最为依恋的，并不是给它奶水的母猴，而是给它触摸感、抚摸感的母猴。而且这些猴子身体上的成长也不如其他猴子，他们的认知发育受到了损害，他们更多地表现出自闭症的行为。这些缺乏触摸的幼猴长大后成为麻烦的成年猴，它们更可能去咬或抓其他猴子；在性别上，这些雄性猴不接近雌性猴，而大部分这样的雌性猴也是不孕的。

哈洛指出，“接触性安慰”（Contact Comfort）是一种基本需要，即年幼的哺乳类动物想跟自己的母亲有身体接触的需求。当亲妈妈不在时，年幼的哺乳类动物会设法寻找感觉最像母亲的东西。哈洛之所以小心翼翼地选用了“接触性安慰”这个字眼，是因为母亲会在孩子最需要抚慰的时候给予孩子慰藉，这样的抚慰大底来自直接的接触（即触摸），即便是软布妈妈也能提供类似的效果。

五、依恋理论

英国精神病学家约翰·鲍比（John Bowlby）也对身体接触及亲密关系进行了研究，提出了依恋理论（Attachment Theory）。该理论强调将人们联系在一起的情感。

他在 1950 年应世界卫生组织（WHO）之邀做了一个关于精神卫生方面的报告，针对的对象是“二战”期间不幸失去双亲的孤儿。他报告中的一个重要结论便是：正常的发展需要儿童至少和一个监护人建立起“温暖的、持久的情感联结”。在孤儿院长大的孩子即使食物和安全感的需求都能得到很充分的满足，但如果缺少一个建立持久情感联结的机会，他们也必定会受伤。

大部分在无意中被忽视的孤儿都会表现出一些病态行为，如撞头或抑郁。很多孩子的身体都因此不能健康成长，事实上，还有些孩子仅仅死于爱的缺乏。鲍比的WHO报告强调了情感联结的重要性，结果引起了孤儿院和收容所在儿童对待方式上的重大改变。

依恋理论的一个观念是，儿童的行为受“安全”与“探索”这两个基本目标的引导。安全的环境让儿童得以生存下去：能探索和游戏的孩子，才能发展出应付未来成人生活所需的技能及智力（这也是为什么所有哺乳类动物小时候都会玩耍嬉戏的缘故；而且大脑额叶皮层越大者，越需要玩耍）。“安全”与“探索”这两种需求常常相互对立，因此它们都由一种专司侦测周遭安全的自动调节器来规范。在安全度达到一定程度后，儿童就会嬉戏玩耍、四处探索。不过，一旦安全度大幅滑落，儿童体内的安全阀就会开始运转，突然间，安全需求成为首要之务。这时候，孩童会停止玩耍去找妈妈。如果找不到妈妈，孩子就会开始哭闹，还会哭得越来越凶；等看到妈妈回来，孩子会要妈妈爱抚让自己安心，之后系统便重新启动，游戏得以继续。

如果你想亲眼看见这个系统的运作，只要想办法去吸引一个正在玩耍的两岁小孩的注意力，马上就一目了然了。如果你到朋友家，第一次认识她的小孩，只要一分钟，好戏马上上场。在熟悉的环境里，小孩子会觉得很有安全感，他的母亲就是一个依恋对象，只要这个依恋对象在场，孩子就一定会感到安全，不会害怕，所以孩子便能自由自在地探索，健全地发展。不过，如果是朋友带她儿子第一次来你家玩，时间就要久点儿。你可能得跟在你朋友身旁，才有办法看到那张躲在妈妈大腿后面的小脸蛋。之后，如果你开始跟他玩游戏——扮鬼脸逗他笑，再来看看他妈妈到厨房倒水后，接下来会发生什么事。这时，你的小玩伴会突然一溜烟地朝厨房飞奔而去。

哈洛也在猴子身上发现相同的行为。幼猴跟它们的软布母猴一起被安置在一间放满玩具的开放式房间中央，幼猴最后会从软布母猴身上爬下来，四处探索，但是它们会经常跑回去碰触软布母猴，保持彼此间的联结。一旦实验人员把软布母猴拿走，所有游戏就会立刻终止，接着惊叫声四起。

如果儿童长期与依恋对象分开（譬如住院），很快就变得被动绝望。鲍比说，一旦儿童无法拥有一种稳定持久的依恋关系，例如，不断地变换不同养父母或护士来照顾他，他们就很可能一辈子都会因此痛苦不安。他们可能变成冷漠孤独的人，或是无可救药的黏人精，对于发育期尚未结束的人类婴幼儿来说，即使生理需要得到充分的满足，仍可能会遭受依恋需求受挫的后果。鲍比的理论表明，如果你希望自己的孩子健康成长、独立自主，那么你应该去拥抱、去搂、去哄、去爱他们。只要给他们一个安全堡垒，他们就能靠自己的力量去探索、征服这个世界。爱能克服恐惧，《圣经·新约》里有一段话描述得很好："爱里没有惧怕，完全的爱可以驱除惧怕。"悲惨的是，有关于触摸剥夺的研究，并不仅仅是在猴子身上进行的研究，在人的身上也做过，这是人类实施过的最大悲剧的自然实验之一。这个实验是在齐奥塞斯库统治下的罗马尼亚完成的，那个残暴的独裁者统治着这个国家直到 1989 年。他做了一件事就是把许多孩子从父母身边带走，特别是那些父母的政见与他们不同的。他把 15 万个孩子带到收容所，远离他们的父母。在收容所里，这些孩子的身体需求能够得到满足，有食物、水，还能洗澡，但他们并没有得到爱，不是因为那些看护不愿意给他们爱，而是她们没有那个时间。因为那是个非常贫穷的国家，没有钱提供足够的看护，没有钱请足够的工作人员。直到 1989 年，战争爆发，齐奥塞斯库被驱逐，这些孩子才被这些收容所释放。心理学家去收容所里，他们看到的是这个悲剧的自然实验的后果：在身体成长方面，这些孩子中只有 3%～10% 与他们同龄段孩子的体型是相当的；在认知发展方面，水平远远低于 100 的平均智商；在运动发育方面同样也由于缺乏触摸而严重受损，许多孩子抱着腿坐着，不停地摇晃，这些都是触摸被剥夺影响的，它不仅关系到身体健康，也关系到精神健康。还有一些心理学家认为，这些研究显示出，婴幼儿期缺乏触摸的经历会影响其成年后的性关系和亲密关系。

依恋理论的核心就是主张依恋可以通过调节母婴关系、亲近照料者来提高生存。婴儿不断地监视着其照料者在哪里，并且只要照料者在附近，他就可以很满足地玩耍。但如果他们的距离过远，他就会烦躁不安，并转移注意力，努力靠近自己的照料者。后来通过多年的研究，鲍比认为这种依恋会贯穿人的一生，从摇篮时期直到生命的暮年。由此可见，人都有对身体接触和亲密关系的需求。不管男女老少，没有人是孤岛，触摸与被触摸的需求是天生的。

六、关于拥抱的研究

这是宾夕法尼亚州立大学的一位教授做的属于心理干预的研究，研究分成两组：第一组称为拥抱组，要求被试一天至少5个拥抱，实验要求必须是面对面地拥抱，用双臂拥抱对方，但是拥抱的时间、所用的力量，以及双手的位置则由他们自己决定。要拥抱不同的人，可以是你的朋友、同学、同事，当然也可以是你的情侣。他们要尽可能多地拥抱别人，并且记录下所有的细节，但这些拥抱都和性无关。第二组作为控制组，被要求四周内记录他们每天阅读的时间。然后发现，四周之后，拥抱组的每个人报告都说自己变得更加快乐了。控制组（阅读组）的幸福水平没有明显提高，每天拥抱5次的那组却显著提高，因为当人们拥抱他人时并释放催产素时，人们的“快乐幅度”明显增加。这位教授谈论起这个实验时说：“对某些人来说，拥抱要困难得多，特别是男人，但即使这样，参与这组的男人大部分还是拥抱了。”他们可以在运动场上拥抱，他们可以找机会或者想方设法地一天拥抱5次，而这些这么做了的人真的变得更快乐了，他们体验到了拥抱的力量。著名的心理学家曾经说过，“我们每天需要四个拥抱来生存，八个拥抱来维持，十二个拥抱来成长”。笔者相信，你也会发现拥抱可以缓解压力，拉近你和某个人之间的距离，甚至会减轻疼痛。所以笔者建议——从现在开始，在你以后的日子里每天至少3个拥抱，多几个更好。

拥抱的好处就是它是双赢的，因为当拥抱某人时，我们也被拥抱了，当触摸某人时，我们也被触摸了，就像幸福，当我们分享它的时候，它就越来越多，这是个“双赢”的过程。拥抱对人体免疫系统、神经系统、内分泌系统都十分有益。当拥抱他人时，人的身体会释放催产素，这一物质能引发身体的愉悦体验，提高人的信任感，表达的是情感的支持和鼓励，这样会增进彼此间的关系。在良好的关系中，我们能对自己的感受和感觉很好，会更积极乐观，所以会更幸福快乐。拥抱是一个相互的动作，给予拥抱的同时也会获得他人的拥抱。在拥抱中，我们意识到给予和接受、舒适和温暖是有着相等的价值的。“拥抱”告诉我们爱可以在任何一种方式上流动，当拥抱他人时，我们是在敞开自己的能量场，并且建立彼此关系的信任性。来自亲近者的触摸，不仅能减弱“与疼痛和厌恶有关”的大脑活动，还能增强人体的免疫力，更重要的是，它还可以拉近人际关系，并且带来真切的快乐体验。另外，温暖的拥抱就像无言的抚慰，可以明显降低孤独感，让人身心获得满足。

反思：你给他人拥抱了吗？

七、拥抱的力量

现代社会，越来越多的人是通过数码或视像设备来进行交流的，我们经常连接的是屏幕而不是人。当然，这可以使我们在远距离的情况下随时保持沟通，但随之而来的后果是失去人的肢体接触，而一个健康的人类是需要肢体接触的。

积极心理学研究显示：“许多人感到一种强烈的连接具有更大的幸福感。”我们的触觉系统是最重要的感受和舒适的连接。“触摸别人”会让你更健康、更成功、更快乐。拥抱就是表现在我们生活中最常见的触摸的形式。

笔者从网上看到这样一个非常感人的故事，故事的原文如下：

1983 年夏天，年逾古稀的婆婆患了一场重病，我赶紧从单位请假回家看望老人。到家后，我来到婆婆床前，精心护理照料，给婆婆洗脸、擦身、按摩肢体，给婆婆调理饮食，做可口的饭菜补养身子，以弥补不能在婆婆身边长久伺候的愧疚。

在家那 5 天里，我全天候围着婆婆转，就像儿女般对待老人。婆婆在床上不住地念叨：“平儿，婆婆什么都没有给过你，你为啥待我这般好?”我说：“妈把自己疼爱的儿子给了我，我做媳妇的当然要孝敬您老人家啊!”一句发自内心的肺腑之言，说得婆婆在床上乐开了花。

说实话，身为儿媳的我，与两个长期守护者女儿比，确实做得太少了，我也深感自己对老人尽孝不够。由于工作忙，只在老家陪了婆婆短短 5 天，我就得回单位上班了。那天中午，我把一切为婆婆安排好后，便走出家门准备乘车离开，然而在我回头时猛地吃了一惊：婆婆竟然拄着拐棍踉跄着走出大门，还用一只手遮挡着刺眼的阳光，在吃力地目送分别的儿媳呢！看到这一幕，我赶紧回到婆婆身边，紧紧地拥抱了婆婆……

婆婆在我怀里有着片刻的痉挛，然后，哽咽着：“我养大了四个女儿，从来没有得到女儿的拥抱；却在今天，得到了儿媳妇的贴心拥抱，我值啊，我好幸福……”说着说着，婆婆抱着我像小孩子似的放声大哭起来。此刻，我很理解，婆婆的哭是老人对爱的一种渴望，是老人对儿女的一种思念，也是老人对心灵荒芜的一种宣泄。

这次与婆婆的拥抱令我终生难忘。因为那一刻，我深有感触：家有老人，更应体谅他们的精神追求，更要体谅老人的寂寞，他们有时就像婴孩一样，迫切需要肌肤之亲。而给予老人适当的爱抚，并不需要投入过多的精力，只要做晚辈的稍用心思，拿出照顾孩子十分之一的爱心和耐心，哪怕是给予一个深情的拥抱，就是对老人的最大安慰。

触摸、抚摸就能够产生积极愉悦的情绪体验，鼓掌就是一种很好的触摸，中国人讲击掌而呼，因为我们双手最敏感的触觉区域是掌心，不断碰撞自己的掌心后，就会产生快乐的情绪反应。积极情绪的修行方法有很多，需要我们自己去探索、发现。中国人讲知行合一，所以知道积极心理学的好处后还要去做。

在进行适当地拥抱和触摸的时候，有一个关键点要注意，那就是要表现出足够的尊重。不是每个人在每个阶段被拥抱、触摸的时候都会像我们一样感觉良好，或者我们被触摸的时候也可能感觉会不舒服，那没有关系，有许多原因。你知道有人可能是在家庭成长环境中就比较适应拥抱和触摸，有人可能只是身体上不习惯。东方社会和西方社会是不同的，古代和现代的习惯也是不一样的，有些人更喜欢被触摸一些，这是自然的，所以我们需要尊重别人的习惯和底线，也要让别人尊重我们的习惯和底线。

练习 1

甜蜜冥想法

你是否常常不由自主地感到失落、难过？

你是否努力想要摆脱负面情结，却仍然深陷其中？

你是否感受到身边那些美好的事物，却仍改变不了你的坏心情？

当你总是不由自主地感到悲伤、难过，经常否定自己的未来、怀疑自己的能力，消极的失去行动能力时，你就该意识到你急需改变！

当一个消极悲观的情绪或事件笼罩了你，在通常情况下你会被越来越多的消极情绪所包围而变得难以自拔。此时，展示出以往的积极乐观情绪，让积极乐观覆盖消极悲观，就可以打破消极悲观的枷锁，将你从黑暗中拯救出来。

下面，让我们开始尝试发现快乐、摆脱悲观的甜蜜冥想法：

试着按下面步骤练习“甜蜜冥想法”：

(1) 安静下来，试着从日常生活中寻找好消息，特别要关注那些小的事物，如看看孩子们的脸庞、闻闻鲜花的味道、回忆一段假期的美好记忆、看看工作中取得的一个小进展等。

你可以想象一朵花，每片花瓣都在热情绽放，花微微动，感受它的美丽与惬意。

（2）不论找到什么样积极乐观的事，现在闭上眼，努力去关注它、回味它，向它敞开你的心灵，让它感染你。

（3）尽量长时间保持这种沉浸于积极乐观的状态，5 秒钟、10 秒钟、20 秒钟，一点一点延长时间，不要让你的注意力转移到其他事物上去。

品味的时间持续得越长，对你情绪的改造作用就越大，主导你愉快情绪的神经启动得就越多，产生的积极乐观型神经联结结构就越多，最后这段愉快的经历在你记忆中留下的痕迹也就越不可磨灭。

（4）让愉快的感觉充满你的全身，并尽可能地强烈。比如，如果你知道某个人对你好，那就让这种被他/她关怀的温暖感觉充满你的整个胸膛吧。或者仔细体验一下被你爱的人拥抱是多么的美妙。

（5）你还可以通过有意识地对某段经历进行加工，从而让它的感觉更加强烈。比如，如果你正在品味一段人际关系，你可以同时联想一下当你被另一个人爱的感觉，这会加强催产素（增加亲密关系的荷尔蒙）的分泌，从而让你加深这种互相联系在一起的感觉。或者在完成一个时限非常紧迫的项目后，通过回想你这一路来克服的各种困难来加强最终成功后的满足感。

（6）你可以想象或者体会，这种愉快经历带来的感觉深入你的意识和肉体深处，就好像阳光照着 T 恤衫，水渗进海绵，或者像一件珍宝放进你心里的宝贝箱子里一样。努力放松你的身体，吸收这些愉快体验带来的情绪、感觉和想法。

（7）现在，你已经将这些美妙的经历体验转化为内在动力，以后不必再向外在世界索求，越来越乐观，越来越快乐，对生活充满更多的甜蜜憧憬和希望。

练习 2

拥抱他人

每天拥抱 5 个人，家人、爱人、朋友、同事，甚至拥抱自己。然后写下自己的感受。

练习 3

陪伴

在生活中，主动花点时间陪伴孩子或做一些青年服务工作，试着至少和一位年轻人结成联结。慢慢地，这种练习的益处就会变成双向的。然后慢慢体会你的感受的渐变过程，最好把这种感受写下来。

第十三章 积极的人际关系

如果我不为我自己，谁会为我？如果我只为自己，我又是谁？如果不是现在，那又是何时？

——《塔木德》

一位社会心理学家写道："人际关系是人类生存最重要的一个构成因素。"在研究中，一项重大的发现就是，幸福的人比不幸福的人拥有更良好的人际关系。因此，要想变得更加幸福，需要有一个积极的人际关系，这也是非常有效的方法之一。

人际关系（Relationship）。有人曾经要求积极心理学的创始人之一——克里斯托弗·彼得森（Christopher Peterson），用两个字来描述积极心理学是讲什么的，他回答说："他人。"那用一句话来表述呢？彼得森回答说："他人很重要。"

积极很少见于孤独的时候。上一次开怀大笑是什么时候？上一次喜不自禁是什么时候？上一次感觉到深刻的意义和目的呢？上一次为成就而极端自豪呢？即使我不知道你在生活中何时经历过这些闪光点，但我知道它们的特点——它们都与他人有关。

他人是人生低潮最好和最可靠的解药。笔者有一个美国朋友家的孩子，性格比较暴躁，经常乱发脾气，但是当她帮助别人的时候就会非常开心。我刚到美国的时候，英语不太好，当我有什么单词不会说向她请教的时候，她会非常热心地帮助我，而且非常有耐心，并对我说，有什么句子不会说的尽管问她，她很愿意帮助我。我看到就在她帮助别人的时候，她会很高兴。这是已经得到了严格的实证研究的证实，科学家发现，在我们测试过的所有方法中，帮助别人是提升幸福感最可靠的方法之一。

第一节　多行善事

我们从小就被教育要与人为善、对他人要富有同情心，帮助他人，当然我们也要身体力行地去发扬这些美德。多做善事是正确的，也符合伦理道德标准。很多科学研究已证明了这个古老的道德准则——多行善事、帮助他人不仅对受助者有益，施善者也能大大受益。这听起来也许很不可思议——即使你所做的善事不被接受，或者在做好事时不期望得到回报甚至根本不会得到回报，但这种行为都会为你带来很大的益处，因为行善本身就会让人感到幸福、快乐。

可以肯定的是，行善使人幸福并不是什么新奇的事情。几个世纪以来，不管是作家、哲学家还是思想家都对这个真理大加赞扬。印度有句相关的谚语："真正的幸福在于让他人也获得幸福。"苏格兰裔散文作家托马斯·卡莱尔说："没有仁善之心，就不会享受到真正的快乐。"这些思想得到了科学方法的系统验证。研究表明，越是幸福的人越有可能经常帮助他人，他们在工作中也更乐于做自己职责之外的事情，同时做好事以及帮助他人也会让助人者自己感到幸福。

这个结论是由一个幸福干预实验得出的。在实验中，研究者将参与者分成两组，让他们每周做 5 件好事，并持续 6 周，第一组成员每周做好事的时间未做规定，任何时间都可以；第二组成员必须在每周的某一天之内做 5 件好事。下面是这个实验的具体说明：

在日常生活中，每个人都会为他人做一些好事。这些事有大有小，受助者可能知道，也可能不知道有人帮助了他们。做好事的行为包括给陌生人在公交车上投币、献血、辅导朋友做作业，看望年迈的亲戚，或者写一封感谢信，等等。请在接下来的 6 周内，每周做 5 件好事。受益者可以是同一个人，也可以不是同一个人，对方可能知道你给予他的帮助，也可能不知道，除了以上的行为，你还可以选择做其他事。切记，不要做任何可能给自己或他人带来危险的事情。

每周日，参与者需要上交他们一周的“助人”报告，报告中要写明他们每周为谁、在什么时候做了什么好事。他们做好事的范围非常广泛，例如，“帮朋友搬家”“帮家人干家务”“献血”“朋友初到某地，陪她一起逛街”“慰问敬老院”“帮陌生人解决电脑问题”“周末把自己的车借给他人用”“对老师的工作表示感谢”等。

实验结果有些令人吃惊。正如我们所期待的，对他人慷慨大方、体贴周到，的确会让人感到幸福，也就是说，行善、帮助他人可以提升幸福感。有趣的是，报告显示，只有那些在一天之内完成5件好事的参与者的幸福感有了显著提升。和实验前相比，两组参与者都声称自己比以前更加乐于助人。但是，必须在非固定时间行善的小组成员，其幸福感并没有得到显著提升。为什么会这样呢？可能是因为在这些参与者所做的好事中，大部分都是一些小事，而且他们还是在7天之内分别完成的，所以这些好事的效果也就减弱了，最终很难和参与者的日常行为区分开。毕竟，大多数人都会有助人为乐的行为，只是我们有时都意识不到自己做过这样的好事。

因此，通过这个研究我们看到，要想最大限度地提升幸福，一定要确保行动的最佳时间、行动的方法和进行的频率，和平时相比，你要做更多好事才会得到更多的幸福。

这个研究证明了多行善事、帮助他人是一个非常有效的幸福行动。而且，确定经常行善会让人在随后一段时间内依然保持幸福感。同时，变换着花样做好事也会对幸福感产生巨大的影响。实际上，如果想利用一个行动提升你的幸福感，那么一定要保证这个行动的新鲜感及其意义。当然，当你开始实施幸福提升计划时，具体行动是由你的自由意志所决定的，而不是其他人要求你这么做的。当你选择了一个适合自己的幸福行动时，其实你正是在选择你所重视的、让你快乐的事情，这个过程本身就非常有意义。不过，这个研究也提醒我们，在练习所选择的助人行动时，不要一成不变，通过不同的方式，才能让你的行动充满新鲜感，并且提升幸福感。

张燕，学印染的上海女孩，毕业后没做过与专业有关的工作。工作之余，她喜欢写诗、旅游。当她来到云南、贵州一带的苗寨，看到漂亮的苗族服饰，就情不自禁地爱上了。她甚至觉得苗族服饰的丰富性和多样性可以称得上是世界之最。她像着了魔似的每年都往贵州乡间跑，收购各种苗族服饰，还潜心研究了苗绣文化。

这时，上海泰康路正在形成综合性的艺术街，是集设计、制作、生活于一体的国际化的开放式区域，许多艺术家都在那里安营扎寨。张燕在泰康路开了上海首家纯苗族手工艺品店——盈稼手工苗绣坊。“盈稼苗绣坊”里所有的物品都是张燕从苗族村落里搜寻来的，“盈稼”如今已六岁了，事业稳定的张燕，并没有坐享其成，反而比以前更忙了。张燕发现，苗寨的空巢现象很严重，村庄里都是老人和孩子，中青年都外出打工了。苗寨建在高坡上，偏僻闭塞，当地的年收入只有200~1000元。一般家庭都有两三个孩子，因为孩子要读书，费用大，父母不出去打工赚钱的话，家里就会入不敷出。

张燕感觉到这些孩子不快乐，很孤独也很无助。孩子在15岁之前，是最需要妈妈的阶段，如果这时妈妈不在孩子身边，对这些孩子的身心成长很不利。

苗族绣娘告诉张燕，很多苗族妈妈不识汉字，没有自我保护的意识，出去打工时被骗被拐的情况时有发生。

孩子无助的眼神及苗族妈妈的遭遇给了张燕很大的触动，她希望苗族妈妈能够留在家里，在孩子需要妈妈的年龄，给他们一个温暖的家。

怎样才能更多地帮助到贫困的苗族妈妈及失学儿童呢？张燕苦苦思索，这已不是开店的经营范围了，开店只能帮助几十个苗族妈妈，如果将业务扩展，把苗绣应用得更广泛一些，将它发扬光大，作为一种民族特色走出国门，就可以帮助到更多的贫困妈妈了。

经过酝酿筹备，张燕与外籍朋友合伙并成立了“娴燕颖褒贸易有限公司”，从事服装方面的苗绣加工，将苗绣推广到国外去。她在苗寨设立苗绣专业村，给苗族妈妈一份在家加工绣片的工作，既增加了她们的收入，也让她们留在孩子身边。此外，她决定将贸易公司利润的60%拿出来，回馈给苗族贫困失学儿童及残疾或单亲的家庭。这60%的回馈分成两部分，一部分是用现金救济失学儿童，另一部分买各种实物赠送残疾或单亲家庭。虽然她的个人力量有限，但随着公司的成长，会帮助更多的人。为坚定自己的决心，她已将“盈稼苗绣坊”改名为“硕勇房间”。

张燕觉得，能对社会尽一分责任是件非常有意义的事。她说，成功是没有定义的，如果走在路上，能搀扶别人一起走好，这不也是一种成功吗？

“娴燕颖褒贸易有限公司”现已帮助到300个苗族妈妈，张燕的心愿是能帮助2000个苗族妈妈就业。

现在，张燕每个月都会到苗寨去，除了教她们一些美术方面的知识外，还告诉她们苗绣对她们今后生活的意义。

张燕说，真正的财富并不在于钱多不多，而是看自己的幸福指数高不高。虽然自己现在并不富有，但她感到很幸福、很快乐，因为能帮助到别人，是件特幸福的事情。

让张燕感到欣慰的是，现在留在村庄里的苗族妈妈越来越多，她们都打心眼里感激她。这更推动她想发展更多的苗绣专业村，这样就会帮助到更多的贫困母亲和失学儿童了。她满怀憧憬地说：等到这些孩子长大了，有能力了，再回馈社会，那将是个多么和谐的社会啊！

那么，为什么行善会让人幸福呢？

心理学的相关理论和研究提供了大量证据，证明行善会让人幸福。与人为善、慷慨大方能让人们更加友善地对待他人，让自己更富有同理心，同时也让人们深刻地了解社会群体之间必须互相依赖、互相帮助。通常，行善也会减轻一个人的负疚感，有助于缓解压力，降低因他人的困境和遭遇所产生的不安。行善会让人们意识到自己的幸福，并对此心怀感恩。实际上，帮助或者安慰他人也有利于人们转移自己的注意力，不再专注于自己的困难，因为人们已将精力用于帮助他人解决困难了。

多行善事的最大好处就是对自我认知的影响。当你在行善时，你就会认为自己是一个乐于助人、富有同情心的人。这种新的自我定位可以增加你的自信，让你变得乐观，并且看到自我价值。助人为乐或者去做一件有意义的事能够彰显你的能力、资源以及专业技术，你将拥有一种掌控生活的感觉。而且，在行善的过程中，你也会学到新的技能，开发出内在的潜能。一些研究人员甚至认为，行善能够让一个人的生命变得更有意义、更具价值。

最后，可能也是最重要的一点，行善会带来一系列积极的社会效应。助人为乐会让大家喜欢你、欣赏你、感激你，而得到帮助的人也会在你有需要的时候对你伸出援助之手。与他人交往是最基本的人类需求，帮助他人能够满足这种需求，为你赢得微笑、感谢以及珍贵的友谊。记住，与人为善、帮助他人常会产生涟漪效应，因为爱是会传递的。被帮助的人可能会因此心情愉快并得到安慰，同时，你的善行也会激励对方去帮助其他人，把爱传递下去。换句话说，一个善意的、帮助他人的举动可以带动一系列善举。行善带来的另一个积极的社会效应是，仅是看见或者听见好人好事都会让人们感到振奋，充满温暖、感动和敬畏，并且带动更多人去做善事。此外，通过对志愿者的调查表明，志愿行为能够提升其幸福感和自我价值，这些志愿者整体生活的满意度有了很大的提高。这些都很好地证明了助人为乐所带来的各种回报。

一种新的成人版自我报告工具是助人态度量表，共有20个项目，测量与助人有关的观念、感受和行为。助人态度量表似乎满足了心理测量学对量表的信度和效度的要求，初步研究结果表明，女性比男性对助人有更积极的态度（助人态度量表的完整版见附录3）。

葡萄牙马德拉岛附近有一座岛，形状像一个巨大的圆柱体，顶部是几亩大的大平台，上面生长着制造马德拉酒的最好的葡萄。这个平台上只有一头大型的动物，就是一头耕地的牛。去山顶的路，只是一条羊肠小道，那么，老牛死后，新牛怎么上山呢？原来是由一个工人背着一头小牛爬上去，然后它要在那里孤零零地耕40年的田。

如果这个故事让你心有所动，那么请想一想为什么。

你的生活中有没有一个人，可以让你在凌晨4点仍然敢打电话过去倾诉烦恼？如果有，那你很可能会比回答“没有”的人活得长。

第二节　拥有被人爱的能力

哈佛大学精神病学家乔治·瓦利恩特（George Visionary）发现，被人爱的能力是关键。社会神经科学家约翰·卡乔波（John Cacioppo）则认为，孤独对生活产生的消极作用极大，这让我们不能不相信，对人际关系的追求是人类幸福的基石。

积极的人际关系对幸福带来的深刻正面影响，以及在这种关系欠缺时带来的负面影响，都是无可否认的。积极关系有助于幸福，还可以独立于其他元素而被测量。不过，我们会为了关系而追求关系吗？还是为了积极情绪、意义或成就而追求它？如果它不能带来积极情绪、意义或成就，那么我们还会追求积极关系吗？

我不能肯定地回答这个问题，甚至都想不出一种严格的实验方法，因为我所知道的所有的积极关系，都伴随着积极情绪、意义或成就。不过，最近有两种关于人类进化的思潮，都讨论了积极关系的重要性和意义。

人类的大脑为什么会这么大？如今人类的头骨颅容量，比大约500万年前的人类祖先的头骨颅容量增加了一倍。对此的流行解释是，为了让我们能够制造工具和武器，只有非常聪明才能运用好物质世界的工具。英国心理学家尼克·汉弗莱（Nick Humphrey）提出了另一种解释：大脑是用来解决社会问题的，而不是物质问题。

计算机可以很快地设计出武器和工具，但是解决不了人的关系问题。然而，人类每时每刻都在解决社会问题。人类巨大的前额叶皮层不断地用它数十亿个连接，模拟着各种可能的社会情形，然后决策出最佳行为。因此，巨大的大脑是一个社会关系模拟机，为了能设计和开展和谐而有效的人际关系，它得到了进化。

另一种把大脑与社会关系模拟机联系在一起的进化观点是群体选择（Group Selection）。世界上两位最杰出的生物学家——埃德蒙·威尔逊（Edmund O. Wilson）和戴维·威尔逊（David S. Wilson），最近提供了大量证据，证明群体是自然选择的一个主要单位。他们的论据源自社会性昆虫：黄蜂、蜜蜂、白蚁和蚂蚁，它们都有工厂、要塞、通信系统，而且就像人类主导着脊椎动物世界一样，它们主导了昆虫世界。社会性是人类已知的最成功的高等适应形式，它甚至比眼睛的进化作用还要大。社会性昆虫在数学上最合理的选择机制应该是通过群体，而非个体。

一、人类的社会性

社会性是人类已知的最成功的高等适应形式，它甚至比眼睛的进化作用还要大。

群体选择在直觉上很简单：假设有两组灵长类动物群体，都由基因多样的个体组成。试想一下，其中一组的大脑结构在感情上能促进爱、同情、善良、团队合作和自我牺牲等“蜂巢情感”，在认知上有能模拟他人心思的镜像神经元，我们把它们称为“社会组”。另一个“非社会组”，在认识物理世界上和“社会组”一样聪明，身体也一样强壮，但没有这些“蜂巢情感”。现在这两组动物进入了你死我活的竞争关系，比如战争或饥荒。最终，社会组会赢，因为它们能够合作、团体狩猎、发明农业。这一组的基因会被保存和复制下来，包括那些产生“蜂巢情感”和理解他人的能力的基因。

我们永远也不会知道社会性昆虫到底有没有“蜂巢情感”，也不知道它们来维持群体合作的方法是否不牵涉情感，但我们深知，积极的人类情感在很大程度上是为了社会和人际关系。在感情上，人类是群体动物，不可避免地寻求与群体内其他成员的积极关系。

人类与其他动物的区别在于合作能力，人类的生存取决于集体能力，即与其他人一起追求某一个目标的能力，而不是依赖于个人的力量。因此，社会大脑、蜂巢情感和群体选择，让我们相信积极关系对人类来说太重要了。

二、维护人际关系

幸福的人非常擅长维系与他人之间的亲情、友情及爱情。一个人越幸福，朋友就越多，两性关系也会越浪漫，社交圈也会越广。一个人越幸福，就越容易找到人生至爱，越容易维持幸福持久的婚姻。一个人越幸福，就越容易对家庭生活和社会活动感到满意，感情生活也会越稳定，并且越容易从朋友、上级或者同事那里得到支持和帮助。

社交和幸福之间的因果关系显然是相辅相成的。拥有浪漫的伴侣及真诚的朋友会让人感到幸福；同时，幸福的人也更容易找到浪漫的爱人，并交到志趣相投的朋友——通过大量的研究，相关研究者得出了这个令人振奋的结论。这说明，如果从今天开始改善并培养与他人之间的关系，那么你将收获积极美好的情感。此外，幸福感的提升也有助于你与更多的人建立高质量的人际关系，从而更加幸福。如此便能形成良性循环，让你体验到心理学家所谓的积极情绪的“螺旋式上升”。

为什么社会交往对于提升幸福感这么重要？这是因为良好的人际关系能够满足一个人的多重需求。

一篇名为“归属需求”的文章一直被社会心理学家奉为经典，现在我明白了其中的原因。该文作者列举了一个非常有说服力的案例，以证明人类内心存在一个强大的内驱力，激励人们努力寻找并维系强大、稳固、积极的人际关系。不管是哪种关系的终结——恋人也好，友谊也好，人们都会强烈抵抗。缺乏归属感会给人们的身心健康带来各种不良后果。这没有什么值得惊讶的，因为绝大多数科学家都认为，渴望形成并维系社会交往是人类进化的结果。

没有这种渴望，人类就无法生存，也无法繁衍生息。人类形成社会群体，一起打猎、分享食物、共同抵御敌人；成年男女结婚后生下孩子，保护他们的孩子免受野兽或者自然灾害的伤害，抚养他们长大成人。“没有人是一座孤岛”，英国 17 世纪玄学诗人约翰·多恩如是说，因为人人都有“归属感的需要”。

社会联系最重要的一个功能，就是当一个人感觉有压力、陷入困境或者痛苦的时候，他人可以提供社会支持。解决这种问题最好的应对机制就是向亲友倾诉或者与他们讨论这个问题。社会支持可以是实实在在的帮助（开车送患者去医院），也可以是情感支持或信息支持（倾听、安慰他人，或提供不同的相关建议等）。实际上，拥有强大社会支持的人相对更健康、更长寿。有一项针对3个长寿社区的居民进行的研究非常有趣，包括意大利的撒丁岛人、日本冲绳岛居民以及加利福尼亚州罗马林达基督复临派的教友。这项研究显示，这些社区中的长寿者都有5个共同之处，其中位于前两位的分别是“以家庭为重”和“积极参与社交活动”。

生活环境（健康、财富、年龄、职位、种族、住所、生活事件等）只会对我们的幸福感产生很小的影响，这是因为不论生活环境发生了什么变化，我们都能很快适应。例如，如果得到了期望的薪金或者日常消费品（一些有趣的小东西、电脑、汽车、住宅等），那么我们的欲望也会随之增长，这就会让我们陷入享乐适应征的状态之中。有一项耗时36年的研究，调查一个四口之家需要多少收入才能维持生存。结果发现，收入越高，这个四口之家维持生存所需要的钱就越多。显然，“维持生存”所需的花费几乎是随着收入的提高而增加的，这表明人们拥有的越多，认为自己“需要”的物质也就越多。

那么我们的友谊、家庭关系以及其他亲密关系又会如何呢？如果我们能够很快适应物质享受，那么就意味着我们也会迅速、轻易地适应这些关系吗？答案是否定的。有一位经济学家指出，那些渴望幸福的婚姻、希望结婚生子甚至望子成龙的人在他们成功地拥有了这一切之后，他们的欲望并不会改变。换句话说，人际关系蕴含了一些特殊的、独一无二的内容，需要不断地去维系与他人之间的关系，才能够真正享受幸福。

反思：你的人际关系怎么样？你还可以采取哪些措施来改善你的生活状况？

第三节 获得友谊的方法

友谊不会自发产生，友谊也需要培养。一位杰出的心理学家建议，真正的朋友有3个就足够了。如何才能交到3个真心的朋友呢？如何能保证你们之间的感情经久不衰、永远真挚呢？下面给大家一些建议，你可以选择其中一种方法，然后立刻开始行动。

1. 投入时间

你需要经常和朋友聚会，定期联系。例如，每周约朋友去体育馆或读书俱乐部，出去吃饭，一起去度假，或者互发邮件。这样，朋友就会和你越来越亲密。但是在与朋友的交往中，不要什么都由你说了算，不要过分干预朋友的个人生活；当朋友需要独处时，给他们独处的空间。

2. 和朋友交流

表达自己的情感对于某些人来说非常困难，但是这对维系友谊来说却是至关重要的，尤其是对女性之间的友谊。这是因为真诚、适度的自我表露会让彼此更交心、更加亲密。同样，朋友也会向你吐露心声。当对方在倾诉时，一定要认真倾听，保持眼神交流，集中注意力，并适时地给予反应。如果对方没有提出要求，就不要随便给出意见，也不要把话题转移到自己身上，只讲自己的事情。要经常对朋友表达你的感情及欣赏。例如，“假期时我非常想你”“我们在一起时总是非常快乐”“你怀孕了，真为你开心”“谢谢你的到来”。人们其实都很高兴听到这样的话语，所谓“良言一句三春暖”。

3. 罗列事实

如果你和别人谈话是为了一起解决某个问题，那么最好是（尽你所能）罗列事实。这种方法通常能够调和你们之间的不同观点，带来有价值的信息。另外，很重要的就是，要更多地着眼于未来，而不是过去。大多数争吵都是关于过去：发生了什么事，事情有多糟糕，谁说了什么，是怎么说的，客观条件如何，情有可原等。所以不要说这些，而要强调从现在开始大家都同意应该怎么样。尽可能清晰地表达这一点，如果有必要，甚至可以提前写出来。这样，就能“润物细无声”地让双方达成共识，并像工作中的承诺一样去遵守。

4. 尽最大可能承担起责任来，把对方的事当回事

有矛盾的时候，先看看自己这边有什么需要改正的，有的话，就单方面改正——哪怕每次都是对方把事情搞砸，你也要先做好自己这边的事。这样就可以一个一个消除对方合理的抱怨。当然也可以主动去对他的行为施加影响，但关键还是在于让你自身值得尊敬、充满爱心和富于技巧。这并非一条寻常的路，但肯定是一条明智而友善的路。你不能控制对方怎么对待你，但你能够控制自己怎么对待他，这才是你所能改变的部分，也只有从这里入手，你才能改善双方的关系。无论对方的行为是怎么样的，你都始终做正确的事，这样才能鼓励他也对你好。

5. 给予朋友支持，对朋友忠诚

当朋友有需要的时候，你应该主动伸出援手，给予支持；在朋友获得成功时，应给予肯定，为他们高兴。当朋友遭遇挫折时，你依然要支持他们；还要为朋友保守秘密，不贬低其他的朋友，对朋友的关心予以回报。用英国大文豪莎士比亚的话来说：“让朋友成为你生命中重要的组成部分。”

反思：你还有哪些更好地获得友谊的方法？

第四节　维护人际关系

实际生活中，每一个人都有一个准则，有一个底线，为人处世能够遵循一定的标准。保留道德底线，做事坚持原则，久而久之，大家就会了解你的为人，以后的沟通交流也随之变得简单的多了。所以，做事情要讲究方法和技巧，正确处理好人际关系。

首先，要表明你的基本价值观。在处理你自身的人际关系时，你的目的要明确、原则要清晰。比如，一个基本的道德准则就是不要伤害其他人，也不要伤害自己。坚持这一原则，但是如果在人际关系里你的需求没有办法被满足，那这就是你被伤害了。如果你反过来卑鄙下流一回，或者报复了别人，那就是伤害了其他人。另一个潜在的核心价值观可能是不断去发现你自己和别人的真相，看清事实，解决问题。

其次，要不做出格的事情。佛教八正道中的“正语言”对不越线的沟通方式进行了说明：只说那些具有美好意愿的、真切的、友好的、合乎时宜的不带糟粕或者敌意的，最好是对方想听的话。多年以来，我就给自己立了个规矩，绝对不说气话，绝不带着怨愤做事。结果立规矩的当天我就违反了很多次，原因无外乎是别人对我讽刺挖苦、冷嘲热讽或者不屑一顾等。后来，我就心中谨记“给自己立的规矩”，经过长时间的意识锻炼，这种不越线的威力就显现出来了。现在，这种处事的态度就慢慢地深入我的骨髓里了。

无规矩不易成方圆，有了规则的约束，可以使一个人在和他人交往的时候放缓脚步，以避免情急之下添油加醋让事情变得更坏。还可以把那些让自己愤怒的事（如伤害、担忧、内疚等）暂时放在旁边，专心做真正想做的事。这种感觉很好：对自己的一切尽在掌握中，局势紧张时不会因为自己下意识的反应而让局面变得难以掌控。当然，这种不越线的原则也适用于其他人。如果有人对你越了线，比如，对你毫不尊重，或者当你明确表示你不喜欢他对你大声叫喊的时候他还依然故我，这时你和他的关系就已经越过了平衡线。按照你自己的道德编码，你可以得出结论，那就是——不能继续忍受下去。

最后，让变动尽量缓慢流畅。心理医生约翰·高特曼在 1995 年的一系列研究中表明，在和他人谈论一个有可能让他心烦意乱的话题时，一步一步慢慢来非常有价值。据我所知，这种做法远比那种找上门去直截了当、火力全开地批评你的交谈对象要好得多。快速、突然的行为会触发他人交感神经/下丘脑—垂体—性腺轴系统的警报，这会严重动摇两人之间的社交关系，就像用棍子尖去戳睡着的猫一样。有技巧性地一步步来，能有效避免在乱石滩上摔跟头。具体来说，当你要开始这类爆炸性话题时，可以先问问对方这是不是个好时机，或者当你想结束谈话时不要立刻就草草收场，把对方打发了事。

练习 1

写一份处理人际关系的道德标准给自己

写完之后，想象一下自己按照这些文字做的时候都会发生些什么。想象一下这么做之后会带来什么样美好的感觉和美好的回报。

现在，可以把你处理人际关系时对双方进行约束的道德标准写出来。字数不需要很多。当然你也可以写得更详细一些，把能怎么样和不能怎么样都写出来。形式是什么样的无所谓，关键是要用语言把其中的力量和驱动力体现出来，让它打动你的头脑，触动你的心灵。没必要写得那么完美，如果有不合适的地方，过后可以更改。比如，这份个人标准里可以包括下面这些文字：

要多听，少说。

不要大吼大叫威胁别人，也不能允许别人这样对待你。

每天，都要连续问爱人三个问题，问问他/她这天是不是顺利？晚上六点以前是否回家？是否和家人一起吃晚饭？

要说那些自己需要说的话。

要有爱。

要一诺千金。

写完之后，想象一下自己按照这些文字做的时候都会发生些什么。想象一下这么做之后会带来什么样美好的感觉和美好的回报。吸收这些美好，让它们帮助你真正地按照你的这份标准生活。然后，当你真的做到了，让一切都按照预期走上了正轨，就再次把这种美好的感觉吸收进来。

练习 2

想一件别人没有预料到的好事，明天就去做，然后观察一下你的情绪变化。

第十四章 经营幸福的亲密关系

所有想要幸福的人都必须学会分享，幸福是一对双胞胎。

——拜伦

关系，特别是亲密关系（家庭关系）是积极心理学的一大关注点，也是决定人们是否幸福的主要因素之一。那就让我们在这一章来谈谈生活，谈谈关爱，谈谈信任。爱是一个经典永恒的主题。它出现在脍炙人口的经典文学作品中，出现在科学巨匠的生活中，也出现在青年人的憧憬中。爱的能力是所有人类社会的核心成分。爱的所有表现形式，无论是对儿童的爱、对父母的爱、对朋友的爱或者是对伴侣的爱，都为人类赋予了深度。具体来说，爱让人们在身体和情感上彼此更亲近。这里，我们主要来谈一下人际关系中的亲密关系，主要指的是婚姻关系。与我们关心的人和关心我们的人一起分享人生阅历、思想以及感悟，可以增加生活的意义并安抚我们的痛苦，让我们感到这个世界充满了关爱。17 世纪哲学家弗朗西斯·培根曾说过，亲密关系可以“将我们的快乐加倍，将我们的痛苦减半”。亚里士多德也说“没有友谊就没有幸福”。可见，人际关系对个人幸福来说非常重要，其中浪漫的亲密关系是幸福真正的基石。与朋友、家人和爱人共享美好时光是幸福的必需品。电影《朗读者》里有句经典的台词：“唯一能使人生完整的，就是爱。”

人际关系是人的一种交往过程中必不可少的要素，没有人能够孤独地生活，没有人能脱离人际交往而存在、成长。当然，这些有亲密关系的人和别人一样也经历了困难，他们有时也会经历痛苦、紧张、失败、徘徊、郁郁不得志。但是，他们和其他人的区别是他们能够很快地就恢复过来，就是因为他们有更强大的免疫系统。他们有更强大的免疫系统的原因之一，是他们有很强的人际关系，他们有亲情、友情，有亲密的关系。这就大有不同了，为什么呢？因为当你快乐时，你会和你亲近的、真正在意你的人分享快乐，那就放大了你的快乐，同样也是他们的快乐，这是个双赢互惠的过程，当你经历艰难困苦时，拥有亲密的关系能帮助你克服困难，亲近的关系有助于你变得更幸福。

为了简单起见，我将激情之爱、伴侣之爱、浪漫之爱、稳定的关系统称为婚姻。从积极心理学的观点来看，婚姻非常有用。在对非常幸福的人的研究中发现，处在幸福程度前10%的人几乎都处在浪漫的关系中。很多调查都显示，结婚的人比较幸福。在已婚的人中，有40%的人说他们“非常幸福”，而在未婚的人中，只有23%的人这样说。在17个做过这类调查的国家和民族中情况都是如此。婚姻比工作满意、金钱或社群对幸福的影响都大。爱显示着人类的承诺可以超越功利的利益交换，没有一句话比下面这句话更动人心弦：“不论好坏、贫富、生病或健康，我都会爱你、珍惜你，直到死亡把我们分开。”就如麦尔斯（David Myers）在他的《美国矛盾》一书中所说：“事实上，没有什么因素比你的亲密、平等、互相忠诚的终身伴侣更能预测幸福了。”

抑郁症的情况正好相反，结婚的人最少得抑郁症，从来没有结过婚的人次之，以下依次是离过一次婚的、同居的、离过两次婚的。同样，情人分手或失恋也是最主要的情绪压力来源。当访谈者请人们描述“上一次发生在你身上的不幸事件”时，一半以上的人的答案是失恋。现在因为结婚率下降、离婚率上升，抑郁症的发病率越来越高。通过研究发现，婚姻可以帮助人们抵抗不幸的打击，结了婚的人最能忍受贫穷、经济大萧条以及战争。也许读者还记得我在第五章中讨论过幸福的范围，婚姻是唯一可以影响幸福的外在因素。

为什么婚姻这么有效？人为什么会结婚？为什么这么多不同的文化都有这个习俗？这些问题的答案看起来显而易见，但其实不然。研究爱的社会心理学家提供了可靠的答案，心理学家哈赞（Cindy Hazan）告诉我们，爱有三种：第一种爱能给我们提供宽容、支持与接受，可以提升我们的信心，指引我们的方向，我们也会爱对方，最典型的例子是孩子爱他们的父母。第二种爱是我们会爱那些相信我们的人、依靠我们的人，如父母对子女的爱。第三种爱是浪漫的爱——欣赏着对方的优点，把对方想象得非常的美好，包容、接纳对方的缺点和毛病。所以说婚姻真妙不可言，它使我们在不经意间就能收获到这三种爱，这样才使得婚姻历久不衰。婚姻状况也关系到人们的健康状态，如有固定性关系的妇女排卵比较正常，而且一直排卵到中年以后，她们的更年期来得比较晚。父母未离婚的孩子在所有的测验中的表现都比父母离婚的孩子好。例如，跟亲父母住的孩子留级的比例比跟继父母住的孩子少1/3~1/2。跟亲父母住的孩子出现情绪障碍的比例也比其他生活形态的孩子少1/4~1/3。其中最令人惊讶的结果是，在父母婚姻稳定的情况下长大的孩子对未来的伴侣会有比较积极的态度，对维持长期婚姻关系也比较有兴趣。

第一节　爱的能力与风格

事实上，我们都应该有爱与被爱的能力。请先做一个信度很高的爱与被爱的测验。可以上网的读者请用很短的时间做一个“亲密关系问卷”。如果你有爱侣的话，请他一起做会很有帮助。这个网站会立即给你反馈，让你知道自己的爱的风格。如果不能上网，你对下面三段文字的反应能体现出同样的风格。请仔细想一下，下面哪一段最能反映你过去最重要的亲密关系？

（1）我发现我很容易跟别人亲近，我依赖他人或他人依赖我都不会使我感到不舒服。我不担心被人抛弃，或别人跟我太亲密。

（2）我跟别人太亲近时会觉得很不舒服、不自在。我发现我很难完全相信别人或让自己去依赖别人。当别人跟我很亲密时，我觉得紧张，我的恋人常希望我能跟他更亲密一点，但我做不到。

（3）我发现别人不太情愿跟我亲密，至少比我希望的疏远。我常担心我的恋人不是真的爱我，不想跟我在一起。我很想跟别人完全结合在一起，但是这个想法常常把他们吓跑。

如果你比较符合第一段，你的爱的风格是安全型的；如果符合第二段，则是回避型的；如果符合第三段，则是焦虑型的。

其实，这三种风格的发现还有一个有趣的故事。“二战”刚开始的时候，很多人关心欧洲孤儿，因为他们的父母死了，孩子由国家收养，英国的心理分析学家鲍尔比（John Bowlby）对这些孤儿做了很细致的观察。当时社会工作者的态度反映着当时的政治状况，他们认为小孩子不一定要由某一个固定的人照顾，只要有吃有喝就能长大，他们不关心孩子心理层面的发展。仗着这个教条，社会工作者硬是从很贫穷或没有丈夫的母亲的怀抱里抢走了婴儿。

鲍尔比仔细观察这些孩子的成长过程后发现，他们长大后大多不成才，许多成了小偷。鲍尔比发现大部分小偷的童年都很不幸，长期与母亲分离，他说这些孩子“没有感情，无法爱别人，只能维持表面的人际关系，容易愤怒和反社会”。因此我们说“亲子关系是无法被取代”的，现在，中国的儿童有很多是由祖父母养大的，长期与父母处于分离状态（也就是我们说的“留守儿童”），当儿童进入分离的阶段后，即使长大和他的父母在一起，他们之间也没有应该有的亲密关系，甚至有些孩子还有抵触情绪。所以个人也不建议中国孩子在婴幼儿时期由祖父母养大，最好还是由亲父母承担起培养、教育的责任。

其实，儿童和父母之间，不只是依恋的关系，还有爱。而且不只是儿童，人的一生都有这些特点。孩提时期跟父母亲的关系，影响着一个人以后一生的亲密关系。你与父母亲的关系模式会表现在童年期与兄弟姐妹和好朋友的关系上，青少年时会表现在与初恋对象的关系上，甚至表现在婚姻关系上。你的模式并不是僵化不变的，它会受到积极和消极经验的影响，在许多不同的维度上，它决定了三种不同的爱的途径。

一、安全、亲密的爱情

研究者发现可以把爱分成三种风格之后，便开始追踪每种人的爱情生活。实验室和真实世界的观察都告诉我们，安全信任型的依恋关系是爱情生活中的积极因素。安全型的人跟别人亲密相处时很放松、自在，他们很自信不太担心这段关系会遭遇失败。最重要的是，他们对现有的婚姻状况比较满意。因此，要有一个稳定的婚姻就应把两个安全依恋型的人放在一起。但有很多婚姻却只有一方是安全型的，这些婚姻后来会怎么样呢？研究发现，即使只有一方是安全型的，另一方是回避型或焦虑型，他们的婚姻也算比较满意。

综上所述，安全型的人在各个观察指标上都表现得比较好，所以积极心理学探讨安全的依恋如何增进亲密关系。

我们的目标并不是解决婚姻问题，本章所谈的积极心理学的亲密关系并不是谈如何修补快要瓦解的婚姻，而是如何使一个稳固的婚姻更好，因此，我要寻找的是使亲密关系能变得更加亲密的因素。

二、失败的婚姻

如果我们能每天都展现自己的优点，我们的婚姻就会比较美满。配偶会与我们坠入爱河，通常是因为他们看到了我们的优点与美德，但是爱情会逐渐褪色，即使是最强烈的爱情，在结婚十年后也会逐渐走下坡路。

那么，为什么会这样呢？婚姻破裂有哪些征兆？

那些当初吸引我们的优点也随着时间的流逝变成了习以为常的东西。随着时间的流逝，当初的独具特色的人格魅力成了司空见惯的个人特质。如果两人相处得不融洽，这些就变成了彼此攻击的目标，优势反而变成了劣势。忠诚与坚定，结婚后就可能变成一根脑筋、冥顽不化甚至是无聊；原来吸引你的外向、机智风趣，现在可能变成了冲动、不动脑筋、说话唠叨，再久一点就变成了八卦；正直变成了倔强固执、僵硬不灵活，毅力变成了钻死牛角，善良变成了心软、不坚定等等。

还有婚外恋，如今 2/5 的婚姻都以离婚收场，这个数据对于现在的婚姻状况来说，并不是一个好消息。这并不意味着剩下那 3/5 虽然没离婚就一定过得会很好，因为有些人维持婚姻的目的，是给孩子一个完整的家，或是认为没得选了，或是他们认为这就是他们的命运。当然，如果两个人的矛盾比较多，比如说性格不合，无法调节，这时候离婚应该算是一个比较好的选择，并不是所有的伴侣都会天长地久，有时他们长期下来也确实无法和睦相处。通常分开的原因来自对爱以及爱的表现的根本分歧。大部分的人把性关系当成是真爱，这是远远不够的。只有性的关系，是无法长久的。无论一个人的伴侣如何有吸引力，两人之间怎么产生化学反应，那些最初的新鲜感以及肉体上的诱惑迟早都是会消失的。美好的、令人兴奋的东西对我们的感官确实有刺激的作用（“新鲜感会产生性兴奋”），但双方互相熟悉之后，这种刺激感会逐渐地消失。

华盛顿大学的戈特曼（John Gottman）教授是婚姻研究专家，他能预测哪些人会离婚，哪些人会白头偕老，准确率高达 90%，然后用这些知识来设计一些使婚姻更美好的课程。他归纳出婚姻破裂的原因有以下几点：

（1）夫妻之间对话以苛刻开始。张口就损人、讽刺，根本没有办法平和地聊天。

（2）批评、鄙视、辩护和冷战。批评完了，就开始鄙视、挖苦、冷嘲热讽，它表达了对人的厌恶之情。而当批评来临的时候，辩护也随之来临。辩护完了，双方就开始冷战了。这时候，沟通的大门逐渐关闭，双方都觉得在婚姻中的沟通疲惫不堪，也开始觉得孤独。

(3) 情绪淹没。两人已经完全情绪化了，爆发了，完全控制不住自己的情绪。对对方的所有行为都表示不满，感觉已经放弃对方了。

(4) 失败的情感修复。好的夫妻经常会有一些修复情感的举动，比如伸手摸对方的脸、拥抱、吐舌头，或者聊一些增进感情之类的话。这些修复情感的举动像是两人之间独有的、夫妻双方都能承认和识别的讲和信号，代替了举白旗。但是问题情侣要么没有形成这种情感修复举动，要么某一方对这种情感修复举动视而不见。两人如果是良性互动的话，那么就是情感修复成功。情感修复有很多种表达方式。

(5) 夫妻双方只剩下糟糕的回忆。当双方回忆起来，都是糟糕的印象，提到配偶时都是负面情绪时，那么两人的婚姻就无法挽回了。

如果你在你的婚姻当中有以上一些情况出现，就需要改正你的做法以便让你们的婚姻稳定下去。请做本章后面增进婚姻关系的练习，找出配偶的三个主要优势。

第二节　增进爱情的方法

一、保持积极态度、公开彼此情感

在婚姻关系中始终对彼此保持积极的关心，以积极的态度维持和改善双方的关系，都可以在一定程度上增进夫妻间的幸福感水平。在保持积极的关系中，夫妻双方至少应努力做到以下三点：一是行事、态度要做到友好和和善。不论在家中还是公共场合，都应以一种积极愉快的态度做事，创造一种友好而轻松的相处环境，打下和谐相处的环境基础。二是把夫妻之间的交往当作是一种令人期待的事情。有人说“婚姻是爱情的坟墓”“七年之痒”，等等，这些民间俗语都表明了随着时间的流逝爱情的愉悦和激情渐渐退去，生活的琐碎与现实直面人生，然而，很多夫妻却一直保持着婚姻生活的和谐与美好，其中主要原因就是保持积极的生活态度，随时享受夫妻的二人世界与家庭的“三人世界”。三是主动询问、关心对方的工作和感受。现代社会生活节奏越来越快，人们往往整天忙于应付工作的重压和家庭的琐事，而忽略了分享彼此的感受，这使家庭的情感职能的作用变得微乎其微。如果在忙完一天后回到家中，夫妻双方能积极地关心和询问近况，给予双方一定的情感支持，就会让生活的压力减少，和谐和快乐更多，才能让家成为真正的“避风的港湾”。

保持关系的公开性，就是要让彼此都敞开心扉，真实自然地表达内心的感受和想法。这在婚姻关系中尤为重要。最值得费心努力的“工作”就是用心经营亲密的婚姻关系，我们通过了解和被了解来经营与伴侣的亲密关系。其实，我们一生都在培养夫妻亲密关系，而不是花一生的时间寻找亲密的关系。怎样培养亲密的关系呢？那就是必须将注意力放在互相了解上。进行深刻的自我探索是保持爱情和热情的必要条件。

首先，要鼓励彼此间自我表露思想和情感。研究表明，适宜的自我表露能产生喜欢和满足，因为我们向喜欢的人揭示了更多的个人情感信息，彼此间打开心灵，与对方分享自己最深刻的需求和恐惧，甚至一些幻想和生命的梦想。我们会因为自己的自我表露而更喜欢他们，也喜欢来自别人的信任和别人的自我表露。夫妻间的自我表露越多，越能加深彼此的信任和理解，也能够缓解生活中的压力和重负，对关系的维系和身心的愉悦起到很大作用。当然，彼此间的深入了解、熟悉其实是一把双刃剑：一方面，它会使新鲜感降低；另一方面，了解你、熟悉你的伴侣，真正去认识他，则会带来更强烈的亲密感——通过这种方式，能够使爱更好地成长，同时也会带来更和谐的夫妻生活。除了让对方看到自己的努力之外，还要尝试去真正地理解对方，并表达出来。目前科技的发展使语言沟通不仅仅局限于面对面的交流，很多种交流方式可以传达感情，诸如手机、微信、电子邮件等方式都可以作为口头交流的补充和完善，在有些情况不好表达或时间紧迫无法面对面沟通时，这些非语言的交流就会起到很大的作用。其次，公开讨论夫妻间的关系质量。中国人的性格比较内敛，传统观念使我们不善于与对方讨论彼此的关系质量。然而，不论关系质量高低，越能够彼此敞开心扉相互讨论，越能找到更好的改善关系的方法。很多家庭出现了矛盾和问题并不会好好讨论解决的现象，彼此保留着对家庭和对方的怨恨和不满，甚至抱着凑合着过日子的心态，这不仅不能够改善婚姻家庭关系，同时也严重危害了自身的身心健康状况。因此，公开而坦诚地讨论彼此的关系，提出改善的建议，无论对自身还是婚姻本身都有很大的好处。

理解是爱的基础，彼此理解是一辈子的事情，我们永远都可以发现并找到更多，我们通过了解和被了解来经营与伴侣的亲密关系。这样，婚姻关系也会变得有趣并且不断成长。如果我们将注意力转向去理解对方以及被理解，那么两人在一起相处的时候，无论是一起吃饭、照顾孩子或是性生活，都会变得更快乐、更有意义。

反思：想想看，有什么方法可以使夫妻双方更好地互相理解？

二、承诺彼此关系、保证共同活动

承诺在一段婚姻中有着不可替代的作用，它对一个人和一个家庭来说意味着长久的稳定和信任，它是感情的坚实基础。对彼此做出承诺，并不局限在一纸婚约上，而是要让对方明白自己对家庭和对方的责任，自己是勇于承担家庭的责任，不会因为小事而破坏彼此的关系，取得对方的信任，让对方对夫妻的关系表现安心。

当今，我国社会很多不正之风出现，婚外情等现象屡见不鲜，这些严重威胁着国民对婚姻家庭的信任感，在这种情况下，更应该向对方强调彼此的承诺，增加彼此的信任感，增强个体的责任感；此外，夫妻间应该向彼此表明对未来的美好憧憬，相信我们的关系有美好的未来，这对稳定彼此的情绪有一定作用。在一段关系中，如果彼此相信感情一定会向好的方向发展，就会在相处过程中不惧怕波折，在遇到矛盾和冲突时采用积极乐观的态度去解决问题，而不会产生依恋焦虑。另外，在婚姻生活中，一定要用真诚的态度对待，不管你犯了什么错误，只有态度真诚，才能赢得对方的谅解和信任，如果一个人总是不真诚，谁会相信他做出的承诺会兑现呢？

彼此分享不仅意味着感情的沟通，同时也强调生活中尽量要步调一致，保持生活行为的同步统一，但这并不是要求由一方主导，另一方跟从，而是彼此商量着来。比如夫妻无论多忙，工作性质多么的不一样，也应该想办法抽时间共同分享休闲时光，无论是旅游、看电影，还是散步、谈心，保持一定的一致性对彼此感情的维系和相互支持有很大作用。在照顾孩子方面，夫妻也应该尽量花时间与孩子共同度过假期，而不是仅由一人照看孩子，这样不仅对孩子的成长不利，对家庭的和谐度和夫妻间的互动性也产生一定的消极影响。另外，在夫妻家庭活动中，夫妻双方也应该尽量多地一起参加家族活动，出席家庭聚会，这样会给双方极大的情感支持，保持整个家族对小家庭的积极作用而非消极压力。因此，夫妻在生活中应该尽可能地共同活动，保持行为一致性，分享彼此的私人时间，才能体会到更多的幸福感。

三、分担家庭任务、维系社交网络

家庭任务中，要主动承担家务工作。这些工作看似琐碎不起眼，但是却可以极大地影响夫妻的婚姻满意感和幸福感。夫妻分担家务工作从两方面做起：一方面，个体应完成本应自己完成的那部分家务工作。家庭是由夫妻双方及所养育的孩子所组成的共同生活体，在家庭中每个成员都有义务和责任承担家务工作，不同的角色要承担的工作有所不同，但都能为家庭出一份自己的力，如果连自己本应该完成的家庭工作都不承担，就会给对方造成过重的生活负担和负性的情绪体验，从而降低生活满意度和夫妻婚姻质量。另一方面，个体应主动帮助分担家务工作。家庭中许多事务都不是绝对应该归谁的，很多事情都需要彼此互相商量，互相分担。比如女方照顾孩子，男方就应该分担打扫房间等工作；平时女方做饭，周末男方就应主动做饭，让女方放松一下；等等。由于家庭事务具有机动性，其中的规则还要靠自己摸索体会。但只要抱着体谅对方的心，主动分担家庭事务，相信双方一定有一个平等互爱的关系，在婚姻中也会更多地感受到来自家庭的支持和帮助。

社交网络可以给一个人提供很好的社会支持，在个人产生不良适应、不良情绪的时候，提供很好的情感疏通等作用。在家庭中，夫妻关系也起到一定的社交支持作用，但是这对于一个社会化的人来说远远不够。因为人不仅是夫妻中的一员，同时也是大家族的一员、工作单位中的一员、学校中的一员，等等，每个人都承担着不同的社会角色。因此，社会交际网络对于个体有着很大的影响，如果家庭关系和社交网络有了冲突和矛盾，也会极大地影响个体的情绪水平。在夫妻关系中，双方应该主动支持对方的交际网络，比如与两人共同的朋友聚会、支持帮助双方的朋友、愿意与对方的家庭或朋友共同处事，等等，这样协调了夫妻独占性的交往与广泛的朋友交际，令家庭关系与社会关系更加融洽，起到互惠互利的作用。

四、解决无处不在的夫妻冲突

不管是幸福的还是不幸福的婚姻生活都会有冲突，而且平均来看，每五次积极互动就会有一次争执。经常争吵不好，完全不吵也不好。冲突的重要性在于它使我们获得解决问题的免疫力（自然或生理上的）。为什么呢？举个例子：假设把刚出生的婴儿长期放在无菌区，等孩子长大了，离开无菌的环境，回到大自然现实的社会里，如果他们生病就很可能是重病。因为他们是在无菌的环境里长大，就生理上来说是不健康的，这样就不能产生抗体。把这个道理运用到婚姻上也是同样的，如果你的婚姻生活里从不发生冲突，久而久之恋情无法得到巩固加强，你就会变得脆弱。当冲突不可避免时，夫妻双方无从应对，婚姻就很难维持。冲突本身就是促进亲密感必不可少的工具，它能够暴露潜在的争端和矛盾，这样才能寻求解决办法。所以说冲突使我们具有免疫力。

婚姻学家发现，婚姻生活中矛盾是不可避免的，但是矛盾出现后妥善地解决有利于改善夫妻间的关系。出现冲突后，夫妻双方如果用一种和气而非蛮横的方式努力地去解决问题，试着做一些补救，做出一些退让，尝试接纳对方的错误时，矛盾往往能得到更好地解决。

通常来说，夫妻间的讨论以什么样的方式开始，必然会以什么样的方式结束。所以我们要以温和的方式开始，可以抱怨但不能责备（就事论事，而不是贬低对方）。如说话时以“我”开头，而不是以“你”开头，情况就会好点。因为以“我”开头的句子一般不会是批评性的话语。比如：“你根本不关心我”与“我感觉被忽视了”。只描述事实，不做评价或判断，不要说“你从来不照看孩子”，而是说“今天我一个人照顾孩子一整天”。明确表达观点，不要期望配偶能看透你的心思。不要闷不作声，把问题憋在心里，那样问题只会在你的心里不断升级。

在婚姻中，“踩刹车”也是一项重要的技能。在幸福的婚姻中，夫妻双方很容易发送和接收信息，而在不幸的婚姻中，即使最显而易见的感情修复尝试都没人理会。所以彼此间要学会提问和接收对方情感修复的信号。为了让你的修复意图更明显，可以学习一些特别的话语来降低你们之间的紧张感，当讨论过于消极的时候，双方都需要休息一会儿。休息时间至少 20 分钟，可以花点时间做一些安抚自己或分散追忆的事情，比如听音乐或运动。还有无论你喜欢不喜欢，解决婚姻问题的唯一方法就是寻求妥协。别想着在婚姻里改变对方，改变自己，影响对方，才能改变婚姻。在很多婚姻中，总有人会陷入一种假设的情景，要是配偶再帅一点、再潇洒一点、再富足一点、再浪漫一点或再感性一点，这样所有的问题就都不是问题了。依赖于对方的改变，而不是自身来主动做出改变，一旦这种心理因素占了上风，矛盾就很难解决。在接受配偶的缺点和不足之前，我们不可能成功地向对方妥协，相反，我们会一直想方设法改变对方。冲突的解决不在于改变一个人，而在于协商，寻找共同点，找到双方都能适应的方法。

幸福的夫妻之间的积极互动与消极互动比是5：1，所以即使他们之间存在分歧，那么5倍的积极互动也足以抵消这些分歧。在解决冲突的过程中关键不在于消除负面的东西，而是要强调巩固积极的东西，这很重要。生活中一些细小的事情就能让我们快乐，这也很有意义。长期维持幸福婚姻的是细节，就是些微小的事情，就是每天的生活常规。如触碰、凝视、共进晚餐等；或只是一个单纯的拥抱、发给伴侣的一条短信，告诉他/她你有多爱、多想他们，记得在重要的日子里，送花、送礼物、拥抱、微笑等，现在做这些事情应该简单多了，因为有手机、电脑等电子设备可以给我们提醒。经研究发现，正是这些生活中的小事，提升了我们的幸福感。

幸福的夫妻出现分歧时，他们会把分歧的焦点放在具体问题上，会强调巩固积极的东西，而不是全盘地批评或辱骂伴侣。这类行为反映了他们对伴侣的尊重，而尊重是幸福的夫妻的一个普遍特征。幸福的夫妻倾向于迅速修复冲突给关系造成的裂痕。一方犯下错误伤害了另一方，受害方愿意原谅过错方，这样就不大可能导致长时间不交流、生闷气或者冷战。

不是所有的冲突都是好的，冲突有积极的，也有消极的。不健康的冲突注重于人、情感、自身。如果攻击某人自身及情感时，这就是不健康的，无论是组织内部，还是夫妻之间。同样的事情，不同的态度、不同的处理方法，最终导致的结果也大不相同。婚姻中尽量避免恶言恶语、冷眼相对，当出现恶意及蔑视这些词语时，通常就是坏的预示，所以要避免这种互相诋毁的发生，避免人身攻击，要尽量看到对方的长处、认可对方，如果可能，仅对其行为或是其想法、观念不赞同，而不是针对这个人本身。还有很关键的一点是，爱人之间要避免在公开场合争吵。意思是说，本来争吵就不是件好事，若是再引来尴尬羞愧就更糟糕了。因此，在他人面前，夫妻之间要和谐相处、相敬如宾，切记不可大喊大叫，这种行为是非常具有破坏性的，也是极其危险的，所以让争吵尽量在私下里得到解决，这样，这种婚姻关系才会维持长久。

健康的恋情就是伴侣之间要懂得互相敬重，广泛了解彼此，熟知对方的特质、习惯、爱好等。相互之间有着长久的尊敬，不但要在大是大非问题上保持一致，相互扶持，同时处理家常琐事时也要互相帮助，这样的婚姻才会美满、幸福。

婚姻研究专家——华盛顿大学的戈特曼教授在预测婚姻会不会持久时也发现，婚姻持久的夫妻比不持久的夫妻每周多花几个小时在维护他们的婚姻上。下面是这些夫妻的所作所为，给大家做个参考。

出门：这些夫妻早上出门时，会找出一件那天两个人都会去做的事。

回家：每天下班回来时，这些夫妻都有一段很轻松的谈话。

爱意：抚摸、拥抱、亲吻，这些行为饱含着温柔与互相谅解的信息。

每周约会一次：两人找一个轻松的环境，将爱情升级（看电影、共进晚餐、郊游等）。

称赞与欣赏：每天至少称赞和感谢对方一次。

正是通过这些练习，可以使夫妻对彼此的喜爱与倾慕能够持久。

反思：你对你的爱人的评价，与你的爱人的朋友对他/她的评价，究竟哪个会更高一些？

五、不忘赞美、创造优点

幸福的婚姻需要长时间去经营，当人们的感情稳定在一个阶段的时候，婚姻应该需要一些很巧妙的方法让感情升华。伴侣一定要关注积极正面的东西，互相赞美，不要吝啬赞美的词汇，保持婚姻充满激情与活力。

恰到好处的赞美人人都喜欢，用自己良好的行动赢得别人的赞美是我们内在的追求，也是人生的积极向上动力。有了别人的认可，溢美之词，生活会变得更有滋味。在婚姻中，赞美的话语和漠不关心的效果都是不一样的。当你用赞美的语言称赞你的丈夫或妻子的时候，她（他）也会对你的赞美充满欣赏、感激之情，如果经常赞美她（他），你们的婚后感情就会不断升温。若不懂得赞赏对方，双方的好感值、可信度就会降低。因为如果不珍惜对方、不懂得赞美，那么美好的爱情就会变淡，甚至消失不见。在婚姻当中，切不可忽视赞美的力量，夫妻间经常说一些："你是最棒的""你今天的穿戴真的很得体""你说得太对了，提醒了我""谢谢你为我所做的一切"……带有感激的赞赏是最好的感激，当我们不懂得感激与赞赏时，美好失去了应有的价值，马克·吐温说过，"一个好的赞赏能让我高兴一个月"。所以不要等别人开口询问，你才赞美他们。要主动赞美，时时赞美，这个真的不需要花钱。然而虽不花钱，但它却是花钱买不到的宝贝，其价值却是不可低估的，因为它令我们收获多多，令赞美与被赞美的人都受益匪浅。

如果你想要属于自己的爱情，就要找寻它、培养它、爱护它，就好像你要得到秋天的果实，你就要栽种树木一样。如果想得到爱人更多的赞许和肯定，希望婚姻幸福长久幸福，那么先学会赞扬对方。婚姻是两个人的事情，难免磕磕绊绊，但即使是对方做得不够好，你也要学会去包容，去理解，换个角度看问题，而不要以偏概全。例如：你应该笑着对他说："这件事难度很大，你做得已经相当可以了，假如在某些方面换个角度去思考、去做，结果会更好。"你的伴侣听到这些话，一定会及时地反思，重新地把问题摆清楚，找到更好的解决办法，皆大欢喜。倘若你说："事情不能这么办，你看看办砸了吧，做事情就是没有头脑。"当他听到你说这样的话，他可能就会放弃了，不会想着更好的办法。因为你给了他不留情面的打击，他哪里还有勇气和信心再继续完成这个任务呢？在婚姻生活当中，别忘了赞扬你的另一半，它会让一个人倍受鼓舞，更有信心地奔向下一个人生的目标。

黑格尔在他的《生活的哲学》里讲过一个故事：一个被执行绞刑的青年在赴刑场时，围观的人群中有个老太太突然冒出一句："看，他那金黄色的头发是多么的漂亮迷人！"那个即将永别世间的青年闻听此言，朝老太太所站的方向深深鞠了一躬，含着泪大声说："如果周围多一些像您这样的人，我也许不会有今天。"看，这就是赞美的力量！夫妻双方要把注意力放在伴侣的优点上、放在伴侣的长处上，这样彼此的优点就会越来越多。

夫妻间除了能看到、感知到对方的优点、长处外，还要做一个优点的创造者，看到不存在的优点或是别人没看到的优点并让其成为现实。赞美你的爱人，要从小事做起。婚姻生活基本上是由小事构成的，只有让小事变得有滋有味，你的婚姻才会持久。

我曾亲眼看见过一位妇女赞扬她的丈夫。碰巧那天，她家的门轴出了点儿小问题："吱吱嘎嘎"地响个不停。女主人拿出了润滑油，却被男主人抢去，说："我来修理。"男主人干得很细致。门很快就不响了。这时，女主人很适时地表扬了一句："你可真能。"结果说得她丈夫情不自禁地露出几分得意的神色。后来，我到厨房，悄悄地对女主人说："你爱人可真是个好丈夫，什么事都能拿得起、放得下。"女主人笑了，不无神秘地说："哪里呀，过去他也不肯干家务。偶尔干一次也是把东西弄得一塌糊涂，让我重返工。我就埋怨他，他说，嫌我干得不好，那你自己干好了。后来，我也忙不过来，我想了个主意，就是他每干完一件事，不管干得怎么样，我都夸他一番。说得他心里美滋滋的，感到不好好做就对不起我对他的夸奖，结果，慢慢地许多事情都做得很好了。现在，他比过去勤快多了，手也巧了许多……不过你可别对他说呀!”我信服地点点头，对这位女主人的赞美之道深感佩服。

这位女主人就是创造了她丈夫的优点，他们和谐美满的婚姻恐怕就来源于此吧!

幸福的家庭之所以能够成功是有一定的道理的：他们彼此之间互相吸引，感受着对方的好处，同时他们比旁人更了解对方，更欣赏对方，能看到别人看不到的优美之处。Sandra Murray 做的实验如下，她让情侣们评价另一半的优点，然后她再去叫那些与他们相熟的人们评价他们的优点。她发现那些准确地评价对方的情侣，也就是与朋友家人的评价不相上下的，他们的感情还算说得过去，他们在一起过得还算和谐。那些对伴侣优点的评价比朋友看到的要少，也就是他们对彼此的评价不如外人所认为的那么优秀、强大的，他们之间看到的是缺点的放大，这些恋情一般维持不了很久。而那些对彼此的评价要高于其朋友或家人给予的评价的伴侣，这些伴侣的恋情最可能持续且美好下去，因为他们对彼此的评价要远比实际上好，他们在对方身上看到的是美德、闪光点。因此，对伴侣有积极的评价是很重要的。积极的评价、积极的解释风格能产生令人满意的婚姻，满意感也会创造出更多的积极的解释风格。例如，当你的伴侣做了一件使你生气的事时，请努力去找一个行得通的、暂时的、只针对这件事的理由，“他也需要放松”“他今天不在状态”“都是因为他大意了”而不要去想：“他总是不注意听我劝告”“他太固执了”“他是个贪杯的人”。当你的伴侣做了件好事时，要把它看得更大，要将它解释成永久的、普遍的现象，“她很聪明、很有头脑”“她总能赢得先机”，而不要去想：“对手放弃了”“她今天运气真好”。这些快乐的伴侣都注意到了对方的优点，而忽略了对方的不足。他们相信那些不好的事情不会降临到他们身上，因为他们看到的总是事情的美好的一面；或是把不好的事情看成是暂时的和特定的，但对好的事情，他们把它解释成永久的和普遍的。这些伴侣在实际受到打击时都能重新振作起来，因为一个被理想化的伴侣会希望达到这个理想，你的伴侣会因想象而把你的缺点变少，将你的短处提升为长处，然后就静静地看着这些优点在伴侣身上慢慢地出现或是强化。这就是魔力! Abraham Maslow 说过“爱不仅能感知一个人的潜在的力量，而且还能把这些潜在的力量转化为实际”。

赞扬让一个人更加向上，促使人奋进，是一个人前行的动力。在生活中，要发挥好赞扬的本领，特别是不要吝啬你的赞美之词来赞扬你的爱人。还有就是从你的生活中找出一对你认为感情最好的夫妻，多花时间和他们相处，观察他们之间维系感情的行为。如果你和这对夫妻很熟，就直接询问他们维系感情的秘诀。

总之，增加婚姻幸福、促进夫妻和谐的方法有多种，有的也很独特，但是夫妻只要抱着积极主动的态度去赞美对方，包容体贴对方，对彼此负有责任和义务，愿意开放自我，愿意为对方甚至其家庭和朋友花费时间认真相处，正确处理家庭矛盾，就会保持婚姻步入正轨。切记不要忘记赞美对方，如果再加一点幽默和智慧，相信就会换来更加美妙幸福的婚姻生活。

反思：时不时地问一问自己：我的伴侣有什么优点？我们的关系有什么美妙之处？我们为什么会走到一起？我爱他（她）的哪一点？

六、学会倾听

长时间在一起生活的夫妻，就免不了经常唠唠叨叨，没完没了的。有时候就会让对方觉得很烦，如果这种现象产生后，处理不好，就会影响双方之间的感情。可以想象得到，当其中一个人说得热火朝天的时候，而另一个人冷不防地给泼了一盆冷水，来了句："我今天心情不好"或是"我没有空""没看见我忙着吗""别来烦我""你别说了好不好"之类的话，肯定会将对方的热情扑灭，让对方陷入两难和失望的境地，关系紧张。

心理学家马丁·塞利格曼认为："我们的对话通常包括述说和等待这两个部分。然而述说和等待的这种沟通方式并不是很好的婚姻中的沟通。心理学有个领域专门分析反应式倾听，其中的内容对改善婚姻会有帮助。"

反应式倾听是指倾听者依据已有的知识经验主动地从讲话人的话语中寻找信息，构建完整的知识体系的方法。

当伴侣跟你谈话的时候，你尽可能要用心去倾听。做一个好听众的第一个原则是给予确认，夫妻间说话的人首先想知道的就是他说的话你有没有听懂，其次关心的是你是否同意他的观点，因此，你首先让对方知道你在认真听，这时听者要说些："嗯，我了解""对，是这样的""哦，原来是这样的"之类的话。讲话的人进一步想知道的是，对方是否同意他说的话或至少能表示同情，这时对方就应有一些回应，如点头或者说"是的""这不能怪你"等。也就是说，听者必须尽力让对方知道你在听她说话，话题越重要，你越要表现出洗耳恭听的姿态。如果你有什么不同的看法，可以等到对方说完时再发言，不要打断对方。

非反应式倾听表象的问题就是心不在焉，对于伴侣说的话没有回应，仿佛就像没有人说话一样。

有时候你可能因为工作的、生活的各种各样的外界压力，没办法好好倾听，那你就要在对方开始想跟你交谈的时候跟他说："我现在很累，咱们吃完饭后再谈这个问题，好吗?"或者说："我很想和你聊一聊，但是我现在手头正忙着，等我忙完咱们再谈，可以吗?"用一种商量、和蔼的口吻来说，就不会出现对方兴致勃勃地陈述自己的观点，而你却听得心不在焉的情况。当然，也不要一边听一边反驳，这也不是很好。

有时候交谈的话题可能很不乐观，一谈论这一话题就会升级为一场唇枪舌剑，这时候该怎么办呢？毕竟两个人谁也不想吵架，那你就要马上提醒自己，这是个危险的话题，和对方协商好采用说话者和听话者仪式。就是在一个人说话的时候，另一个人不讲话，只是静静倾听。在你有机会说话的时候，你才说，但一定不要说你的观点，而是谈你的感受。因为观点很容易让对方感到你在批评，而谈感受则更容易得到对方的认同。

在跟伴侣谈话的时候，不仅要注意谈话的质量，而且也要注意谈话的数量，多给对方一些关注，多进行沟通和交流，不要让工作和压力稀释了你们的爱情。

反思：在生活中你是如何听爱人说话的呢?

七、建议

在你的关系过程中，当伴侣试图分享积极事件时，你可以提供主动和建设性的反应，从而从中获益。为了培养这种目的性积极关系技能，在你和另一半的生活中有效利用积极的日常事件，要做到以下几点：

积极地聆听并对积极事件陈述有同理心反应。

当你的伴侣与你分享积极事件时，与他（她）同样热情，真诚地表达兴奋和愉快，例如，微笑，说"太棒了!"或者"哇!"，握住你伴侣的手。

问两个关于积极事件的建设性问题（"事情发生时，你什么感受?""它是怎么发生的？要详细跟我讲讲!"以及其他更具体的问题)。

当天的晚些时候或事件发生的第二天，谈话时重提这个积极事件，进一步强化在伴侣生活中发生的积极事件的益处。

第三节 乐观的夫妻更幸福

最新研究发现，拥有乐观的另一半，就等于通往幸福的大门。

美国密歇根大学的研究人员分析了 1970 对夫妻，年龄都在 50 岁以上的美国夫妻的资料，在追踪数年后，他们发现，拥有乐观配偶的人，比其他人更有活力，而且较少罹患慢性病。例如，一个乐观的配偶会鼓励他（她）的另一半去健身房，或是吃较健康的食物，因为他们相信做这些事有助于健康。近年来，越来越多的研究显示，我们在社会网络中接触到的人，对我们的健康与幸福也都有很深的影响，即他人的乐观会影响到自己的幸福、健康。

在婚姻生活中，夫妻双方要尽量保持乐观的心态，积极地共同面对生活。在夫妻相处期间总会碰上这样那样的问题，这个没办法避开。如果当你面对问题时，你的面部表情是眉头紧锁、心事重重、紧张兮兮的，那这样的负面情绪就会传染给对方，因为情绪是会传染的。相反，如果你在面对问题时能够保持乐观向上的态度，而且相信一定是有办法可以解决的，那对方也会跟着你一起想办法，就比较顺利地把问题解决了，也会增进夫妻的感情。

研究发现，那些幸福的夫妇说话时基本上都是先说“是的”“对的”“好的”，然后才说“但是”“可是”“然而”等。在我们的生活中，有的夫妻其中一方比较好唠叨、固执、偏执，对某一件事是一讲再讲，非要说出个对错来。这个时候如果对方回答说：“恩，你说得对，这个问题虽然看起来是个小问题，但是如果不注意就会小问题变成大问题，你真仔细等。”这样的解释让对方感觉他/她在这家里是不可或缺的。有的先生比较在意他的妻子的情绪变化，甚至有时有点小忌妒，但他的妻子会解释为：“他很在意我、关心我，说明我对于他来说很重要。”有时丈夫出门前忘记关灯，妻子会埋怨，乐观的丈夫会解释说：“我妻子注意节约，勤俭持家。”对待妻子的心情不好、发脾气，有的丈夫会解释说：“嗯，她现在压力挺大，没关系，有时我也会像她那样。”对于丈夫不爱张嘴求人，妻子会说：“他是一个很自觉的人，总是为别人着想，不想给别人带来麻烦。”

这些都与婚姻的乐观解释风格有关。解释风格是你对一件事为什么会发生的习惯性解释方式。爱就是一个乐观的解释风格可以帮得上忙的方面。乐观的人把不好的事情看成是暂时的和特定的，但对好的事情，他们把它解释成永久的和普遍的。纽约州立大学的纷彻姆（Frank Fincham）

和加州大学洛杉矶分校（UCLA）的布拉德利（Thomas Bradbury），花了十年时间追踪这种解释风格对婚姻的影响，他们的第一个发现是，成功的婚姻有多种乐观和悲观的排列组合，但如果两个悲观的人结婚，婚姻则不会长久。

悲观者眼中的挫折、困难等是永久的、普遍性的、个人化的，即永久都是这个熊样子，影响范围波及所有方面，都是自己或他人的错。如果两个悲观的人结婚时，万一有不好的事情发生，两人就会互相埋怨、互相指责，这样不可避免就会发生冲突，两个人的关系也会出现危机。例如，丈夫出去应酬，妻子用她悲观的解释风格想："他心里根本就没有这个家，一点儿都不关心我和孩子，天天就知道在外吃喝玩乐……"妻子一直处于抱怨中，自然而然也就心情不好。如果丈夫是悲观的，就会把她的心情不好解释成："她一点儿都不体谅我工作的辛苦，我出来应酬还不是为了让她娘俩过上好日子？没有感激我的努力付出、辛苦工作，反而还埋怨。"于是当他们在一起沟通时，自然而然双方就会把怨气说出来，互相自责、互相伤害，最后争吵就会越来越厉害，这样也就影响了整个家庭的氛围。反过来，如果夫妻双方一开始就用乐观的解释风格，这一切就都可以避免了。如果她不去唠叨他出去应酬，而是说："你白天工作那么累，晚上还要出去应酬，注意身体，少喝点酒。"丈夫也可以说："不用担心，我会少喝酒的，尽量早点回家，你不用等我，早点休息。"你看，不同的解释风格，产生的结果就是不一样的。

这个研究发现，两个悲观者的婚姻无法长久。后面（附录四）有乐观测验，测试一下你的乐观程度。假如你和你的配偶的测验分数都在零分以下，你需要努力去打破悲观的想法。有两种方法可以改变悲观的解释风格：第一种方法是，想办法转移自己的注意力，去想别的事；第二种方法是反驳。反驳的含义是指反对自己的想法，跟自己的想法辩论。当你跟自己反驳的时候，你要像一个侦探一样去找证据，看看支持自己想法的证据在哪里。反驳所带来的精神和行为的结果是激发，激发让你找到更有意义的解决方案。经过了反驳这个步骤，如果证明你所持的对待消极的看法是对的，你应该采取的是"非灾难"的解决方法，这样的解决方案更有意义。从长远来看，反驳更有效，因为一旦你养成了反驳消极想法的习惯，这样当你面对类似的情况时，你就不会再悲观，就会有效地阻止以前那些消极的想法再次出现，就会觉得快乐了很多。总之，对待问题乐观的解释风格是可以学习的，只要你有意识地改变自己对待问题的看法。

在婚姻的乐观与悲观的研究中，有一项很艰苦的追踪研究，这个研究追踪了54对新人四年来的关系，结果发现婚姻的满意度与乐观的解释风格是一起上升的，也就是说，积极的解释风格能产生满意的婚姻，满意感也会创造出更多的积极的解释风格。当你的配偶做了一件使你生气的事时，请努力去找一个行得通的、暂时的、只针对这件事的理由，“他今天身体不舒服”“这两天发生的事，让他很烦心”“都是因为他喝醉了”，而不要去想：“他就在意自己，有点小病就小题大做”“他总是不关注我的感受”“他就是爱喝酒”。当你的配偶做了件好事时，要把它放大，要将它解释成永久的、普遍的，“她是个很认真、努力的人”“她是很有才能的人”，而不要去想：“是因为对方太弱了”“她今天运气真好”。如：

张红：今年结婚纪念日我想做一点特别的事。

王军：你的特别是指什么？

张红：只有我们两个人，但是特别和以往不一样的。

王军：你要单独在一起，而且要和以前不同；至于我，希望可以节省一点，因为最近钱比较紧。我建议我们在后院烤肉。

张红：（笑）我想我们可以做得更好，我们可以在家吃一顿法式野餐。

在对话中同时顾虑到双方的需要，可以帮助人们在处理事情上达成共识，使彼此都觉得自己的意见得到重视和尊重，这样的倾听技巧是幸福婚姻关系中不可缺少的。

因此，对于婚姻的乐观解释，会让婚姻更幸福，而婚姻越幸福，这种乐观的解释就会越多。当伴侣做了一件让你不满意的事情时，要试着去跟自己说，这只是暂时的、偶然的，或许是因为他/她太疲劳了。

练习 1

配偶的三个主要优势

根据你所选出来的三个优势，请写出最近发生在你配偶身上，使你觉得值得赞美的事情，让你的配偶读你所写的句子，也请他做这个练习。

优点：______________________________

事件：______________________________

优点：______________________________

事件：______________________________

优点：____

事件：____

练习 2

婚姻中学会互相欣赏

列举出配偶具有的三个特征，并举出与该特征相符的实际事件，然后与配偶分享你的答案，让对方知道他的这些特征让你高度重视。这是为了让双方养成一种习惯——从积极的角度去看待配偶，抵消你关注消极特质的倾向。坚持每周做这个练习，定会让你们幸福美好下去。

想法：我真的很爱我的配偶。

任务：列出一个你发现的配偶的可爱之处。

想法：我可以轻松地说出我们婚姻中的美好时光。

任务：选取一段美好时光并做出评价。

想法：我的婚姻中有许多美好的爱。

任务：回想一个你们共同参加的特别旅行。

想法：如果再让我选择一次，我仍然会和这个人结婚。

任务：策划一个结婚周年（或其他）值得庆祝的计划。

……

我希望本书能够帮你摆脱那些消极的思维，让你真正理解什么是幸福，以及如何拥有幸福。在以后的生活中，无论顺境、逆境，都有能力让自己更幸福。人类的终极目标只有一个——那就是幸福！想要拥有幸福的生活，我们首先应当接纳“活在当下”的理念，也就是要关注日常生活中的细节，努力培养能够让你幸福的好习惯：积极行动、享受心流、心态乐观、心存感恩，经常运动，等等。要想获得持久的幸福，就需要做出持久性的改变，这些改变需要你每天都行动起来。在本书中我介绍了一些简单可行的方法，如果你坚持去做、肯努力付出，经过一段时间后，我相信会对你的幸福产生重大影响，也会帮助你活得更快乐、更幸福。

附录一　了解你的突出优势

我将分别介绍以下 24 项优势。我的描述很简洁，但足以帮助你区分不同的优势。我的目的在于，让你在头脑中对这些优势有清晰的认识。在对每个优势的描述的结尾，我都会提供一个自我评定量表，其中包括从完整问卷中选出的最具有区别性的两个问题。你可以在 www. authentichappiness. org 上找到完整问卷。你对问题的回答能体现出你的优势排列顺序，这个顺序与网络中完整问卷得出的顺序是大致相同的。

智慧与知识

第一个美德集群是智慧。有 6 条途径可以展示出智慧，其中必要的前提是知识。我按照发展的程度来排列这些优势，最基本的是好奇心，最成熟的是洞察力。

1. 好奇心、对世界的兴趣

好奇心使我们对不符合预想的事物产生尝试的兴趣。有好奇的人不会容忍模棱两可的情境，他们会去追求真相。好奇心可以是很特定的（如只对玫瑰花），也可以是很广泛的（对每一件事都睁大眼睛去观察）。好奇心驱使我们主动地追随新奇的事物，而被动地吸收信息，如坐在沙发上吃着薯片，看着电视就不属于这个范畴。好奇心反面是容易倦怠。

假如你不打算用网上的问卷的话，请回答下面这两个问题。

A：“我对世界总是很好奇”这句话：

（5 分）非常符合我　　（4 分）符合我

（3 分）既没有符合也没有不符合　　（2 分）不符合我

（1 分）非常不符合我

B：“我很容易感到厌倦”这句话：

（1 分）非常符合我　　（2 分）符合我

（3 分）既没有符合也没有不符合　　（4 分）不符合我

（5 分）非常不符合我

请把上面两项的分数加起来写在这里________，这是你的好奇心分数。

2. 喜欢学习

你喜欢学习新的东西，不论在课堂上还是在生活中；你喜欢上学、阅读、去博物馆，去任何可以学到新东西的地方。你是某个领域的专家吗？你的专长被周围的人敬佩吗？还是有更多的人敬仰你？在没有任何外在诱因的情况下，你还会对这个领域有继续学习的兴趣吗？例如，邮差对邮政编码都很精熟，但这只是他们工作上的需要，并不表示他们对此有兴趣。

A：“每次学新东西我都很兴奋”这句话：

(5分) 非常符合我　　(4分) 符合我

(3分) 既没有符合也没有不符合　　(2分) 不符合我

(1分) 非常不符合我

B：“我从来不会特意去参观博物馆或其他教育性场所”这句话：

(1分) 非常符合我　　(2分) 符合我

(3分) 既没有符合也没有不符合　　(4分) 不符合我

(5分) 非常不符合我

请把上面两项的分数加起来写在这里________，这是你喜欢学习的分数。

3. 判断力、判断性思维、思想开放

能够周详地考虑事情的方方面面是人很重要的一个优势。这样的人不会草率下结论，根据真凭实据来做决定，并且愿意改变主意。

判断力是指客观地、理性地筛选信息，做出的判断利己也利人，这种情形的判断力是批判性思维的同义词。它以事实为导向，它的对立面是错误的逻辑或非黑即白的二分法，这个优势的特点就是不会将自己的需要和诉求与事实相混淆。

A：“不管是什么主题，我都可以很理性地去思考它”这句话：

(5分) 非常符合我　　(4分) 符合我

(3分) 既没有符合也没有不符合　　(2分) 不符合我

(1分) 非常不符合我

B：“我常会很快做出决定”这句话：

(1分) 非常符合我　　(2分) 符合我

(3分) 既没有符合也没有不符合　　(4分) 不符合我

(5分) 非常不符合我

请把上面两项的分数加起来写在这里________，这是你的判断力分数。

4. 创造性、实用智慧、街头智慧

当你看到自己梦寐以求的东西时，你会有创新的方法去获得它吗？你不满足于大家都用的方法，这类优势就是创造性。我指的不仅是传统意义上的、艺术方面的创造性，它还包括实用智慧、常识或街头智慧。

A：“我喜欢以不同的方式去做事情”这句话：

（5 分）非常符合我　　（4 分）符合我

（3 分）既没有符合也没有不符合　　（2 分）不符合我

（1 分）非常不符合我

B：“我的大多数朋友都比我有想象力”这句话：

（1 分）非常符合我　　（2 分）符合我

（3 分）既没有符合也没有不符合　　（4 分）不符合我

（5 分）非常不符合我

请把上面两项的分数加起来写在这里________，这是你的创造性分数。

5. 社会智慧、个人智慧、情商

社会智慧和个人智慧是对自己及他人的认知，你能了解别人的动机和感觉，并且能对它做出很好的回应。具有社会智慧的人能注意到人与人之间的不同点，尤其是他们情绪、脾气、动机和意图的不同，然后针对这些不同做出恰当反应。不要将这种优势与内省或沉思相混淆，这里指的是社会技巧。

具有个人智慧的人能对自己的感情进行评估，并且用以指导行为。将上述两者合起来就是戈尔曼（Daniel Goleman）所说的情商（EQ）。这个优势是其他优势的基础。

这个优势的另一个层面是能找到自己的用武之地，最大程度地发挥自己的技能和兴趣。你是不是选择了合适的工作、友人和业余爱好，以使你的优势得以发挥？你做的工作是不是你最擅长的？盖洛普调查显示，对工作最满意的人是“每天都能做自己最拿手的工作的人”。

A：“不论是什么样的社会情境我都能轻松愉快地融入”这句话：

（5 分）非常符合我　　（4 分）符合我

（3 分）既没有符合也没有不符合　　（2 分）不符合我

（1 分）非常不符合我

B：“我不太知道别人在想什么”这句话：

（1 分）非常符合我　　（2 分）符合我

（3 分）既没有符合也没有不符合　　　　（4 分）不符合我
（5 分）非常不符合我

请把上面两项的分数加起来写在这里________，这是你社会智慧的分数。

6. 洞察力

我用洞察力（Perspective）来代表这个类别最成熟的优势，它已十分接近睿智。其他人会请具有这种优势的人给他们提供指引，用他们的经验来帮助其他人解决问题。他们看问题的方式使这些问题迎刃而解，智者是生活中解决问题的专家。

A："我可以看到问题的整体大方向"这句话：

（5 分）非常符合我　　　　（4 分）符合我
（3 分）既没有符合也没有不符合　　　　（2 分）不符合我
（1 分）非常不符合我

B："很少有人来找我求教"这句话：

（1 分）非常符合我　　　　（2 分）符合我
（3 分）既没有符合也没有不符合　　　　（4 分）不符合我
（5 分）非常不符合我

请把上面两项的分数加起来写在这里________，这是你的洞察力分数。

勇气

这是指在很不利的条件下，还能为达成理想目标而勇往直前。这个美德是具有普遍性的，全世界各个民族都敬仰有勇气的人，每一个民族都有他们自己的英雄。我将勇敢、毅力与正直作为这个美德的三种表现。

7. 勇敢与勇气

一个勇敢的人是能够将恐惧情绪与自己的行为分开的人，他会抗拒要逃跑的冲动，面对恐惧情境，他不去理会主观和生理反应所带来的不适。胆大妄为和冲动并不是勇敢，虽然害怕但仍能面对危险才是勇敢。

现在勇敢的意义已超越了战场上的勇敢及身体上的勇敢，还包括道德上的勇敢和心理上的勇敢。道德上的勇敢是明知站出来会带给你不利，但仍挺身而出。

20 世纪 50 年代，帕克斯（Rosa Parks）挑战在公共汽车上黑人应该让位给白人的不合理法令，就是一个很好的例子。挺身而出揭发政府或公司的弊端是另一种有勇气的例子。心理上的勇气包括泰然地、甚至愉悦地面对逆境或重病，不为此丧失尊严。

A：“我常常面对强烈的反对”这句话：

（5分）非常符合我 （4分）符合我

（3分）既没有符合也没有不符合 （2分）不符合我

（1分）非常不符合我

B：“痛苦和失望常常打倒我”这句话：

（1分）非常符合我 （2分）符合我

（3分）既没有符合也没有不符合 （4分）不符合我

（5分）非常不符合我

请把上面两项的分数加起来写在这里________，这是你勇敢的分数。

8. 毅力、勤劳、勤勉

有毅力的人有始有终，勤勉的人会承担困难的工作并把它完成，而且没有抱怨。这样的人不仅完成所承诺的部分，有时还更多，但绝不会少。毅力并不是不顾一切地追求不切实际的目标。勤勉的人是有弹性的、务实的，而且不是完美主义者。野心有积极和消极的意义，它积极的一面便属于这个优势类别。

A：“我做事都有始有终”这句话：

（5分）非常符合我 （4分）符合我

（3分）既没有符合也没有不符合 （2分）不符合我

（1分）非常不符合我

B：“我做事时常会分心”这句话：

（1分）非常符合我 （2分）符合我

（3分）既没有符合也没有不符合 （4分）不符合我

（5分）非常不符合我

请把上面两项的分数加起来写在这里________，这是你毅力的分数。

9. 正直、真诚、诚实

一个诚实的人不但实话实说，而且真实地面对生活。他不虚伪，为人真诚。我所指的正直、真诚不仅是不说谎，还包括真诚地对待自己与他人，不论说话办事都诚诚恳恳、说一不二。如果你对自己真诚，就不可能对别人虚伪。

A："我总是信守诺言"这句话：

（5分）非常符合我　　（4分）符合我

（3分）既没有符合也没有不符合　　（2分）不符合我

（1分）非常不符合我

B："我的朋友从来没说过我是个实在的人"这句话：

（1分）非常符合我　　（2分）符合我

（3分）既没有符合也没有不符合　　（4分）不符合我

（5分）非常不符合我

请把上面两项的分数加起来写在这里________，这是你的正直分数。

仁爱

这是指与别人，包括朋友、亲戚、点头之交，甚至陌生人交往时的积极表现。

10. 仁慈与慷慨

具有这类优势的人对别人很仁慈、很慷慨，别人来找他们帮忙时，他们会尽全力提供帮助。他们喜欢帮别人的忙，即使不太熟的朋友也一样。有多少次你把别人的事当成自己的事来做？这类人都有一个共同点：能够看到别人的价值。凡事先替别人着想，有时甚至会将自己的利益放在一边。你曾替别人承担过责任吗？移情和同情是达到这个美德的两个途径。

A："上个月我曾主动去帮邻居的忙"这句话：

（5分）非常符合我　　（4分）符合我

（3分）既没有符合也没有不符合　　（2分）不符合我

（1分）非常不符合我

B："我对别人的好运不像对我自己的好运那样激动"这句话：

（1分）非常符合我　　（2分）符合我

（3分）既没有符合也没有不符合　　（4分）不符合我

（5分）非常不符合我

请把上面两项的分数加起来写在这里________，这是你的仁慈分数。

11. 爱与被爱

你非常珍惜自己与别人的亲密关系，别人是否也一样珍惜？如果是，这就证明你有爱与被爱的优势，这个优势不仅仅是指罗曼史。我不赞成亲密关系越多越好的观点，一点都没有的确不好，但过多了以后，齐人之福就可能变成灾祸。

一般来说，男性比较能爱人而不太能被爱，至少在美国文化中如此。维伦是位心理学家，他曾对哈佛大学1939—1944年毕业的学生进行了60年的追踪研究，在最后一次访谈这批毕业生时（现已垂垂老矣），一位退休的医生将维伦带进他的书房，给维伦看患者在他退休时写给他的感谢信。“你知道吗？维伦。”他说，眼泪滑下面颊：“我还没有看过这些信。”这名医生一生中都展现出他爱人的一面，但却无法接受别人的爱。

A：“在我的生活中，有很多人关心我的感觉和幸福，就像关心他们自己一样”这句话：

（5分）非常符合我　　（4分）符合我

（3分）既没有符合也没有不符合　　（2分）不符合我

（1分）非常不符合我

B：“我不太习惯接受别人对我的爱”这句话：

（1分）非常符合我　　（2分）符合我

（3分）既没有符合也没有不符合　　（4分）不符合我

（5分）非常不符合我

请把上面两项的分数加起来写在这里________，这是你爱与被爱的分数。

正义

这些优势超越了一对一的关系，是你与集体的关系，如你与家庭、你与社区、你与国家及你与世界的关系。

12. 公民精神、责任、团队精神、忠诚

具有公民精神的人通常是集体中的优秀分子，他们很忠心，有团队精神，他们努力做好本职工作，努力使团队成功。你在集体中举足轻重吗？当集体目标与你的目标不同时，你会遵从集体目标吗？你尊重那些权威人物，如老师或教练吗？你是否将自己融入团队？这个优势并不是指盲从，而是对权威的尊重。尽管现在这个观点有点不流行了，但是很多父母还是希望他们的孩子能拥有这个优势。

A：“为了集体，我会尽最大努力”这句话：

（5分）非常符合我　　（4分）符合我

（3分）既没有符合也没有不符合　　（2分）不符合我

（1分）非常不符合我

B：“我对牺牲自己利益去维护集体利益很犹豫”这句话：

(1分) 非常符合我　　(2分) 符合我

(3分) 既没有符合也没有不符合　　(4分) 不符合我

(5分) 非常不符合我

请把上面两项的分数加起来写在这里________，这是你的公民精神分数。

13. 公平与公正

公平与公正是指不让个人感情影响自己的决定，给每个人同等的机会。你在日常生活中的行为都能符合这个道德准则吗？你是否将别人的利益看得与你自己的一样，即使你并不认识这个人？你可以把私人偏见放在一边，秉公处理吗？

A：“我对所有人一视同仁，不管他是谁”这句话：

(5分) 非常符合我　　(4分) 符合我

(3分) 既没有符合也没有不符合　　(2分) 不符合我

(1分) 非常不符合我

B：“如果我不喜欢这个人，我很难公正地对待他”这句话：

(1分) 非常符合我　　(2分) 符合我

(3分) 既没有符合也没有不符合　　(4分) 不符合我

(5分) 非常不符合我

请把上面两项的分数加起来写在这里________，这是你的公平分数。

14. 领导力

领导力是指有很好的组织才能，并能监督任务的执行。一个有人情味的领导首先应该是一个有效率的领导，能与组织成员保持良好的关系，并能如期实现工作目标。当他处理团体间的各种关系时，能够对所有人有爱心，对所有事无恶意，对所有正确的事都坚持。这种领导除了有效率之外，还有人道的美德。例如，一个人道的国家领袖会原谅他的敌人。这样的领袖应该没有历史包袱，勇于认错，并且能够承担犯错的责任和后果，最主要的是他必须爱好和平。这样的领导特征可能存在于各种不同的领导身上：军事统帅、公司总裁、工会主席、警察局长、校长、舍监，甚至学生会会长。

A：“我可以让人们为了共同的目标而努力，而且不必反复催促”这句话：

(5分) 非常符合我　　(4分) 符合我

（3分）既没有符合也没有不符合　　　（2分）不符合我
（1分）非常不符合我
B："我对计划集体活动不太在行"这句话：
（1分）非常符合我　　　（2分）符合我
（3分）既没有符合也没有不符合　　　（4分）不符合我
（5分）非常不符合我
请把上面两项的分数加起来写在这里________，这是你的领导力分数。

节制

这个重要的美德指的是恰当地、适度地表现出你的需求。一个有节制的人并不会压抑自己的动机，但是会等到恰当的时机去满足它，以避免对自己或他人造成伤害。

15. 自我控制

自我控制是指在某些情况下，人们能够控制住自己的情绪、欲望、需求和冲动。但是只知道应该节制还不够，你必须能做出节制的行动。当不好的事情发生时，你能控制自己的情绪吗？即使在困难的情境下，你也能使自己愉快吗？

A："我可以控制我的情绪"这句话：
（5分）非常符合我　　　（4分）符合我
（3分）既没有符合也没有不符合　　　（2分）不符合我
（1分）非常不符合我
B："我的节食计划总是虎头蛇尾，半途而废"这句话：
（1分）非常符合我　　　（2分）符合我
（3分）既没有符合也没有不符合　　　（4分）不符合我
（5分）非常不符合我
请把上面两项的分数加起来写在这里________，这是你自我控制的分数。

16. 谨慎、小心

谨慎的人不说、不做以后会后悔的事。谨慎应该是在反复确认正确后再发布行动命令，谨慎的人有远见、三思而后行，他们能够为了将来的成功抵抗眼前的诱惑。在当今这个充满危险的世界里，父母尤其希望他们的孩子能拥有这个优势。

A：“我避免参与有身体危险的活动”这句话：

（5 分）非常符合我　　（4 分）符合我

（3 分）既没有符合也没有不符合　　（2 分）不符合我

（1 分）非常不符合我

B：“我有时交错了朋友或找错了恋爱对象”这句话：

（1 分）非常符合我　　（2 分）符合我

（3 分）既没有符合也没有不符合　　（4 分）不符合我

（5 分）非常不符合我

请把上面两项的分数加起来写在这里________，这是你的谨慎分数。

17. 谦虚

谦虚的人不喜欢出风头，宁愿让成绩自己说话。他们不认为自己很了不起，别人敬重他们的谦虚，但谦虚不是虚伪。一个谦虚的人不看重自己的成败，如果把眼光放远一点，个人的成败或痛苦实在微不足道。

A：“当人们称赞我时，我常转移话题”这句话：

（5 分）非常符合我　　（4 分）符合我

（3 分）既没有符合也没有不符合　　（2 分）不符合我

（1 分）非常不符合我

B：“我常常谈论自己的成就”这句话：

（1 分）非常符合我　　（2 分）符合我

（3 分）既没有符合也没有不符合　　（4 分）不符合我

（5 分）非常不符合我

请把上面两项的分数加起来写在这里________，这是你的谦虚分数。

精神卓越

我用精神卓越作为优势的最后一大类。我的精神卓越指的是一种情绪优势，它超越了你，而将你与更宏大、更永久的东西相连接，将你与别人、与未来、与进化、与神圣或宇宙相连接。

18. 对美和卓越的欣赏

你停下来去闻路边的玫瑰，你欣赏各领域中美好和卓越的东西，不论是自然的还是人为的，不论是数学的还是科学的。你对美好的东西充满了敬畏与惊喜，看一场精彩的球赛，目睹人类无私的高尚行为，都会激荡你的灵魂并使你奋发。

A："在过去的这个月，我曾被音乐、艺术、戏剧、电影、运动、科学或数学等领域的某一个方面感动"这句话：

（5分）非常符合我　　（4分）符合我

（3分）既没有符合也没有不符合　　（2分）不符合我

（1分）非常不符合我

B："我去年没有创造出任何美的东西"这句话：

（1分）非常符合我　　（2分）符合我

（3分）既没有符合也没有不符合　　（4分）不符合我

（5分）非常不符合我

请把上面两项的分数加起来写在这里________，这就是你美感力的分数。

19. 感恩

懂得感恩的人从不认为自己本该如此幸运，他们会向别人表达感恩。感恩行为是对别人优秀的道德情操表示感激，作为一种情绪，它是对生命的惊讶、感谢和欣赏。当别人有恩于我们时，我们固然要感恩，但我们可以把它扩大到任何好人和好事上。你也可以对上帝、大自然、动物等表示感恩，但是你不能对自己感恩。

A："即使别人帮我做了很小的事情，我也会说谢谢"这句话：

（5分）非常符合我　　（4分）符合我

（3分）既没有符合也没有不符合　　（2分）不符合我

（1分）非常不符合我

B："我很少停下来想想自己有多幸运"这句话：

（1分）非常符合我　　（2分）符合我

（3分）既没有符合也没有不符合　　（4分）不符合我

（5分）非常不符合我

请把上面两项的分数加起来写在这里________，这是你的感恩分数。

20. 希望、乐观、展望未来

希望指的是期待未来会更好，为了实现这一目标而做好计划并努力工作。希望、乐观及展望未来，是对未来充满积极态度这一优势的各个组成部分。期待好的事情会发生，相信只要努力便会有好运。你在此时此刻感到快乐，是因为你对未来有憧憬，这使你的生活有目标。

A："我总是看到事情好的一面"这句话：

(5分）非常符合我 (4分）符合我
(3分）既没有符合也没有不符合 (2分）不符合我
(1分）非常不符合我

B："我很少对要做的事情有周详的计划"这句话：

(1分）非常符合我 (2分）符合我
(3分）既没有符合也没有不符合 (4分）不符合我
(5分）非常不符合我

请把上面两项的分数加起来写在这里________，这是你的希望分数。

21. 灵性、目标感、信仰、宗教

拥有这类优势的人对宇宙、人生的意义有坚定的信仰，知道自己的人生是有目标的，他们的信仰会塑造他们的行为，而信仰也是他们获得慰藉的泉源。你对自己在宇宙中的定位有哲学的、宗教的或非宗教的看法吗？你曾通过更广泛的视角去寻找过生命的目的与意义吗？

A："我对生命有强烈的目标感"这句话：

(5分）非常符合我 (4分）符合我
(3分）既没有符合也没有不符合 (2分）不符合我
(1分）非常不符合我

B："我的生命没有目标"这句话：

(1分）非常符合我 (2分）符合我
(3分）既没有符合也没有不符合 (4分）不符合我
(5分）非常不符合我

请把上面两项的分数加起来写在这里________，这就是你的灵性分数。

22. 宽恕与慈悲

慈悲的人原谅那些曾对不起他们的人，他们永远会给别人第二次机会，他们处世的原则是慈悲而不是复仇。当他们宽恕别人时，他们的主要动机或行为就转向积极（仁慈、慷慨），而较少有消极情绪（回避、报复）。

A："过去的事我都让它过去"这句话：

(5分）非常符合我 (4分）符合我
(3分）既没有符合也没有不符合 (2分）不符合我
(1分）非常不符合我

B："有仇不报非君子，总要报了才甘心"这句话：

（1分）非常符合我　　（2分）符合我

（3分）既没有符合也没有不符合　　（4分）不符合我

（5分）非常不符合我

请把上面两项的分数加起来写在这里________，这是你的宽恕分数。

23. 幽默

幽默的人喜欢说笑话，给别人带来欢笑，他们自己也喜欢笑。他们总是看到事情光明的一面。到目前为止，前面说的所有优势都很严肃：仁慈、灵性、勇敢、正直，等等，但最后两项优势是比较有趣的。你喜欢玩吗？你很有趣吗？

A："我总是尽量将工作与玩耍融合在一起"这句话：

（5分）非常符合我　　（4分）符合我

（3分）既没有符合也没有不符合　　（2分）不符合我

（1分）非常不符合我

B："我很少说好玩的事"这句话：

（1分）非常符合我　　（2分）符合我

（3分）既没有符合也没有不符合　　（4分）不符合我

（5分）非常不符合我

请把上面两项的分数加起来写在这里________，这是你的幽默分数。

24. 热忱、热情、热衷

热忱指的是充满热情，会全心全意投入工作。你每天早上睁开眼睛时，是否迫不及待地想开始一天的工作？你工作的热情是否会带动别人的热情？你很容易被激励吗？

A："我对每一件事都全力以赴"这句话：

（5分）非常符合我　　（4分）符合我

（3分）既没有符合也没有不符合　　（2分）不符合我

（1分）非常不符合我

B："我老是拖拖拉拉"这句话：

（1分）非常符合我　　（2分）符合我

（3分）既没有符合也没有不符合　　（4分）不符合我

（5分）非常不符合我

请把上面两项的分数加起来写在这里________，这是你的热忱分数。

总　结

现在你可能已经在网上做完题目并得到了相应的分数，或者你做的是书上的题目，如果是这样，请将你的分数填入下表的空格中，并重新在纸上排序。

一般来说，你会有五项或少于五项得到 9 分或 10 分，这是你突出的优势，至少你是这样觉得的，请把它们圈出来。你也会有一些项目得了 4~6 分的低分数，这些就是你的劣势。

我建议你在日常生活中将自己的优势尽量发挥出来，它们是影响幸福的重要因素。要建构好生活就要展现你的优势，把它们变得更好，并且用它们来抵抗你的劣势，以及这些劣势带给你的不快。

□智慧与知识

1. 好奇心________　2. 喜欢学习________　3. 判断力________
4. 创造性________　5. 社会智慧________　6. 洞察力________

□勇气

7. 勇敢________　8. 毅力________　9. 正直________

□仁爱

10. 仁慈________　11. 爱与被爱________

□正义

12. 公民精神________　13. 公平________　14. 领导力________

□节制

15. 自我控制________　16. 谨慎________　17. 谦虚________

□精神卓越

18. 美感力________　19. 感恩________　20. 希望________
21. 灵性________　22. 宽恕________　23. 幽默________
24. 热忱________

此文摘自塞利格曼的《真实的幸福》

附录二　你抑郁了吗

在我们的生活中，充满了大大小小的挫折和失败，很多人都会经历失业、离婚、失去心爱的人，或其他各种痛苦。常常我们最梦寐以求的东西，它再也不存在了，常常我们最爱的人，再也不能回到我们身边。每当这些时刻来临的时候，我们都会体验到悲伤、痛苦，甚至绝望。通常，由这些明确现实事件引起的悲伤，是正常的、短暂的，有的甚至有利于个体的成长。但是，有些人对于他们的生活中发生的一些负性生活事件，消极情绪状态却持续很久，远远超过了一般人对这些事件的情绪反应，严重地影响了工作、生活和学习。如果是这样，那么很可能，这些人患了当今世界第一大心理疾病——抑郁症。

什么是抑郁症

抑郁症是神经症的一种，是一种心理障碍，我们通常把它们统称为“情绪障碍”。情绪障碍包括许多不同的障碍，其中主要有重性抑郁症、慢性抑郁症和轻度抑郁症。抑郁症是一种常见的肉体疾病，主要表现为心情低落，兴趣降低，悲观，思想缓慢，缺乏主动性，自责自罪，饮食、睡眠差，担忧本人患有各种疾病，感到全身多处不适，严重者可呈现自杀念头和行为。抑郁症是精神科自杀率最高的疾病。现在抑郁症的患病人数是以前的10倍，而且这一数字还在不断攀升。现在，患者的平均初发年龄比以前早了10岁，而且逐渐呈现年轻化，甚至伸向了儿童和青少年。现在抑郁症已经成了心理疾病中的流感。这种病给患者及其家属带来很大的痛苦，对社会造成巨大的损失。其主要缘由是社会对抑郁症缺乏正确的认识，偏见使患者不愿到医院就诊。在中国，仅有5%的抑郁症患者接受过治疗，大量的患者得不到及时的诊治，病情恶化，以致呈现自杀的严重结果。另外，由于民众缺乏有关抑郁症的学识，对呈现抑郁症患者误以为是闹心情，不能给予应有的了解和情感支持，对患者造成更大的心理压力，使病情进一步恶化。

抑郁自评测量表

这个测验可以测试你的抑郁程度，它被简称为CES-D（Center for Epidemiological Studies-Depression）。仔细阅读题目并选出最符合你最近一星期情况的选项。

1. 以前不会担心的事现在开始令我忧心。

（0 分）很少或没有过（少于 1 天）。

（1 分）偶尔或很少（1~2 天）。

（2 分）有时或大约一半的时间（3~4 天）。

（3 分）很多时候或所有时候（5~7 天）。

2. 我不想吃东西，胃口很差。

（0 分）很少或没有过（少于 1 天）。

（1 分）偶尔或很少（1~2 天）。

（2 分）有时或大约一半的时间（3~4 天）。

（3 分）很多时候或所有时候（5~7 天）。

3. 即使有家人和朋友的帮助，我也无法摆脱低落的情绪。

（0 分）很少或没有过（少于 1 天）。

（1 分）偶尔或很少（1~2 天）。

（2 分）有时或大约一半的时间（3~4 天）。

（3 分）很多时候或所有时候（5~7 天）。

4. 我觉得我没有别人那么好。

（0 分）很少或没有过（少于 1 天）。

（1 分）偶尔或很少（1~2 天）。

（2 分）有时或大约一半的时间（3~4 天）。

（3 分）很多时候或所有时候（5~7 天）。

5. 我无法集中注意力去做正在做的事情。

（0 分）很少或没有过（少于 1 天）。

（1 分）偶尔或很少（1~2 天）。

（2 分）有时或大约一半的时间（3~4 天）。

（3 分）很多时候或所有时候（5~7 天）。

6. 我感到沮丧。

（0 分）很少或没有过（少于 1 天）。

（1 分）偶尔或很少（1~2 天）。

（2 分）有时或大约一半的时间（3~4 天）。

（3 分）很多时候或所有时候（5~7 天）。

7. 我觉得做每一件事情都很费劲。

（0 分）很少或没有过（少于 1 天）。
（1 分）偶尔或很少（1~2 天）。
（2 分）有时或大约一半的时间（3~4 天）。
（3 分）很多时候或所有时候（5~7 天）。
8. 我觉得未来一点希望都没有。
（0 分）很少或没有过（少于 1 天）。
（1 分）偶尔或很少（1~2 天）。
（2 分）有时或大约一半的时间（3~4 天）。
（3 分）很多时候或所有时候（5~7 天）。
9. 我觉得我的人生很失败。
（0 分）很少或没有过（少于 1 天）。
（1 分）偶尔或很少（1~2 天）。
（2 分）有时或大约一半的时间（3~4 天）。
（3 分）很多时候或所有时候（5~7 天）。
10. 我感到害怕。
（0 分）很少或没有过（少于 1 天）。
（1 分）偶尔或很少（1~2 天）。
（2 分）有时或大约一半的时间（3~4 天）。
（3 分）很多时候或所有时候（5~7 天）。
11. 我晚上睡得很不好。
（0 分）很少或没有过（少于 1 天）。
（1 分）偶尔或很少（1~2 天）。
（2 分）有时或大约一半的时间（3~4 天）。
（3 分）很多时候或所有时候（5~7 天）。
12. 我过得不快乐。
（0 分）很少或没有过（少于 1 天）。
（1 分）偶尔或很少（1~2 天）。
（2 分）有时或大约一半的时间（3~4 天）。
（3 分）很多时候或所有时候（5~7 天）。
13. 我的话比平时少了。
（0 分）很少有过（少于 1 天）。
（1 分）偶尔或很少（1~2 天）。

（2 分）有时或大约一半的时间（3~4 天）。

（3 分）很多时候或所有时候（5~7 天）。

14. 我感到寂寞孤独。

（0 分）很少或没有过（少于 1 天）。

（1 分）偶尔或很少（1~2 天）。

（2 分）有时或大约一半的时间（3~4 天）。

（3 分）很多时候或所有时候（5~7 天）。

15. 人们对我不友善。

（0 分）很少或没有过（少于 1 天）。

（1 分）偶尔或很少（1~2 天）。

（2 分）有时或大约一半的时间（3~4 天）。

（3 分）很多时候或所有时候（5~7 天）。

16. 我觉得人生很无趣。

（0 分）很少或没有过（少于 1 天）。

（1 分）偶尔或很少（1~2 天）。

（2 分）有时或大约一半的时间（3~4 天）。

（3 分）很多时候或所有时候（5~7 天）。

17. 我有时会无缘无故地痛哭。

（0 分）很少或没有过（少于 1 天）。

（1 分）偶尔或很少（1~2 天）。

（2 分）有时或大约一半的时间（3~4 天）。

（3 分）很多时候或所有时候（5~7 天）。

18. 我感到很悲哀。

（0 分）很少或没有过（少于 1 天）。

（1 分）偶尔或很少（1~2 天）。

（2 分）有时或大约一半的时间（3~4 天）。

（3 分）很多时候或所有时候（5~7 天）。

19. 我觉得大家都不喜欢我。

（0 分）很少或没有过（少于 1 天）。

（1 分）偶尔或很少（1~2 天）。

（2 分）有时或大约一半的时间（3~4 天）。

（3 分）很多时候或所有时候（5~7 天）。

20. 我无法开始做一件事。

（0 分）很少或没有过（少于 1 天）。

（1 分）偶尔或很少（1~2 天）。

（2 分）有时或大约一半的时间（3~4 天）。

（3 分）很多时候或所有时候（5~7 天）。

这个测验计分很简单，把各项得分加起来就是总分。计算出来的分数就是你的抑郁值，分数越高，越抑郁。如果你在同一道题上选了两个答案，以分值高的那个为准。分数范围是 0~60 分。

在解释分数之前，我必须说明这个分数高并不能作为抑都症的诊断标准。有些人虽然得分很高，但并不表示他就患了抑郁症，而有些患者反而得分很低。一个完完整整的诊断还要包括其他很多东西。比如抑郁持续的时间，除了沮丧之外还有没有其他不良情绪。此外，还必须和心理学家或精神病学家面谈后才能下结论。因此，这个测验不是用来诊断抑郁症的。这个测试的目的就是告诉你，你现在有没有抑郁或抑郁的程度。

如果你的分数是 0~9 分，那你同抑郁是完全绝缘的；如果是 10~15 分，那你有点儿抑郁；16~24 分是中等水平的抑郁；如果你的分数在 24 分以上，那你简直是陷入抑郁的深渊了。

这个得分与你的情绪和平时的精神状态尤为密切。因此，在不同的时间段测量，你有可能得到不同的抑郁数值；即使时间间隔比较短，结果也会有所不同。

如我所说的，测试的分数并不能作为抑郁症的唯一判断标准。比如说，当我们处于情绪低谷的时候测试，所得的结果可能会让我们提高警惕。然而，在我们的情绪稍微好转的时候，测试的结果又有可能截然不同。由测试的题目可见，CED-S 的诸多题目需要我们对自己的心理拥有较好的审视。同时，我们需要对基本抑郁的症状有所了解。抑郁的症状大多围绕着思维、情绪以及行动这三点。这三点也便是 CED-S 诸多题目中测试的内容。

其一，抑郁的人在思维方面是具有强烈的自我批判性的。如我们之前关于正面情绪与负面情绪的讨论中提到的，抑郁症患者的思维是负面性的。悲观的解释以及看法会主导人的思维。比如说，当我们在工作上受到批评的时候，我们会开始批判自己所有为人处世的方法，这种思维是极具束缚性的。其二，由于强烈的自我批判性思维，抑郁的人更容易产生以及维持负面的情绪。在抑郁的状态下，我们会专注在情绪的负轴上。这时，我们的情绪被悲伤、焦虑和不理智主导。比如说，当一件好的事情发生时，非抑郁的人会感觉快乐以及喜悦。然而，在同样的情况下，抑郁的人很难感同身受。其三，负面情绪的积累会导致抑郁的人在行为上面的消极被动。先前的研究表明，当人们经历更多的负面情绪时，他们从事冒险行为的可能性就会降低。情绪上的消极促使抑郁症患者基于墨守成规的事情。这种负面思维、情绪以及行动的循环导致人们心理以及身体健康的恶化。

抑郁症的现状

在20世纪70年代，美国政府资助了两个有关心理健康的实验。研究人员通过与9500个美国成年人交流后，按照他们的不同年龄段进行划分，从而看患病的比率。研究显示，出生年代越早，患病的人数越少，如1925年左右出生的人并没有遭受更多抑郁症的侵害，只有4%的人曾患过抑郁症，再查阅更早的数据，“一战”以前，患病的人数只有1%。这表明20世纪下半叶出生的人比20世纪上半叶出生的人更容易患抑郁症。克勒曼（Gerald Klerman）研究的实验，更加证明了不仅确诊为严重抑郁症的人越来越多，而且患者的年龄也越来越小。据美国的《药物滥用与健康状况》调查报告显示，2005—2015年，美国人群中患抑郁症的人数显著增加，从6.6%增加到7.3%。值得注意的是，这一增长速度最快的是12~17岁的人群，从2005年的8.7%上升到2015年的12.7%。此外，研究人员根据DSM-IV标准，每年检查受访者中过去一年的抑郁症患病率。在最年轻和最年长的年龄组，收入最低和收入最高的人群以及受教育程度最高的人群中，抑郁症的发病率增长最快。

中国的状况也不容乐观。2009年中国媒体发布的数据显示，中国抑郁症发病率为6.1%，全球抑郁症发病率为3.1%。中国的抑郁症发病率明显高于世界平均水平，且发病率近年来呈现逐年上升趋势。按照6.1%的发病率折算，国内抑郁症患者已达到9000万人，无疑是抑郁症的重灾区。而据国内媒体报道，中国每年约有25万人死于自杀，其中一半以上患有抑郁症。抑郁症带来的严重后果值得关注。当下年轻人的心理健康状况非常让人堪忧，不管是心理疾病还是心理障碍，或是抑郁倾向，在年轻人中都有扩大和加重的趋势。特别是抑郁症，从临床上来看，现在得抑郁症的人年龄越来越小。

抑郁症产生的原因

遗传因素。如果家庭中有抑郁症的患者，那么家庭成员患此病的危险性较高，这可能是遗传导致了抑郁症易感性升高。其中双相抑郁症的遗传性更高些。然而，并非有抑郁症家族史的人都会得抑郁症，而且并非得了抑郁症的人都有家族史，这表明遗传并非唯一决定性的患病因素。

生物化学因素。证据表明，脑内生化物质的紊乱是抑郁症发病的重要因素。现在已知，抑郁症患者脑内有多种神经递质出现了紊乱；抑郁症患者的睡眠模式与正常人截然不同。另外，特定的药物能导致或加重抑郁症，有些激素具有改变情绪的作用。

环境因素和应激。人际关系紧张，经济困难，或生活方式的巨大变化，这些都会促发抑郁症。有时抑郁症的发生与躯体疾病有关，一些严重的躯体疾病，如脑中风、心脏病发作、激素紊乱等常常引发抑郁症，并使原来的疾病加重。

性格因素。有下列性格特征的人很容易患上抑郁症：遇事悲观、自信心差、对生活事件把握性差、过分担心。这些性格特点会使心理应激事件的刺激加重，并干扰个人对事件的处理。这些性格特征多是在儿童少年时期养成的，这个时期的精神创伤影响很大。

抑郁症的治疗方法

大部分情况下，经过一段时间的治疗，抑郁症可以得到明显改善。治疗抑郁症的方法有很多，在这里我主要介绍四种在我看来最有效、得到最多科学实证的治疗方法：两种生物学的方法——药物和电休克，两种心理学的方法——认知疗法和人际关系治疗。这四种疗法在成千上万的人身上试验过，它们的疗效基本上是一样的，都是中等效度。但抗抑郁药物的疗效对于那些中度或重度抑郁症患者可能更显著、见效更快。

对除此之外的任何治疗单极抑郁症的方法，我们都应提高警惕。

药物

治疗抑郁症的药物主要是三环类药物、单胺氧化酶抑制剂、5-羟色胺再吸收抑制剂。这些药都是在服用十天到三周后才发挥作用的。服用了这些药的人中，有65%的人的病症得到了显著改善，这是一个好兆头。

但是同时这其中也存在一些问题。第一，大约有1/4的抑郁症患者由于有副作用而没能或没有服药。第二，一旦你停药，抑郁症还会复发。它卷土重来时杀伤力依然不减，你如果想杜绝复发，那就得一直服药，有可能终生都脱离不了。

电休克

这种疗法并不像我们想象得那么面目可憎，它会产生很大的电流，但对人体无害。很多时候，这是一种快速且有效的方法。它对重度抑郁症的治愈率高达75%。一整套的电休克治疗需要花费几天的时间，它挽救了很多想自杀的人的生命。

但它一样有副作用，比如，记忆力减退、心血管的改变和神志不清等。另外，它的作用途径也和药物一样，来得快，去得也快，所以，很多人不得不放弃电休克疗法。更重要的是，它并不能防止抑郁症的复发，它只能很快缓解症状。

由此可见，这两种生物学的方法都立竿见影，也都有副作用，都治标不治本，一旦停止，抑郁症还会卷土重来。

认知疗法

认知疗法的目的是改变一个抑郁的人对失败、打击、失落和无助的有意识思维。这个疗法的核心在于你的思想。认知疗法共有以下五条原则：

第一，你得学会辨认自己的下意识想法。这些想法在你感觉最糟的时候冲出来，而且来势汹汹，让你来不及反应，也无力反抗。

一个三岁孩子的母亲，有时需要大声嚷嚷才能让小孩乖乖去学校上学。于是，她觉得很抑郁。在接受认知疗法时，她尝试着辨认在嚷嚷后，自己对自己说的话，比如“我是一个很差劲的母亲”等。在进行认知治疗时她要学会认出自己的这些下意识想法。

第二，学会用相反的证据来反驳那些下意识想法。

这位母亲反复提醒自己，当孩子放学回家时，她会与他们一起踢足球，教他们学几何，并用他们的方式与他们探讨他们的问题。她收集诸如此类的证据来反驳她最初认为自己是个很糟糕的母亲的念头。

第三，学会不同的解释方法，这叫作重新归因。这也是用来反驳下意识想法的。

这位母亲学会对自己说：“我下午和孩子们在一起时感觉很好，只是早上感觉不好，也许我不适合早上做事。”

对于“我是个糟糕的母亲，我不适合当母亲，所以我不配活在这个世界上”的想法，她现在学着用新的解释风格来反驳。她对自己说：“这完全不合逻辑啊！我只是不适合在早上带小孩而已，为什么不配活在这个世界上呢?”

第四，学会把自己从抑郁的想法中解救出来。反刍会让情况越来越糟，尤其是当一个人处于压力之下还得强颜欢笑时，最好的做法通常就是不去想它。你不仅要学会控制思考的内容，还要学会控制思考的时间。

第五，学会质疑引起你抑郁的那些假设，这些假设束缚了你。

“没有爱我活不下去。”

“我是个失败者，因为我没能做到完美。”

“我是个失败者，因为我没有成为万人迷。”

“每个问题都有一个完美的解决方案，我得找到它。”

认知疗法非常有效，治愈率高达 70%，这几乎和一般的处方药的效果差不多，但是略低于电休克疗法。认知疗法要一个月后才开始见效，通常要治疗几个月，一周进行两三次。认知疗法比单独的药物或电休克疗法的效果好，它教给你面临逆境时新的思维方式，这样就可以减少你复发的概率。虽然它防止复发的功能要强于药物，但它也不能把复发率降到零。

我对认知疗法有三点看法：第一，它对中度抑郁症的治疗效果要好于重度抑郁症，重度抑郁症患者应该先用药。第二，接受认知疗法的人应是受过相关教育的人，即可以从心理学的角度思考的人。他们能意识到自己的想法以及这些想法对自己情绪的影响。认知疗法对那些文化水平较低的人和那些圆滑世故的人的效果如何我们还不得而知。第三，重度抑郁症的复发率很高，即使接受了认知疗法，复发率还是较高。

人际关系治疗

人际关系治疗的焦点在于社会关系。在美国心理学会重点资助的关于抑郁症的研究中，这种治疗法本来是被当作安慰剂的，但结果证明，它的疗效同三环类药物和认知疗法不相上下。

这种疗法的根源可追溯到苏利文（Harry Stack Sullivan）和赖克曼（Frieda Fromm-Reichmann）的一个长期的心理分析治疗上，但人际关系治疗不属于心理分析的范畴，它并不处理那些童年的创伤或是那些存在了几十年的防御机制，人际关系治疗也不是一个长期的过程，它只有 2~6 个环节，通常患者一周接受一次即可。

人际关系治疗以医学的眼光来看待抑郁症，认为抑郁症的发病原因很多，生物的和环境的因素都有，而这些原因中最重要的就是人际关系。所以，人际关系治疗要处理的问题就是人际交往问题，争吵、挫折、焦虑和失望是最核心的问题。人际关系治疗把目光集中在患者生活的四个方面：悲伤、矛盾、角色转换和社交。

处理悲伤时，人际关系治疗关注的是异常的悲伤反应。它找到延续时间过长的悲伤，然后帮助患者用新的社会关系来弥补他的损失。处理矛盾时，人际关系治疗会试着找出矛盾的源头。需要调解吗？还能亡羊补牢吗？是一条死胡同吗？患者要学习的是沟通、协商和当机立断的技巧。角色转换包括退休、离婚和自立门户。处理角色转换时，治疗师会帮助患者重新评估失去的角色，帮助患者抒发感情。治疗师要教会他们适应新角色所常要的技巧，并帮助他们建立起新的社会网络。处理社交问题时，治疗师会试图找到患者以前人际关系中旧有的模式，他们也会鼓励患者发泄情绪，他们会把患者社交方面的优势和劣势都找出来。当找到劣势时，他们就会让患者进行角色扮演，并鼓励他们增强自己的社交技巧。

人际关系治疗的最大好处就是简短（几个月而已），而且物美价廉。它没有什么副作用，疗效也很好，治愈率大约为70%。它唯一的缺点就是从业人员太少。这意味着，我们很难研究它，不知道到底是什么在起作用，所以很难大批量地培训治疗师。

日常生活中的抑郁

你的抑郁指数很有可能处于重度抑郁症和轻度抑郁症之间，大部分人得分都在5~15分。如果你也是这样，那你不需要接受任何抑郁症的治疗。也许你有较多悲观的情绪，也许你的生活缺少情趣，也许你劳累过度，厄运连连，也许你的前途不容乐观，但是这也不能说明你就患上了抑郁症。

如果上面说的那些情况你都有，那你真得好好改变一下你的情感状态了，因为轻微的抑郁情绪依然会影响到你的日常生活。抑郁症的四个症状——哀伤、悲观、消极和食欲不振在轻微的抑郁情绪下也会出现，只是杀伤力没那么强。当轻微的抑郁已经成了你的生活习惯时，你就不得不去治疗了。

轻微的抑郁症是由悲观的思维习惯造成的。悲观主义者把失败和被拒归因到永久的（“永远都会是这样的”）、普遍的（“这会毁了一切的”）和人格化的原因上（“都是我的错”）。这些习惯性的信念通常不是真的，只是个人的主观看法而已。认知疗法的核心是：这些思维习惯是可以彻底改变的，即使是重度抑郁症患者。而轻微的抑郁症通常不需要治疗就可以得到改善。

乐观性思维的主要技术就是反驳。这种技术其实我们都会，只不过只有在面对别人的苛责时我们才使用。如果一个善于嫉妒的朋友告诉你，你是个很难伺候的上司或是一个不称职的母亲，你会搬出一大堆证据来堵住他的嘴。轻微抑郁症患者就是这样指责自己的，一天好几次。你去参加一个聚会，你对自己说"我没有什么可说的，没人会喜欢我，我看起来很糟糕"。这些指责从你心里跳出来时，你会把它们视作神圣不可侵犯。但你这种悲观的思维习惯其实是冲动的、不合理的。这些言辞都不是来源于事实，而是来源于你父母生气时对你的批评、你姐妹们嫉妒的嘲讽等。你可以学会一些技巧来反驳你的这些悲观想法。

应对抑郁的方法

	认识疗法	人际关系疗法	药物	电休克
改善程度	80%	80%	80%	80%+
复发情况	10%~20%	10%~20%	20%+	20%+
副作用	无	无	中度	严重
花费	低	低	低	低
时间	数月	数月	数周	数天
总体评价（★~★★★★）	★★★	★★★	★★	★★

附录三　助人态度量表

本测试是为了测查你在与他人交往过程中的感受、观念和行为。这不是一个测验，因此对问题的回答没有对错之分。请尽可能诚实地回答这些问题。在每条陈述前面的空白处，表明你同意或不同意的程度。

1 分	2 分	3 分	4 分	5 分
完全不同意	不同意	不确定	同意	完全同意

1. 帮助他人常常是浪费时间。
2. 如果有机会，我很乐意帮助需要帮助的人。
3. 如果可能，我会把丢失的钱还给失主。
4. 帮助朋友和家人是我生活中最大的乐趣。
5. 如果可能，我会回避帮助需要急救的人。
6. 帮助需要帮助的人感觉真的很棒。
7. 自告奋勇去帮助人是非常值得做的。
8. 我不喜欢给迷路的人指路。
9. 志愿者的工作让我很开心。
10. 我每月都花时间做慈善工作或向慈善机构捐赠。
11. 我没有义务帮助老年人，除非他们是我的家人。
12. 应该教导孩子们了解帮助他人的重要性。
13. 我决定在我死后捐出我的器官，希望它们能帮助他人开始新的生活。
14. 我为我所在团体或学校举办的各种活动出一分力。
15. 当我帮助了他人时，我感到内心平和。
16. 在商店买东西排队付款时，如果我前面的人差一点钱，我会帮助他支付。
17. 当我得知我的慷慨使一个需要帮助的人受益的时候，我会为此自豪。
18. 帮助他人弊大于利，因为这会使人们倾向于依赖别人，而不是自力更生。
19. 我很少为高尚的事业捐款。
20. 帮助穷人是正确的。

《助人态度量表》的计分：将第 1 题、第 5 题、第 8 题、第 11 题、第 18 题和第 19 题反向计分。然后，将 20 道题相加计算总分，分数范围为 20~100 分，60 分为中等分数。

附录四　乐观测验

这份问卷不限时，一般来说大约需要 10 分钟。答案没有对错之分。

请仔细阅读以下“乐观测验”中的每一个情境，并想象你身处其中。有些你可能没有经历过，不过没有关系；或许你觉得没有一个答案是准确的，这也没有关系，只要选一个最接近的即可。你可能不喜欢有些问题的答案，但不要去选你觉得应该做的或你认为会得到别人认可的那个，请选你最可能做的。

每一个问题只选一个答案，不要去管问题后面的字母（如 PmB）。

1. 你和你的配偶（男/女朋友）在一场争吵后和解了。	PmG
A. 我原谅了他。	0
B. 我通常是个宽宏大量的人。	1
2. 你忘记了配偶的生日。	PmB
A. 我不擅长记生日。	1
B. 我太忙了。	0
3. 有人匿名送你一束鲜花。	PvG
A. 是因为我很有吸引力。	0
B. 是因为我人缘好。	1
4. 你竞选一个职位而且当选了。	PvG
A. 我花了很多时间和精力在竞选上。	0
B. 我对每一件事都会全力以赴。	1
5. 你忘记了一个重要的约会。	PvB
A. 有时我的记性不好。	1
B. 有时我忘了检查我的记事本。	0
6. 你的晚宴很成功。	PmG
A. 我那天晚上特别迷人。	0
B. 我是个很好的主人。	1
7. 你欠图书馆 10 元罚款，因为你借的书逾期了。	PmB
A. 我看得太入迷，忘记该什么时候还。	1

B. 我忙着写报告，忘记去还书	0
8. 你的股票帮你赚了很多钱。	PmG
A. 我的股票经纪人决定冒险试试新股票。	0
B. 我的经纪人是一流的投资人才。	1
9. 你赢得了一项运动比赛。	PmG
A. 我所向无敌。	0
B. 我训练很刻苦。	1
10. 你未通过一个重要的考试。	PvB
A. 我不够聪明，比不上其他同学。	1
B. 我没有好好为这次考试做准备。	0
11. 你特地为朋友准备了一道菜，但他连碰都没碰。	PvB
A. 我不是个好厨师。	1
B. 我今天准备得太匆忙了。	0
12. 你输掉了一场准备已久的比赛。	PvB
A. 我不是一个优秀的运动员。	1
B. 我不擅长那项运动。	0
13. 你对朋友发了脾气。	PmB
A. 他老是烦我。	1
B. 他今天情绪不好。	0
14. 你因未及时缴纳个人所得税而被罚款。	Pmb
A. 我总是拖延报税。	1
B. 我今年太懒了。	0
15. 你想与某人约会，但他拒绝你了。	PvB
A. 我那天受到了沉重的打击。	1
B. 我去约他时，紧张得说不出话来。	0
16. 在聚会时常有人邀你跳舞。	PmG
A. 在聚会上，我很擅长交际。	1
B. 那晚我表现得很完美。	0
17. 你在面试时表现良好。	PmG
A. 面试时我很自信。	0
B. 我很会面试。	1

18. 你的老板没有给你足够的时间去完成那项工作，不过你还

	是按时完工了。	PvG
	A. 我对我的工作很在行。	0
	B. 我是个做事很有效率的人。	1
19.	你最近感到精疲力竭。	PmB
	A. 我从来就没有休息的机会。	1
	B. 这个星期我实在太忙了。	0
20.	你救了一个差点被噎死的人。	PvG
	A. 我会这种急救技巧。	0
	B. 我知道在危机时该如何处理。	1
21.	你的男/女朋友想暂时冷却一阵子你们的感情。	PvB
	A. 我太自我中心了。	1
	B. 我冷落了他，没有花很多时间在他身上。	0
22.	朋友的一句话伤了我的心。	PmB
	A. 他每次都是这样脱口而出，不考虑对方的感受。	1
	B. 朋友今天心情不好，拿我撒气呢。	0
23.	你的老板向你寻求忠告。	PvG
	A. 我是这个领域的专家。	0
	B. 我很会提出有用的建议。	1
24.	你的朋友感谢你帮助他度过了一段困难的时光。	PvG
	A. 我喜欢帮助人渡过难关。	0
	B. 我关心别人。	1
25.	你的医生告诉你，你的身体状况很好。	PvG
	A. 我经常运动。	0
	B. 我非常在意健康。	1
26.	你的配偶（男/女朋友）带你度过了一个浪漫的周末。	PmG
	A. 他需要休息几天。	0
	B. 他喜欢去探索新的地方。	1
27.	你被请去主持一个重要项目。	PmG
	A. 我最近刚完成一个类似的项目。	0
	B. 我是一个很好的项目主管。	1
28.	你滑雪时常摔跤。	PmB
	A. 滑雪是项很难的运动。	1

B. 滑雪道上有冰。 0

29. 你赢得了一项很有声望的奖项。 PvG

A. 我解决了一个重要的问题。 0

B. 我是最好的员工。 1

30. 你的股票跌到不能再低。 PvB

A. 我那时不了解股市行情。 1

B. 我选错了股票。 0

31. 你放假时胖了，现在瘦不下来了。 PmB

A. 从长远来说，节食其实没什么用。 1

B. 我试的这个节食法没有用。 0

32. 商店不收你的信用卡。 PvB

A. 我有时高估了我的钱数。 1

B. 我有时忘了付信用卡账单。 0

按下面的类别计分

PmB（　　）	PmG（　　）
PvB（　　）	PvG（　　）
HoB（　　）	HoG（　　）
HoG-HoB（　　）	

你的解释风格有两个维度——永久性和普遍性。

很容易就放弃的人认为发生在他们身上的坏事都是永久性的——这些不幸的事情会一直持续下去，而能够抵抗无助的人则认为不幸的事件只是暂时的。

如果你把不幸的事想成“永远”“从来”“总是”，把它归因到人格特质上，那么你就是悲观型的人。如果你把不幸的事想成“有的时候”“最近”，把它当成偶发事件，你就是个乐观型的人。

悲观型（永久的）	**乐观型（暂时的）**
我完蛋了。	我累坏了。
节食根本没有用。	如果出去吃饭，节食肯定成功不了。
你总是很唠叨。	我一不打扫房间，你就会唠叨。
我的老板是个浑蛋。	老板现在情绪不佳。
你从来不跟我交流。	最近，你没怎么跟我聊天。

现在来看之前你做的测验。先看 PmB（Permanent Bad，永久性的坏事）的 8 道题：第 2 题、第 7 题、第 13 题、第 14 题、第 19 题、第 22 题、第 28 题和第 31 题，这些题目测量你把不好的事件想成永久性的倾向。选 0 表示乐观、选 1 表示悲观，所以，如果第 2 题你在解释为什么忘记配偶的生日时，选“我不擅长记生日”，而不是选“我太忙了”，代表你选择比较永久性的解释，因此比较悲观。

将上述 8 道题的分数加起来，总分写在 PmB 上，如果你的总分是 0 分或 1 分，你是个非常乐观的人；2 分或 3 分代表中等乐观；4 分代表平均数；5 分或 6 分代表悲观；如果你的得分是 7 分或 8 分，那你是非常悲观的。

当我们遭遇失败时，我们都会（至少暂时会）感到无助。就好像有人在你肚子上打了一拳，感觉很痛，但是这个痛会消失。那些得分是 0 分或 1 分的人的痛几乎立刻消失。有些人的痛苦持久到最后变成积怨，再也消不掉了。这些人是得分 7 分或 8 分的人，他们会无助很久，长达几天或几个月，即使再小的挫折都会如此，如果是很大的挫败，他们甚至永远无法恢复正常。

乐观的人对好事的看法正好与对坏事的看法相反，他们认为好事是永久性的。

悲观型（暂时的）	**乐观型（永久的）**
今天是我的幸运日。	我一向运气很好。
我很努力。	我很有才干。
我的对手累了。	我的对手水平不行。

乐观的人把好的事情归因于他自己的人格特质或能力，所以是永久的。悲观的人则归因于暂时性的原因，如情绪和努力。

你可能注意到题目中有一半是好事，请将 PmG（Permanent Good，永久性的好事）的 8 道题：第 1 题、第 6 题、第 8 题、第 9 题、第 16 题、第 17 题、第 26 题、第 27 题的分数加起来，选 1 代表永久性的乐观，请将总分写到 PmG 的空格上。如果你的分数是 7 分或 8 分，代表你是个非常乐观的人；6 分代表中等乐观；4 分或 5 分代表平均数；3 分代表中等悲观；0 分、1 分或 2 分代表非常悲观。

对那些认为好运是永久性原因造成的人，他们会在成功后更加努力；而认为成功是暂时性原因造成的人，即使成功了，也会放弃，因为他们认为那不过是侥幸。懂得利用成功乘胜追击的人才是乐观的人。

真的事事都糟糕吗？

永久性是时间维度的指标，普遍性则是空间维度上的指标。请看下面这个例子：一家大型零售公司的会计部门有一半的人员被解雇了，其中两个会计——小张和小王都很沮丧，他们好几个月都不愿去找新工作，也避免谈到所得税或做任何跟会计有关的事。但小张仍然是个热情主动的人，她的社交生活很正常，健康情况也很好，一周还去三次健身房。相反，小王则崩溃了，他甚至不理睬妻子和襁褓中的儿子，他把所有的时间都花在沉思上，并且拒绝参加宴会，他总说自己无法面对任何人。他失去了幽默感，笑话也不能让他发笑，而且整个冬天他都在感冒，他也不再去慢跑了。

有些人可以把他的问题束之高阁，然后过正常的日子，即使这问题是他生活中很重要的一部分；也有些人让一件事破坏了自己所有的事，将事情灾难化、扩大化，就如同他们生活中有一根线断掉了，整块布都跟着解体了。

所以当一个人把自己的失败归因于普遍性的问题时，他会放弃每一件事，虽然失败的仅是生活中的一小部分而已。把失败当成特定事件来解释的人，虽然生活中的某一部分也会变得无助，但他相信其他部分还将继续前进。下面是对不幸事件的一些“普遍的”和“特定的”解释。

悲观型（普遍的）	乐观型（特定的）
所有的老师都不公平。	张教授很不公平。
我是个令人讨厌的人。	他很讨厌我。
书本一点儿用也没有。	这本书一点儿用也没有。

小张和小王在永久性维度上得分相同，他俩在这方面都是悲观的，当他们被解聘时，两人都沮丧了很久，但是他们在普遍性维度上却正好相反。当不幸事件降临时，小王认为一切都完了，认为自己一无是处。小张却认为不幸的事是有特殊原因的，认为是自己的会计工作做得不够好。

永久性维度决定一个人会放弃多久——对坏事永久性的解释会造成长期的无助，而暂时性的解释则可以迅速恢复。普遍性维度决定一个人会把无助带到生活的各个层面，还是只维持在原来的地方。小王是普遍性维度的受害者，一旦被解雇，便认为这个原因是普遍的，他将其泛化到生活的每一个层面上。

你也会这样把小事化大吗？标有 PvB（Pervasiveness Bad，普遍性的坏事）的 8 道题是：第 5 题、第 10 题、第 11 题、第 12 题、第 15 题、第 21 题、第 30 题和第 32 题，请将它们的分数加起来填在 PvB 的空格中。如果你的分数是 0 分或 1 分，代表你非常乐观；2 分或 3 分代表中等乐观；4 分代表平均数；5 分或 6 分代表中等悲观；7 分或 8 分代表非常悲观。

乐观型的解释风格对好事和坏事的看法正好相反。乐观的人认为好事会惠泽到他所做的每一件事，而悲观的人则认为好事只是特定条件引起的。当公司把小张找回去做临时雇员时，她会想："他们终于认识到没有我不行了。"公司也找小王回去帮忙，但他却想："公司大概是真的缺人手了。"下面是类似的一些例子。

悲观型（特定的）	**乐观型（普遍的）**
我的数学很好。	我很聪明。
我的股票经纪人很懂石油股。	我的经纪人很了解股市运作。
她觉得我很迷人。	我很迷人。

请把 PvG（Pervasiveness Good，普遍性的好事）的分数加起来，这 8 道题是：第 3 题、第 4 题、第 18 题、第 20 题、第 23 题、第 24 题、第 25 题和第 29 题。将分数加起来写在 PvG 的空格中，如果你的分数是 7 分或 8 分，代表你很乐观；6 分代表中等乐观；4 分或 5 分代表平均数；3 分代表中等悲观；1 分或 2 分代表非常悲观。

希望

希望现在已经变成说教者、政客和广告商的专用语了。习得性乐观的研究就是将希望带进实验室，让科学家可以分析它，找出它为什么有效。我们是否觉得有希望，取决于两个维度的共同作用。找到好事的永久性和普遍性原因，和对不幸事情做出暂时性和特定性的解释，是希望的两个支柱。对不幸事情做出永久性和普遍性的解释，以及认为好事情是暂时的和特定的，则是绝望的原因。

不幸的事可以用无望的或充满希望的方式来解释。

无望的	**充满希望的**
我很愚蠢。	我没想到。
男人是暴君。	我先生心情不好。
这肿块 50%是癌症。	这肿块 50%没事。

幸运的事也是如此。

无望的	充满希望的
我很幸运。	我很有才干。
我妻子对客户很好。	我妻子的人缘很好
美国会消灭恐怖分子。	美国会消灭所有敌人。

或许所有分数中，最重要的是你的希望分数（HoB 和 HoG）。请将你的 PVB 和 PmB 的分数加起来，那就是你的 HoB 分数。PvG 和 PmG 的分数加起来的和就是你的 HoG 分数。接着用 HoG 减掉 HoB，如果你的分数是 10 ~ 16 分，那么你是满怀希望的人；6~9 分是中等有希望的；1 ~ 5 分是平均数；0 ~ −5 分是中等无望的；−5 分以下是非常绝望的。

对好事有永久性和普遍性解释的人，如果他对坏事的解释是暂时的、特定的，那么当他遇到挫折时，他很快会重新振作起来，当他成功时，他会继续努力。对成功做暂时的和特定的解释，对失败做永久的和普遍的解释的人，碰到压力就会垮掉，而且很难东山再起。

当你完成了这个乐观测试，你对自己的乐观程度会有非常准确的认识。

建议

如果你是一个悲观者，请一定找个乐观的人结婚，两个悲观者的婚姻肯定不持久。另外，要让婚姻更美好，一定要给对方保质保量的注意力。多练习本书提供的沟通技巧，了解并赞美配偶的优势。不要把外面的压力带到婚姻中，这样做只会让你“城门失火，殃及池鱼”。在婚姻中充分发挥和展现你的优势，同时不要太理性，情人眼里的你是最独特的，是无人能取代的。

此文摘自塞利格曼的《真实的幸福》

参考文献

[1] Abel, E. L., & Kruger, M. L. Smile Intensity in Photographs Predicts Longevity [J]. *Psychological Science*, 2010, 21 (4): 542-544.

[2] App, B., McIntosh, D. N., Reed, C. L., & Hertenstein, M. J. Nonverbal Channel Use in Communication of Emotion: How May Depend on Why [J]. *Emotion* (*Washington*, *D. C.*), 2011 (11): 603-617.

[3] Babyak, M., Blumenthal, J., Herman, S., Khatri, P., Doraiswamy, M., Moore, K. Craighead, W., Baldewicz, T. & Krishnan, K. Exercise Treatment for Major Depression: Maintenance of Therapeutic Benefit at 10 Months [J]. *Psychosomatic Medicine*, 2000 (62): 633-638.

[4] Ben-Shahar, T. *The Pursuit of Perfect*: *How to Stop Chasing Perfection and Start Living a Richer*, *Happier Life* [M]. New York, NY: McGraw-Hill Education, 2009.

[5] Boldt, L. G. Zen and the Art of Making a Living: A Practical Guide to Creative Career Design [M]. New York, NY: Penguin Books, 2009.

[6] Bowlby, J. The Therapeutic Approach in Sociology [J]. *The Sociological Review*, 1947 (39): 39-49.

[7] Chang, S. O. The Conceptual Structure of Physical Touch in Caring [J]. *Adv Nurs*, 2001, 33 (6): 820-827.

[8] Csikszentmihalyi, Mihaly. *Finding Flow*: *The Psychology of Engagement with Everyday Life* [M]. New York, NY: Basic Books, 1998.

[9] Csikszentmihalyi, Mihaly. The Promise of Positive Psychology [J]. *Psychological Topics*, 2009, 18 (2): 203-211.

[10] Diener, E. Subjective Well-being [J]. *Psychological Bulletin*, 1984, 95 (3): 542-575.

[11] Diener, Ed, Wirtz, D., Biswas-Diener, R., & Tov, W., Kim-Prieto, C., Choi, D., & Oishi, S. New Measures of Well-Being [J]. In *Assessing Well-Being*: *The Collected Works of Ed Diener*, 2009: 247-266.

[12] Dienstbier, R. A., & Zillig, L. M. P. Toughness. In Lopez, S. J. & C. R. Snyder (Eds.). *The Oxford Handbook of Positive Psychology* (2nd Ed) [M]. New York, NY: Oxford University Press, 2009.

[13] Eid, M., & Larsen, R. J. (Eds.). *The Science of Subjective Well-being* [M]. New York, NY: The Guilford Press, 2008.

[14] Ekman, Paul. Life in Science. Respect in a Pinch. *Science* (*New York, N. Y.*). 337. 1173. 10. 1126/science. 337. 6099. 1173.

[15] Enright, R. D. The Moral Development of Forgiveness. In W. Kurtines & J. Gerwitz (Eds.). *Handbook of Moral Behavior and Development*. Hill-sdale, NJ: Lawrence Erlbaum Associates, Inc., 1991 (1): 123-152.

[16] Field, Tiffany. Postnatal Anxiety Prevalence, Predictors and Effects on Development: A Narrative Review [J]. *Infant Behavior & Development*, 2018 (5): 24-32.

[17] Fordyce, M. W. A Review of Research on the Happiness Measures: A Sixty Second Index of Happiness and Mental Health [J]. *Soc Indic Res* 20, 1988: 355-381.

[18] Fredrickson, B. L. The Role of Positive Emotions in Positive Psychology: The Broaden-and-Build Theory of Positive Emotions [J]. *American Psychologist*, 2001 (56): 218-226.

[19] Harlow, H. F., & Woolsey, C. N. *Biological and Biochemical Bases of Behavior*. Madison, WI: University of Wisconsin Press, 1958.

[20] Hart, Curtis. Paul Tillich and Psychoanalysis [J]. *Journal of Religion and Health*, 2009 (50): 646-655.

[21] Hart, K. E. & Sasso, T. Mapping the Contours of Contemporary Positive Psychology [J]. *Canadian Psychology*, 2011, 52 (2): 82-92.

[22] Hazan, C, & Shaver, P. R. Love and Work: An Attachment-Theoretical Perspective [J]. *Journal of Personality and Social Psychology*, 1990, 59: 270-280.

[23] Holmgren, M. R. Forgiveness and Self-forgiveness in Psychotherapy [J]. In S. Lamb & J. G. Murphy (Eds.), *Before Giving: Cautionary Views of Forgiveness in Psychotherapy* [M]. New York: Oxford University Press, 2002: 112-135.

[24] Holmgren, M. R. *Forgiveness and Retribution: Responding to Wrongdoing* [M]. New York: Cambridge University Press, 2011.

[25] Isen, A. M. Daubman, K. A. & Nowicki, G. P. Positive Affect Facilitates Creative Problem Solving [J]. *Journal of Personality and Social Psychology*, 1987 (52): 1122-1131.

[26] Isen, A. M. A Role of Neuropsychology in Understanding the Facilitate Influence of Positive Affect on Social Behavior and Cognitive Process [J]. In: C. R. Synder, S. J. Lopez (Eds.), *Handbook of Positive Psychology*, 2002: 528-540.

[27] Iso-Ahola, S. E. *The Social Psychology of Leisure and Recreation* [M]. William C Brown Pub, 1980.

[28] Jazaieri, H., Urry, H. L., & Gross, J. J. Affective Disturbance and Psychopathology: An Emotion Regulation Perspective [J]. *Journal of Experimental Psychopathology*, 2013, 4 (5): 584-599.

[29] Kahneman, D. The Myth of Risk Attitudes [J]. *Journal of Portfolio Management*, 2009, 36 (1): 1-1.

[30] Keller, Matthew. Gene × Environment Interaction Studies Have Not Properly Controlled for Potential Confounders: The Problem and the (Simple) Solution [J]. *Biological Psychiatry*, 2013 (75).

[31] Lazarus, R. S. *Emotion and Adaptation* [M]. New York: Oxford University Press, 1991.

[32] Lykken, D. T. Parental Licensure [J]. *The American Psychologist*, 2001 (56): 885-894.

[33] Maslow, A. H. In General and in Prospect: "The Psychology of Science" (a sum-up) [J]. *Philosophia Mathematica*, 1980: 39-49.

[34] McCullough, M. E., & Witvliet, C. V. The Psychology of Forgiveness. In C. R. Snyder & S. J. Lopez (Eds.), *Handbook of Positive Psychology* [J]. Oxford University Press, 2002: 446-458.

[35] McCullough, M. E., Kurzban, R., & Tabak, B. A. Evolved Mechanisms for Revenge and Forgiveness. In P. R. Shaver & M. Mikulincer (Eds.). *Understanding and Reducing Aggression, Violence, and Their Consequences* [J]. Washington, DC: American Psychological Association, 2010: 221-239.

[36] Myers, D. G. *The American Paradox: Spiritual Hunger in an Age of*

Plenty [M]. *New Haven*, *Connecticut*: *Yale University Press*, 2001.

[37] Nickell, G. S. The Helping Attitude Scale. Presented at the 106th. Annual Convention of the American Psychological Association [J]. Reprinted by permission of Dr. Gary Nickell, 1998.

[38] Ostir, G. V., Marikides, K. S., Black, S. A., & Goodwin, J. S. Emotional Well-being Predicts Subsequent Functional Independence and Survival [J]. *Journal of the American Geriatrics Society*, 2000 (48): 473-478.

[39] Palinkas, L., Downs, M., Peterson, J., & Russell, J. Social, Cultural, and Psychological Impacts of the "Exxon Valdez" Oil Spill [J]. *Human Organization*, 1993, 52 (1): 1-13.

[40] Peterson, C., & Park, N. Classification and Measurement of Character Strengths: Implications for Practice [J]. *Positive Psychology in Practice*, 2012: 433-446.

[41] Russell, J. A., Feldman, B. L. Core Affect, Prototypical Emotional Episodes, and Other Things Called Emotion: Dissecting the Elephant [J]. *Journal of Personality and Social Psychology*, 1999 (76): 805-819.

[42] Satir, V. Making Contact [M]. Berkeley, CA: Celestial Arts, 1995.

[43] Seligman, M. Steen, T. Park, N. & Peterson, C. Positive Psychology Progress: Empirical Validation of Interventions [J]. *The American Psychologist*, 2005 (60):, 410-421.

[44] Sheldon, K. M., King, L. Positive Psychology: Why positive Psychology is Necessary [J]. *American Psychologist* , 2001, 56 (3): 216-217.

[45] Snyder, C. R. Forgiveness and Hope. *Paper Presented at the International Campaign for Forgiveness Conference* [M]. Atlanta, GA, 2003.

[46] Stepper, Sabine & Strack, Fritz. Proprioceptive Determinants of Emotional and Nonemotional Feelings [J]. *Journal of Personality and Social Psychology-PSP*, 1993 (64): 211-220.

[47] Waldinger, Robert & Schulz, Marc. Linking Hearts and Minds in Couple Interactions: Intentions, Attributions, and Overriding Sentiments [J]. *Journal of family psychology*: *JFP*: *journal of the Division of Family Psychology of the American Psychological Association* (*Division* 43), 2006 (20): 494-504.

[48] Weiss, S. J. The Language of Touch [J]. *Nurs Res*, 1979, 28 (2):

76-80.

［49］Wright, Thomas & Wefald, Andrew. Leadership in An Academic Setting: A View from the Top ［J］. *Journal of Management Inquiry-J MANAGE INQUIRY*. 2012（21）: 180-186.

［50］Wrzesniewski, Amy & Dutton, Jane. Crafting a Job: Revisioning Employees as Active Crafters of Their Work ［J］. *Academy of Management Review*, 2001（26）: 179-201.

［51］马斯洛．人性能达到的境界［M］．林方，译．昆明：云南人民出版社，1987.

［52］中国社会科学院语言研究所词典编辑室．现代汉语词典［M］．北京：商务印书馆，1983.

［53］有一种情感永不泯灭［J］．读者，2005（1）.

［54］王墨耘，傅小兰．内隐人格理论的实体论——渐变论维度研究述评［J］．心理科学进展，2003（2）.

［55］孟昭兰．人类情绪［M］．上海：上海人民出版社，1989：23-42.

［56］贝勒迪克特·凯里．谁的精神有问题？这往往取决于怎么看［J］．参考消息，2005.

［57］卡尔·皮尔逊．科学的规范［M］．北京：华夏出版社．1999.

［58］叶浩生．西方心理学研究新进展［M］．北京：人民教育出版社，2003.

［59］叶浩生．西方心理学理论与流派［M］．广州：广东高等教育出版社，2004.

［60］叶浩生．心理学史［M］．北京：高等教育出版社，2005.

［61］田录梅，李双．自尊概念辨析［J］．心理学探新，2005（2）.

［62］田缘，张弘，安东尼·罗宾．潜能成功学［M］．北京：经济日报出版社，1997.

［63］白学军．智力心理学的研究进展［M］．杭州：浙江人民出版社，1996.

［64］乔纳森·布朗．自我［M］．陈浩莺，等，译．北京：人民邮电出版社，2004.

［65］任俊．波普尔证伪主义的心理学意义［J］．自然辩证法研究，2004（5）.

[66] 任俊．科学和技术：天使般的魔鬼［J］．自然辩证法通讯，2004（4）．

[67] 任俊，叶浩生．积极心理学——实现心理学价值回归的新视野［J］．光明日报（学术版），2004．

[68] 任俊．积极心理学思想理论研究［D］．南京：南京师范大学，2006．

[69] 任俊．写给教育者的积极心理学［M］．北京：中国轻工业出版社，2010．

[70] 任俊，李倩．积极心理学：当前的困扰与未来的走向［J］．上海师范大学学报，2014（2）．

[71] 苗元江，余嘉元．试论幸福教育的起点、核心与目标［J］．教育评论，2001（5）．

[72] 吴姚东．生活质量：当代发展观的新内涵——当代国外生活质量研究综述［J］．国外社会科学，2000（4）．

[73] 周长城，饶权．政策层面的生活质量指标体系［J］．江苏社会科学，2002（1）．

[74] Lewis R. Aiken．心理问卷与调查表——民意调查与人格评估［M］．北京：中国轻工业出版社，2002．

[75] 余嘉元．积极心理学：理念与行动［J］．南京师范大学学报，2003（2）．

[76] 马克思，恩格斯．马克思恩格斯选集（第一卷）［M］．北京：人民出版社，1995．

[77] 马克思，恩格斯．马克思恩格斯选集（第二卷）［M］．北京：人民出版社，1995．

[78] 姚可军．体育运动的幸福维度阐释［J］．陕西教育（高教版），2011（1）．

[79] 王宇迪，高敏，雷宁，魏亚楠，张绍荣．触摸及其在护理工作中的应用研究进展［J］．护理学杂志，2017（2）：111-113．

[80] 彭凯平．宽恕让我们健康幸福［J］．心理与健康，2015（7）：6-7．

[81] 柴菁，李兆良．“宽恕”的积极影响与价值［J］．文化创新比较研究，2018（8）：14-16．

[82] 朱婷婷，王晓萍．Forgiveness（宽恕）概念解析及其中国式内涵初探［J］．阴山学刊，2013（6）：12-15．

[83] 白苏妤. 城市居民婚姻幸福感及其与依恋的关系研究 [D]. 南昌: 南昌大学, 2010.

[84] 李涛. 婚姻承诺的心理学研究 [D]. 上海: 华东师范大学, 2006.

[85] 索尼娅·柳博米尔斯基. 幸福有方法 [M]. 北京: 中信出版社, 2014.

[86] 里克·汉森, 理查德·蒙迪斯. 冥想 5 分钟等于熟睡一小时 [M]. 南京: 江苏凤凰文艺出版社, 2016.

[87] 泰勒·本沙哈尔. 幸福的方法 [M]. 北京: 中信出版社, 2015.

[88] 马丁·塞利格曼. 真实的幸福 [M]. 沈阳: 北方联合出版传媒 (集团) 股份有限公司, 2010.

[89] 马丁·塞利格曼. 认识自己, 接纳自己 [M]. 沈阳: 北方联合出版传媒 (集团) 股份有限公司, 2010.

[90] 马丁·塞利格曼. 持续的幸福 [M]. 沈阳: 北方联合出版传媒 (集团) 股份有限公司, 2012.

[91] 米哈里·契克森米哈伊. 心流 [M]. 北京: 中信出版社, 2017.

[92] 芭芭拉·弗雷德里克森. 积极情绪的力量 [M]. 北京: 中国人民大学出版社, 2010.

[93] 哈佛公开课研究会. 哈佛哲学课 [M]. 北京: 中国铁道出版社, 2013.

[94] 斯奈德, 沙恩·洛佩斯. 积极心理学——探索人类优势的科学与实践 [M]. 北京: 人民邮电出版社, 2013.

[95] 罗伯特·埃蒙斯. 感恩: 成功花朵的快乐种子 [M]. 北京: 中国友谊出版公司, 2008.

[96] 罗伯特·恩赖特. 乌云之上有晴空: 学会原谅别人 [M]. 北京: 化学工业出版社, 2014.

[97] 张厚粲. 大学心理学 [M]. 北京: 北京师范大学出版社, 2001.

[98] 拉杰·洛格纳汗. 幸福的科学 [M]. 北京: 中信出版社, 2018.

[99] 鲁洪香. 抑郁症及其治疗方法的研究进展 [J]. 海峡药学, 2011 (5): 15-18.

[100] 彭凯平. 为什么幸福是 21 世纪的重要话题? [J]. 精神文明导刊, 2018 (11): 46-47.

[101] 陈幼堂. 积极心理学刍议 [D]. 武汉: 武汉大学, 2012.

[102] 六尺巷故事的由来——历史故事大全网［EB/OL］. http://blog. sina. com. cn/s/blog_ 832f187d0102we40. html，2016-2-28.

[103] 程刚. 被攀比累死的翠波鸟［J］. 时代青年（悦读），2012（3）：41.

[104] 李良旭. 名人的幸福小事［J］. 现代青年（细节版），2012，（4）：14.

[105] 柳叶刀上铸医魂——记中国著名肝胆外科专家吴孟超［EB/OL］. 中国新闻网. http://www. chinanews. com/sh/2018/08 - 15/8600176. shtml，2018-8-15.

[106] 一次难忘的拥抱［EB/OL］. 小故事网. http://www. xiaogushi. com/diy/minjiangushi/00410686. html，2016-5-29.